江苏高校优势学科建设工程三期项目资助

体育组织管理导论

刘 晖 郭修金◎编著

人民体育出版社

图书在版编目（CIP）数据

体育组织管理导论/刘晖,郭修金编著. -- 北京：人民体育出版社,2022
ISBN 978-7-5009-6202-1

Ⅰ.①体… Ⅱ.①刘… ②郭… Ⅲ.①体育组织－组织管理 Ⅳ.①G80-05

中国版本图书馆CIP数据核字（2022）第154381号

*

人民体育出版社出版发行
北京中献拓方科技发展有限公司印刷
新 华 书 店 经 销

*

787×1092 16开本 15.75印张 320千字
2022年12月第1版 2022年12月第1次印刷

*

ISBN 978-7-5009-6202-1
定价：70.00元

社址：北京市东城区体育馆路8号（天坛公园东门）
电话：67151482（发行部） 邮编：100061
传真：67151483 邮购：67118491
网址：www.psphpress.com

（购买本社图书，如遇有缺损页可与邮购部联系）

南京体育学院研究生系列教材编委会

主　任：朱传耿　杨国庆

副主任：史国生（常务）　兰亚明　李　江

编　委：（按姓氏笔画为序）
于翠兰　王　凯　支　川　文　立　叶　强　叶小瑜
刘　晖　刘红建　汤　强　邹德新　沈鹤军　张　媛
陈海波　赵　琦　高　亮　郭修金　盛　蕾　葛翠柏

《体育组织管理导论》编写组

刘　晖	南京体育学院	博士	副教授
郭修金	南京体育学院	博士	教授
傅振磊	南宁师范大学	博士	教授
孟欣欣	内蒙古师范大学	博士	副教授
冯　婧	江西财经大学	博士	
谢经良	山东财经大学	博士	教授
王　鹤	武汉体育学院	博士	副教授
李海霞	山东体育学院	博士	副教授
齐春燕	南开大学	博士	副教授
张建伟	北京师范大学	博士	
孙钰林	韩国汉阳大学	博士	

编写说明

2022年10月26日，习近平总书记在中国共产党第二十次全国代表大会上指出："我们要坚持教育优先发展、科技自立自强、人才引领驱动，加快建设教育强国、科技强国、人才强国，坚持为党育人、为国育才，全面提高人才自主培养质量，着力造就拔尖创新人才，聚天下英才而用之。"研究生教育既是国民教育的高端，又是国家创新体系的重要组成部分。早在2020年7月，习近平总书记就对研究生教育工作作出了重要指示，强调研究生教育在培养创新人才、提高创新能力、服务经济社会发展、推进国家治理体系和治理能力现代化方面具有重要作用。各级党委和政府要高度重视研究生教育，推动研究生教育适应党和国家事业发展需要，坚持"四为"方针，瞄准科技前沿和关键领域，深入推进学科专业调整，提升导师队伍水平，完善人才培养体系，加快培养国家急需的高层次人才，为坚持和发展中国特色社会主义、实现中华民族伟大复兴的中国梦作出贡献。习近平总书记的重要指示，为推进研究生教育改革发展指明了方向，开启了新时代研究生教育改革发展的新篇章。为深入贯彻习近平总书记关于研究生教育工作的重要指示精神，2020年12月7日，江苏省学位委员会、江苏省教育厅印发《江苏省研究生教育质量提升工程（2021—2025年）》，提出了江苏省研究生教育质量提升的"八大计划"，旨在培养造就更多德才兼备的拔尖人才。高等体育院校研究生的培养是研究生教育的重要组成部分，关乎全民健身、体育强国和健康中国等战略的实施与推进。

南京体育学院是江苏省唯一一所独立建制的体育高等学府和重要的省级竞技体育训练基地，已培养了16位奥运会冠军和106位世界冠军，被誉为"世界冠军的摇篮"。1998年学校获批硕士学位培养单位，2017年被列为江苏省新增博士学位授予单位立项建设单位。"体育学"为省级优势学科建设点，"体育人文社会学"和"运动人体科学"为省级重点学科。近年来，学校全面贯彻落实国家和省研究生教育工作会议精神，积极实施"人才强校"战略，全力推进申博工作，在师资队伍、人才培养、科学研究、社会服务、文化传承创新、国际交流合作等方面取得了显著成效。为加强我校研究生系列教材的编写工作，学校成立了研究生系列教材编委会，组织校内外专家团队，围绕体育学学科方向，精心组织研究生核心课程的系列教材编写工作。编写人员坚持"优、新、特、高"的原则，立足学术前沿，适应时代需求，着力打造一批具有科学性、先进性、特色鲜明、使用面广的研究生系列教材，助力培养新时代德才兼备的高素质体育人才。

研究生系列教材建设是立德树人的关键环节，是为党育人、为国育才的基础性工程，也是建设高质量研究生教育体系的重要内容。由于研究生专业课程没有统一的教学大纲，本次出版的研究生系列教材大多是在讲义、讲稿基础上进一步补充与完善而形成的。本系列教材包括《当代竞技体育与运动训练前沿》《高等教育学概论》《体能训练理论与实践》《现代信息检索与知识利用》《体育政策概论》《运动监测与恢复》《慢性病运动干预原理》《民族传统体育学高级教程》《体育组织管理导论》《新编体育社会学案例教程》10本教材。希望这批研究生系列教材的出版，能为学校体育学硕士研究生培养奠定良好的基础，不断提升研究生教学水平和培养质量。

南京体育学院研究生系列教材编委会
2022 年 10 月

前言
FOREWORD

编写《体育组织管理导论》教材的念头，萌生于 10 年前给研究生讲授体育组织与管理这门课程，当时没有专门的教材，在教学中可以借鉴的材料也仅有秦椿林教授编写的《体育管理学高级教程》，美国学者伯尼·帕克豪斯编写的《体育管理学——基础与应用》，以及周三多教授编写的《管理学》系列教材中的部分章节。教学中为了避免与面向本科生开设的体育管理学课程的知识点重复，我在教学中选择了名词性的体育组织作为切入点，以管理中这一最普遍、最关键的要素为抓手，来研究分布于社会各个角落的体育管理现象。

为了高质、高效地完成教材的撰写工作，我根据研究内容所及，邀请了相关领域的专家学者，成立了编写小组；根据研究小组的集体讨论，把教材的名称从最初的《体育组织与管理》调整为《体育组织管理导论》，这样可以避免书名歧义所带来的困扰，使得研究聚焦于分布在社会各处的体育组织，而不是体育的组织职能，能更好地梳理体育组织发展演进规律的同时，结合社会热点引导研究生学习和思考。

在当今世界，组织无处不在，有政府设立的正式组织，也有藏于民间，甚至有构建于虚拟世界的非正式组织；有具备强执行力的政府机构，也有旨在服务于民的社会组织；有为了规范行业协会、扩大社会影响力的营利性组织，也有以慈善、教育、环保、学术等目的建立的非营利性组织。可以说，为了维护整个社会的正常运作，五花八门的组织扮演着各种各样的社会角色，发挥着不同的社会功能。体育组织就是这万千组织中的一个庞大群体，它在维护、支撑、推动着体育事业的可持续发展。

相较于欧美国家，我国的体育组织的发展和演进更为复杂，所面临的政治、经济、文化环境也更具挑战性和多变性。传统的"管治型"政府已经不能适应当今社会的实际，面对井喷式的中国居民健身需求和体育产业可持续发展的需要，打造服务型政府的同时，还需要体育组织发挥更大的作用；服务型政府需要市场和社会力量的适度发展，这为各类体育社会组织的蓬勃发展提供了契机和条件；中国社会依然处于转型时期，计划经济向中国特色社会主义市场经济的转型还不彻底，还需要继续深化，反映在体育领域，就是当下体育事业面临的诸多挑战，举国体制要改革，体教融合要深化，青少年体质健康要推动，体育产业要发展，全民健身要提档……这些问题的存在都需要对相关体育组织进行统筹协调、优化管理。

本教材分为理论篇和实践篇两部分，理论篇主要是针对体育组织所涉及的基本知识、基本理论、发展演进等问题进行概述；实践篇则是针对当下体育社会热点问题，通过体育组织的视角对其进行分析，同时将国外体育组织建设进行剖析，并引导研究生对相关问题进行思考和研究。本教材共十二章，刘晖负责整本教材的框架设计、稿件组织、任务分工、审稿润色等工作，并撰写了第一章、第四章、第十二章第一节，以及第二章部分内容；郭修金参与该书的框架设计，并撰写了第十章；孟欣欣负责书稿的校对、润色，并撰写了第五章和第七章；傅振磊负责书稿的校对、润色，并撰写了第三章；冯婧负责书稿的校对，以及英文参考文献的审核校对，并撰写了第十二章第二节；齐春燕负责第二章；谢经良负责第六章；王鹤负责第八章；李海霞负责第九章；张建伟负责第十一章；孙钰林负责第十二章第三节。同时还要感谢山东财经大学程亚红老师为本书提出修改意见和资料支持，我的研究生孙天棋、金兴旺参与了部分图表的制作和参考文献的校对。

感谢南京体育学院学科建设办公室和研究生部的大力支持和推动，使教材的编写与出版得以顺利完成。

本书在编写过程中参考了大量文献资料，谨对相关作者表示由衷的敬意。

由于目前对体育组织管理的研究相对较少，且限于作者的能力水平，书中有些观点可能尚不成熟，甚至可能存在一些不足之处，对此恳请各位读者不吝赐教。

刘　晖
2022 年 4 月

目 录
CONTENTS

理 论 篇

第一章　体育组织概述 ·································· 002
　　第一节　体育组织的概念 ·································· 002
　　第二节　体育组织的要素 ·································· 004
　　第三节　体育组织的分类 ·································· 007
　　第四节　体育组织的结构 ·································· 016
　　第五节　体育组织的功能 ·································· 020

第二章　体育组织基本理论 ·································· 024
　　第一节　组织理论概述 ·································· 024
　　第二节　组织理论对体育组织的影响 ·································· 037
　　第三节　体育组织的未来发展 ·································· 039

第三章　体育组织的发展演进 ·································· 044
　　第一节　体育组织的产生背景 ·································· 044
　　第二节　体育组织的发展阶段 ·································· 046
　　第三节　体育组织的演进特点 ·································· 051
　　第四节　我国体育组织的发展历程 ·································· 053

第四章　体育组织文化概述 ·································· 059
　　第一节　体育组织文化的概念 ·································· 059
　　第二节　体育组织文化的结构 ·································· 062

  第三节 体育组织文化的功能 ·· 066

  第四节 体育组织文化的培育与发展 ······································ 068

第五章 体育组织管理概述 ··· 075

  第一节 我国体育组织管理的发展历程 ·································· 075

  第二节 体育组织管理的要素 ·· 077

  第三节 体育组织的环境管理 ·· 080

  第四节 体育组织管理的变革与发展 ······································ 084

实 践 篇

第六章 体育管理体制改革与创新 ····································· 091

  第一节 体育管理体制改革的背景 ·· 091

  第二节 体育管理体制改革的历程 ·· 101

  第三节 体育管理体制改革的难点 ·· 110

  第四节 体育管理体制发展趋向 ·· 116

第七章 我国职业体育发展困境与改革路径 ······················· 126

  第一节 我国职业体育的发展历程 ·· 126

  第二节 我国职业体育面临的困境 ·· 131

  第三节 我国职业体育改革的路径 ·· 134

第八章 体育社会组织的政府培育与自身发展 ···················· 138

  第一节 体育社会组织的概念与相关理论基础 ·························· 138

  第二节 体育社会组织培育的外部环境与内在动力 ···················· 143

  第三节 政府对体育社会组织的培育路径 ································ 145

  第四节 体育社会组织自身能力建设途径 ································ 150

第九章 青少年体育组织建设与思考 ································· 155

  第一节 青少年体育组织建设发展演进 ···································· 155

  第二节 青少年体育组织建设存在问题 ···································· 165

  第三节 青少年体育组织建设应对策略 ···································· 167

第十章　农村体育社会组织现实审思与发展路径 ········· 175
第一节　农村体育社会组织历程回顾 ········· 175
第二节　农村体育社会组织现实审思 ········· 182
第三节　农村体育社会组织发展路径 ········· 187

第十一章　网络体育组织的勃兴与思考 ········· 192
第一节　网络体育组织的出现 ········· 192
第二节　网络体育组织的特点 ········· 194
第三节　网络体育组织管理中面临的问题 ········· 195
第四节　网络体育组织管理的对策 ········· 198

第十二章　国外体育组织建设历程、现状与启示 ········· 206
第一节　美国体育组织建设历程、现状与启示 ········· 206
第二节　英国体育组织建设历程、现状与启示 ········· 215
第三节　韩国体育组织建设历程、现状与启示 ········· 224

参考文献 ········· 234

理论篇

第一章　体育组织概述
第二章　体育组织基本理论
第三章　体育组织的发展演进
第四章　体育组织文化概述
第五章　体育组织管理概述

第一章 体育组织概述

CHAPTER 01

❖ **内容摘要**：在人类的生活中，体育活动是一项重要的社会实践，并在社会中扮演越来越重要的角色。这些形形色色的体育活动背后，离不开相关体育组织的支撑、规范和运作。本章对体育组织的概念进行了界定，对体育组织的要素、分类和结构进行了论述，并对体育组织的功能进行了深入分析。

第一节 体育组织的概念

现代体育无处不在，从街头公园的市民晨练，到热火朝天的竞技赛场；从有板有眼的体育课堂，到组织井然的青少年体育竞技；从一张小小的比赛海报，到国家颁布的《全民健身计划纲要》和《奥运争光计划纲要》，我们都可以感受到体育组织的存在。如果放眼世界，现代竞技体育更是给世人带来无法估量的激情和财富，让人们感受到竞技体育的魅力和伟大。竞技体育大放异彩的背后更是有各类体育组织推波助澜。如果大家透过五彩缤纷的体育图景，去探究这些图景存在的原因，我们都会发现在其背后存在着或隐或现的各类体育组织。由此可见，现代社会任何一场体育实践活动都离不开体育组织的运作，相应地，所有体育管理活动都是在一定的组织中发生、实施并完成的。那么到底什么是体育组织？解开这个谜底之前，我们先了解一下它的上位概念"组织"。

一、组织的定义

英文中"组织"（organizing）一词源于 organism（有机体），指的是功能各异、各自独立的不同部分。现在"组织"一词在管理学、社会学等领域被广泛应用。由于学者们所采用的研究角度不同，所以对"组织"含义的解释也有差异，主要分名词性和动词性，或者称为静态的和动态的两类。一类把"组织"作为动词来解释，认为"组织"就是管理的一种职能，是为安排和设计员工的工作以实现组织目标[1]。另一类是把"组织"作

---

[1] 斯蒂芬·罗宾斯，玛丽·库尔特. 管理学 [M]. 刘刚，程熙镕，梁晗，等，译. 北京：中国人民大学出版社，2017：270.

为专用名词来解释,这个分歧相对较大,中外学者根据自己的理解和研究需要,为"组织"赋予了不同的含义(表1-1)

表1-1 组织的定义

作者	定义
穆尼	组织是为了达到共同目的的所有人员协力合作的形态[1]
亨利·西克斯	组织是为了达到特定目标而结合在一起的具有正式关系的一群人[2]
巴纳德	组织是一个有意识地协调两人或两人以上的活动和力量的系统[3]
罗宾斯	一种人们有目的地组合起来的社会单元[4]
达夫特	组织(organizations)是指这样一个社会实体,它具有明确的目标导向和精心设计的结构与有意识协调的活动系统,同时又同外部环境保持密切的联系[5]
韦尔克	组织意指一个正式的、刻意设计的角色或职位结构[6]
周三多	组织是两个以上的人在一起为实现某个共同目标而协同行动的集合体[7]

从以上内容可知,组织是指在一定的环境中,由一定的人群组成的,为了实现某种共同目标,按照一定原则,进行组织设计,以特定结构运行的集合体。随着实践的发展,人们对组织的认识不断加深,并将进一步演进和深化,但是对组织结构的设计与再设计永远是其核心任务。

组织在现代管理中是至关重要的。每一项正式的工作或运动,如果想获得成功,就要求有良好的组织协调行为,同时还要构建科学、合理的组织架构。如果缺乏良好的组织,往往导致所在的群体无序、混乱、遭遇挫折、事倍功半,甚至是失败。

二、体育组织的定义

所有的组织都是为了达到一个目标或目标群而存在的,体育组织也不例外。随着现代体育事业的不断发展,所衍生出的体育组织更是名目繁多、五花八门,其在维持和推

---

[1]肖林鹏.体育管理学[M].北京:北京师范大学出版社,2011:26.
[2]斯蒂芬·罗宾斯,玛丽·库尔特.管理学[M].刘刚,程熙镕,梁晗,等,译.北京:中国人民大学出版社,2007:270.
[3]斯蒂芬·罗宾斯,玛丽·库尔特.管理学[M].刘刚,程熙镕,梁晗,等,译.北京:中国人民大学出版社,2007:270.
[4]斯蒂芬·罗宾斯,蒂莫西·贾奇.组织行为学[M].孙健敏,王震,李原,译.北京:中国人民大学出版社,2016:529.
[5]理查德·L.达夫特.组织理论与设计[M].王凤彬,石云鸣,张秀萍,等,译.北京:清华大学出版社,2017:14.
[6]海因茨·韦尔克,马克·V.坎尼斯,哈罗德·孔茨.管理学——全球化、创新与创业视角[M].马春光,译.北京:经济科学出版社,2015:202.
[7]周三多.管理学[M].北京:高等教育出版社,2018:142.

动体育系统正常运转中扮演着不同的角色，发挥着不同的作用。中外学者对体育组织持有不同的解释（表1-2）。

表1-2 体育组织的定义

作者	定义
Trevor Slack, Milena M. Parent	体育组织是指体育行业中的这样一个社会实体（Social entities），它具有明确的目标导向和精心设计的结构与有意识协调的活动系统，同时又同外部环境保持密切的联系[1]
陈安槐，陈荫生	体育组织是为满足体育需求而聚合在一起的社会群体[2]
张瑞林	体育组织是指一定的人员按照一定的程序，在一定的期限内，为了实现一定的体育目标而组成的合作性统一体[3]
肖林鹏	体育组织是指为实现体育组织的目标，通过建立组织结构，确立人员责权，使管理诸要素协调、合理、有效地配合与协作，形成一个有机整体的过程[4]
王德炜	体育组织是两个以上的人在一起，为实现某个共同的目标，而协同行动的一个集合体[5]

从以上内容可知，体育组织在继承了组织概念的基本架构之后，在参与人群和参与目标等方面融入了体育元素，使其具备了新的特点。体育组织是为实现体育方面的共同目标，按照一定结构形式结合起来，根据特定规则开展体育活动的社会实体。

第二节 体育组织的要素

要素就是构成事物的必要因素。对体育组织的要素构成，学者们提出了不同的观点。美国管理学家切斯特·巴纳德关于组织要素的观点为解答体育组织的要素构成提供了参考。他认为正式组织的协作系统无论其级别高低和规模大小，都包含着三个基本要素：共同的目的、互相沟通和协作意愿[6]。秦椿林认为体育组织的基本要素应包括目标的确定性、组织规范、社会实体、组织结构、可确认的边界[7]。肖林鹏认为现代体育组织包含组织宗旨（使命、目标）、组织规范、组织成员、组织机构和组织文化五个要素[8]。王德炜认为构成体育组织的要素包括体育人力资源、目标、规章制度、分工协作、权力

---

[1] Trevor Slack, Milena M. Parent. Understanding Sport Organization: the Application of Organization Theory [M]. Champaign: Human Kinetics, 1997: 4.
[2] 陈安槐，陈荫生. 体育大辞典 [M]. 上海：上海辞书出版社，2000：27.
[3] 张瑞林. 体育管理学 [M]. 北京：高等教育出版社，2015：97.
[4] 肖林鹏. 体育管理学 [M]. 北京：北京师范大学出版社，2011：27.
[5] 王德炜. 体育管理学：理论与方法 [M]. 北京：人民体育出版社，2018：330.
[6] 饭野春树. 巴纳德组织理论研究 [M]. 王利平，等，译. 北京：生活·读书·新知三联书店，2004：60.
[7] 秦椿林. 体育管理学高级教程 [M]. 北京：高等教育出版社，2009：69.
[8] 肖林鹏. 体育管理学 [M]. 北京：北京师范大学出版社，2011：28.

责任、物质资源六个方面[1]。本书认为，体育组织包括共同目标、组织规范、合理架构、社会实体、清晰边界和组织文化六个要素。

一、共同目标

目标是组织所期望达成的结果，是组织存在的价值和统领。所有的体育组织在成立之初都有一个目标或者目标群，这个目标可以简单，也可以复杂，但是一定要为所有成员提供一个清晰的行动指向。在中国古代管理哲学中有"凡事预则立，不预则废"一说。这里的"预"就是计划、准备的意思。计划什么？其实就是确定下一步工作的目标。对个人如此，对组织更是如此。

一个有效的管理一定是有明确目标的管理。美国管理大师彼得·德鲁克在1954年就提出了"目标管理"的概念，它以目标为导向，以人为中心，以成果为标准，是组织和个人取得最佳业绩的现代管理方法。这一管理方法，至今仍在管理学理论丛林中发挥着重要作用和影响。目标是任何组织的灵魂和指引，缺少目标就如同人失去了大脑的控制，会变成"无头苍蝇"。

二、组织规范

不以规矩，不能成方圆。小到草根组织，大到国家体育机构，乃至国际体育组织，都需要用规章制度来约束参与者的行为，保证体育组织顺畅运行，同时对违反规章制度的行为进行惩戒或劝导等。只有这样，体育组织才能保持生命力、战斗力和创新力，才能让体育组织的运行获得成员们的认同，工作的推行才具有更多的合法性和权威性。就如同体育比赛缺少竞赛规则、裁判员，体育赛场就变成了毫无章法地玩耍，甚至打斗。但是规章制度并不是一成不变、一劳永逸的，它们也会随着时间的推进、事态的发展而不断进行调整，以不断适应新形势的变化。

三、合理架构

为保证体育组织的正常运转和健康发展，必须建立明确的组织架构，对相关人员进行职责分工，明确责权利，并建立稳定的相互关系模式。体育组织或大或小，任务或多或少，但是不同的体育组织都会根据自己的实际情况和任务，来设定或繁或简的组织架构。组织架构是体育组织实现其宗旨、目标、使命及职责实施的重要保证。如国家体育总局，为了工作的需要，下设政策法规司、群众体育司、竞技体育司、青少年体育司、对外联络司等机关部门，同时还设置了各个运动项目管理中心等直属单位。通过职责分

---

[1] 王德炜. 体育管理学：理论与方法 [M]. 北京：人民体育出版社，2018：332-333.

解来确保所辖各项工作的高效落实和执行。

四、社会实体

"实体"最初是一个哲学概念，指独立存在的物质。本文的"实体"并不是物质实体，而是引用其独立存在之义，借用"实体"概念指称某些社会组织。所以社会实体是指社会产业部门中的一个组织或单位，它在经济上具有相对独立性，在法律上具有法人地位，是一个能够相对自主地完成其社会职责的社会系统。社会实体是把组织工作分派给不同人员，使每个人负责一部分，互相协调配合进行组织工作。体育组织都是由人及其相互之间的关系构成的，人是体育组织的核心要素。体育组织的目标是通过组织内所有成员的努力而实现的。因此，目标确定后，必须通过有效的管理来调动组织内所有成员的积极性，为实现组织目标而协同工作。

五、清晰边界

体育组织需要规定体育活动的范围，同时对组织成员和非组织成员加以区分，这在一定程度就形成了相对清晰的边界，从而在一定程度上保证了体育组织工作的独立性和自主性。清晰边界是相对概念，有时会随着成员、组织内外环境、国家政策等的调整而不断改变。即便如此，体育组织的概念性的边界和业务范畴还是需要提前确定。

六、组织文化

组织文化是指组织中的成员共有的价值体系，是控制组织内部行为、员工工作态度的价值观及规范。组织文化的形成是一个渐进的过程，更是一个缓慢的过程。组织文化是分层次的，从可见、易得、易懂的器物层，再到立规、建制的制度层，最后才是润物无声的、心灵感应的文化核心层。个体进入体育组织后，会逐步感受到逐次呈现的组织文化，并开始了从接触、理解，到接受的感化过程。可以说，组织文化是体育组织的灵魂和神经中枢，是组织成员的思想观念、思维方式、行为方式，以及组织规范、组织生存氛围的总和。

案例 1-1 黎明脚步　领跑全国[1]

黎明脚步本意是叫醒人们早起跑步。2007 年 4 月 16 日，焦作网友"夏天的杨树"在网上发帖："别睡懒觉了，起来跑步吧，我叫你。"帖子说，凡是想要晨跑而

---

[1] 新浪跑步. 黎明脚步跑团介绍：黎明脚步 领跑全国 [EB/OL]. (2015-02-13) [2020-09-18]. http://sports.sina.com.cn/additional/2015-02-13/12577516940.shtml.

起不来的人，发短信给他，他会天天叫人起床跑步。由于媒体的宣传，人们想要锻炼身体、渴望在别人帮助下获得健康的激情"大爆发"。纷纷模仿这种方式叫醒，而且口口相传，发生"裂变"，参与者越来越多。一些城市通过建立QQ群，人们从虚拟的网友，变成了实体的跑团。黎明脚步由"夏天的杨树"的新浪博客网名，逐步变成了一项全民健身运动和全民体育品牌的代名词。如今，黎明脚步的意义为唤醒健康意识。"黎明脚步·孝传百城"活动的推出，使黎明脚步的意义又升华为通过奔跑来传扬中华美德，弘扬社会主义核心价值观。迄今黎明脚步参与者达到50多万人，全国300个城市有黎明脚步群，叫醒电话打到美国、法国、俄罗斯、加拿大、瑞典、沙特、澳大利亚、新加坡、马来西亚、中国台湾等20多个国家和地区，全国各地拥有黎明使者2万人以上。

现在，"黎明晨跑"的运动现象，在中国不少地市开展得相当火热。人们不管是否住在一起，也不管男女老少，大家在每个黎明时分，相互打电话叫醒，然后同时起床，跑向清新的早晨。

这个活动有个好听的名字叫"黎明脚步"。叫醒别人跑步的人，叫作"黎明天使"。由于相互叫醒，这个活动还传到了国外。据了解，远在加拿大、澳大利亚、美国、新西兰等20个国家的朋友也参加着这项活动。依靠网络和手机，相约清晨跑步，互相通报跑步感想，使整个世界变成了一个地球村。

问题 随着民众健身意识的不断增强，为满足民众各类健身需求的草根体育组织应运而生。尝试分析他们是如何通过完善组织架构和规则把无序变为有序，并逐步扩大社会影响力的。

第三节 体育组织的分类

放眼世界，各类体育组织比比皆是。为了便于管理，有必要对体育组织进行分类，各归其所。这样在对体育组织进行管理时，才能有的放矢，精准施策。美国学者 Pedersen 和 Thibault 把体育组织分为三种类型：公共组织（Public organizations）、非营利组织（Nonprofit organizations）和商业组织（Commercial organizations）[1]。公共组织的实体包括联邦和州政府机构或单位，以及负责提供娱乐和体育项目，维护运动场、竞技场、游泳池和公园的地区和地方政府部门；非营利组织也称为志愿者或志愿组织；商业组织的主要目标是盈利。国内学者在对体育组织进行分类时，则选用了不同的标准。秦椿林将体育组织分成政府体育组织、体育企业组织和非营利体育组织[2]。张瑞林则将

---

[1] Paul M. Pedersen, Lucie Thibault. Contemporary Sport Management [M]. Champaign: Human Kinetics, 2019: 175.
[2] 秦椿林. 体育管理学高级教程 [M]. 北京：高等教育出版社，2009: 70.

体育组织分为体育行政组织、体育营利组织和体育非营利组织[1]。王德炜则按正式体育组织和非正式体育组织进行划分[2]。这些对体育组织的划分，主要考虑本国的国情及研究的需要。

按照不同的标准，对体育组织划分的结果是不同的。例如，按照我国民法法人资格来划分，可以把体育组织分为体育行政组织、体育事业组织、体育企业组织、体育社会团体和体育类民办非企业单位；按照地域划分，有世界性、区域性、国家和地方性体育组织；按照管理项目的数量，可以划分为综合性和单项体育组织；按照是否营利和运动员的性质，可以划分为职业体育组织和业余体育组织等；按照组织的规范性程度可以分为正式组织和非正式组织；按照社会存在状态，可以划分为实体组织和虚拟组织。由此看来，对体育组织的划分各异，研究者需要按需选择。

一、正式体育组织与非正式体育组织

任何组织不论规模大小，都可能有非正式组织存在。非正式组织和正式组织相互交错地同时存在于一个单位、机构或组织之中，这是组织生活中的一个现实。

（一）正式体育组织

体育组织存在于不同类型的环境中，它是在特定的环境中发挥其功能的。环境与体育组织之间相互影响、相互作用。正式体育组织是为了有效实现组织目标，经过人为的筹划和设计，并且具有明确而具体的规范、规则和制度的组织。体育组织制度和规范对成员具有正式的约束力，其特征具有目的性、正规性和稳定性。

正式体育组织以成本和效益为主要目标，要求成员为提高工作效益和降低成本来确保体育组织的发展。正式体育组织主要包括政府体育组织、事业性体育组织、体育社团组织、产业性体育组织等。我国的正式体育组织主要包括政府体育组织和体育社会组织。

1. 政府体育组织管理体系

政府体育组织管理体系，可分为政府专门体育组织管理体系和非专门体育社会组织管理体系。

政府专门体育组织管理体系是指由国家各级政府全额拨款管理的体育行政管理机构。为了发展体育事业，世界大多数的国家和地区都建有政府体育组织管理体系，它们在管理范围、资源调配、运行方法等方面存在一些差异。在我国，政府建立了由国家体育总局统领，地方各级体育主管部门执行和协同的体育管理体系（图1-1）。国家体育总局是国务院主管体育事业的职能部门，负责统筹的工作主要包括规划群众体育发展，负责推

---

[1] 张瑞林. 体育管理学 [M]. 北京：高等教育出版社，2015：108.
[2] 王德炜. 体育管理学：理论与方法 [M]. 北京：人民体育出版社，2018：338-345.

行全民健身计划,监督实施国家体育锻炼标准,推动国民体质监测和社会体育指导工作队伍制度建设,指导公共体育设施的建设,负责对公共体育设施的监督管理;统筹规划竞技体育发展,设置体育运动项目,指导协调体育训练和体育竞赛,指导运动队伍建设,协调运动员社会保障工作;统筹规划青少年体育发展,指导和推进青少年体育工作[1]。

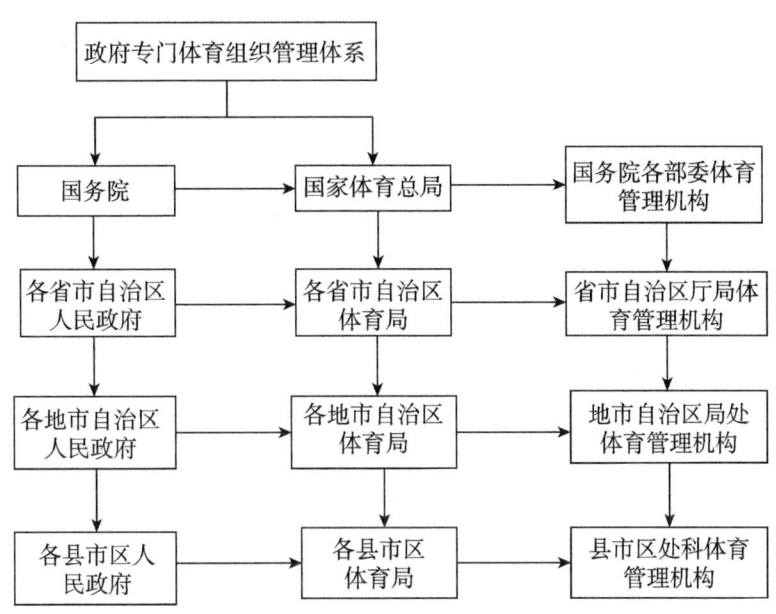

图 1-1 中国政府专门体育组织体系示意

国家体育总局在几乎所有的体育事务中扮演着统筹者、管理者的角色。正因如此,北京 2008 年奥运会前后,中国政界、学术界、体育界都在热议"举国体制",举国体制其实是学术界对集体育系统全部之力发展竞技体育,从而达到夺金取胜目标的体育管理体制的名称。对于举国体制的存在,学术界主要存在两种声音,一种认为举国体制现已不合时宜,应当革新;另一种观点认为举国体制依然有现实的意义,应当坚持[2]。这些学者都认为北京 2008 年奥运会应是中国体育体制改革的分水岭,中国体育会如同大多数举办过奥运会的国家一样,从重视竞技体育转向专注于社会体育的发展。胡锦涛在 2008 年奥运会残奥会的总结表彰大会上提出"坚持发挥举国体制作用""要继续推进体育改革创新"[3]。这一定调才使举国体制的学术争论慢慢平息。

德国是当今世界体育强国之一,在竞技体育舞台取得过辉煌的成绩。德国结合自己

---

[1]国家体育总局.国家体育总局主要职责 [EB/OL].(2014-10-03) [2019-03-10]. https://www.sport.gov.cn/n20001099/n20001263/c20193110/content.html.
[2]王玉珠.体育组织文化研究 [M].北京:中国社会科学出版社,2005:66.
[3]中国新闻网.胡锦涛在奥运会残奥会总结表彰大会上讲话 [EB/OL].(2008-09-29) [2021-12-20]. http://www.chinanews.com.cn/gn/news/2008/09-29/1399097.shtml.

的国情，建立了"体育自治、政府协助"的体育管理模式。联邦基本法确定了体育自治的特征，政府扮演协助的角色，并在某些方面承担一些体育经费。因此，德国的体育体制是由官方的体育管理体制和体育自治体系两部分构成（图1-2）。体育的自治机构在国家和公众面前代表其成员的利益，制定体育方针、政策、发展规划及目标；而政府只对体育的政策、措施提出建议，并对那些与国家事业有关的体育活动提供资助[1]。德国政府体育组织的建构，以及在体育事务发展中扮演的角色与中国体育管理体制存在很大区别。

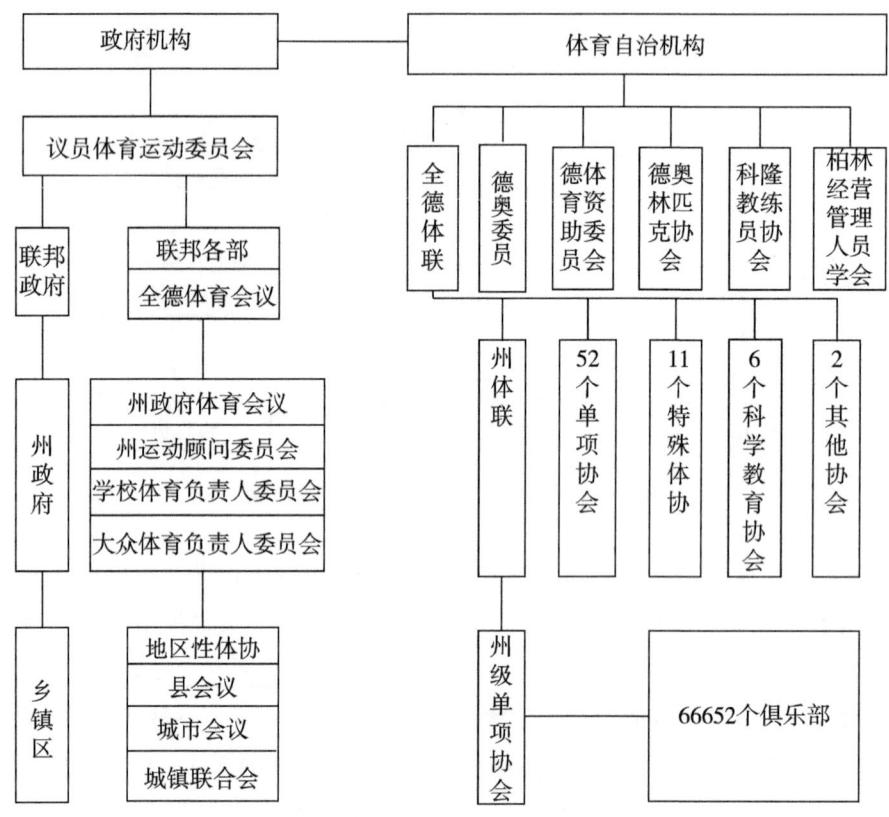

图1-2　德国体育管理机构示意

政府除了建立专门体育组织管理体系，还要设置非专门体育组织管理体系。如在我国国务院所属各部委及地方政府部门中设有体育管理部门，以教育系统为例，教育部下设体育卫生与艺术教育司，其主要职责包括指导大中小学体育、卫生与健康教育、艺术教育、国防教育工作；拟订相关政策和教育教学指导性文件；规划、指导相关专业的教

---

[1] 国家体委政策法规司. 国外体育体制概览［M］. 北京：北京体育大学出版社，1993：12.

材建设，以及师资培养、培训工作；协调大中学生参加国际体育竞赛和艺术交流活动[1]。地方政府教育系统也设置相应的体、卫、艺处（科）来执行和推动相关工作（图1-3）。这是国家推动体育事业的有效补充，同时因为体育事务的普遍性，部门为了执行体育事务的一系列工作，也设置了相应的部门来监督执行。

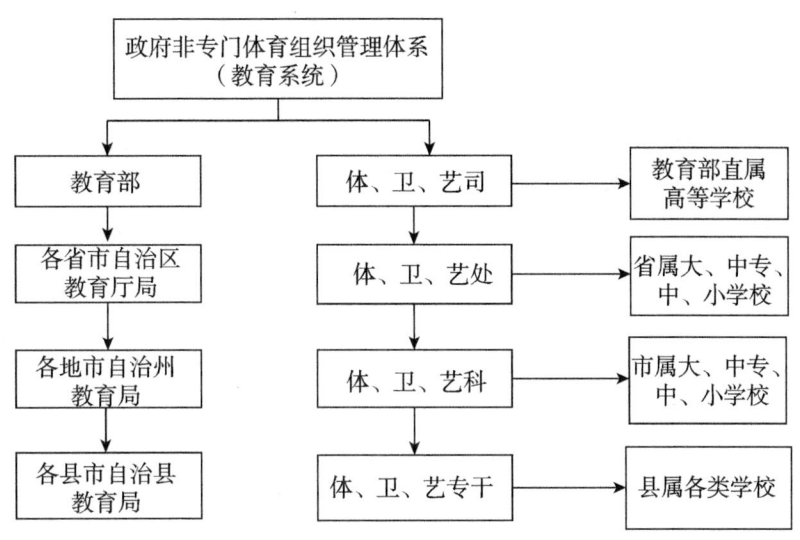

图 1-3 政府非专门体育组织管理体系

在欧美国家，政府也建有非专门体育组织，如德国政府中内政部、外交部、国防部、妇女青年部4个部门协助体育事务的开展。

2. 体育社会组织管理体系

管理体系是组织用于建立方针、目标及实现这些目标的过程中的相互关联和相互作用的一组要素。为了达成体育社会组织的管理目标，协同政府体育组织完成对体育事务的管理，国家主管政府部门批准成立了一系列的体育社会组织机构，它们共同构成了体育社会组织管理体系。我国体育社会管理组织主要包括中华全国体育总会、中国奥委会、中国体育科学学会和职业体育俱乐部四大体系[2]。随着我国社会体育事业的快速发展，体育社会组织的新形式也不断出现，一些新问题逐渐凸显。由于历史发展的原因，我国体育社会组织建设还很落后，顶层设计还存在一些问题，基层管理也跟不上时代的发展。

美国联邦政府没有单设体育行政管理部门。联邦政府有11个部门参与体育管理，如教育部、司法部、交通部、国防部等，涉及职业体育、大众体育、学校体育、公众健康

---

[1] 中华人民共和国教育部．体育卫生与艺术教育司介绍［EB/OL］．（2020-10-01）［2021-09-21］．http://www.moe.gov.cn/s78/A17/.
[2] 王德炜．体育管理学：理论与方法［M］．北京：人民体育出版社，2018：341.

与身体活动教育、康复以及体育场地设施的修建等[1]，这些部门与体育政策的制定有着密切联系。此外美国国务院设有"教育和文化事务局"，负责协调全国范围内包括体育在内的文化事务（表1-3）。政府部门是体育政策的主要制定者。

表1-3 美国政府参与体育管理的政府机构及其职能

序号	联邦政府体育机构	主要职能
1	总统体质与运动委员会	大型活动的宣传与组织
2	农业部（森林服务处）	向州农业部提出将土地用于休闲目的的意见
3	司法部（联邦贸易委员会）	批准职业体育俱乐部的合并与收购
4	劳动部	批准对城市体育与休闲项目的拨款
5	商务部	体育专利的审批
6	交通部	提供去农村的交通
7	健康与社会福利部（假日疗养管理局、公共健康服务处与疗养服务处）	向全国体育休闲协会组织开展的指导者培训提供拨款
8	内政部（户外休闲、公共道路、印第安事务、土地管理与开垦办公室；国家公园服务处；渔业与野生动植物服务处）	担负着保护、开发美国联邦政府所有土地，包括联邦所属国土资源的重要职责
9	国防部（美国工程兵团、野生动植物与休闲部）	美国工程兵团管理的河流、水路和水库用于休闲目的
10	教育部（教育办公室、儿童局）	残疾人的体育教育与休闲、户外休闲中心的提供
11	房产与城市事务部	向把体育与休闲设施作为建设内容的城市提供拨款

（二）非正式体育组织

非正式组织是在满足需要的心理基础上，在一致的观点、兴趣、习惯等推动下，自发形成的结伙关系。非正式组织中的目的和分工是自发的、富有弹性的、非生存性的、自娱性的，不是经过正式计划的。非正式体育组织是基于体育趣缘关系所形成的非正式组织[2]。随着我国社会体育的快速发展，特别是群众体育需求不断旺盛，体育参与行为的日益频繁，非正式体育组织开始出现。这类组织在基层生存和发展，虽然没有登记注册获得法定的民间组织身份，但具有相对稳定的组织结构，发挥着正常的组织职能，客观上参与了群众体育发展的各个环节，为基层群众生产提供了相应的公共体育服务。这

---

[1] 周兰君. 美国政府参与体育管理方式之研究 [J]. 西安体育学院学报，2009（1）：22-26.
[2] 胡好，翟波宇，王传平. 非正式体育组织在群众体育中的行为表现及规范研究 [J]. 河北体育学院学报，2015（3）：1-4.

类客观公益的非正式体育组织，极大限度地填补了公共体育服务供给不足、覆盖不全的空缺，起到了促进基层群众体育事业发展的重要作用。[1]

对于非正式体育组织而言，尽管没有法定的身份，没有完善的组织制度与会员准入门槛，但是许多组织由于稳固的"趣缘关系"再辅之以其他社会关系纽带的联结，而在内部形成隐性的结构性力量。这样的结构性力量会在组织成员增多、互动加剧的情况下促成非正式体育组织向正式体育组织转化。另外，非正式体育组织的带头人率领团队的扁平结构，随着组织的发展，可以逐步由单中心向多中心发展演变，进而沿着正式组织的结构分化方向良性发展（图1-4）。也就是说在条件、发展状态适宜的情况下，一些非正式组织可以向正式组织转化，这是非常值得我们关注和思考的现象。

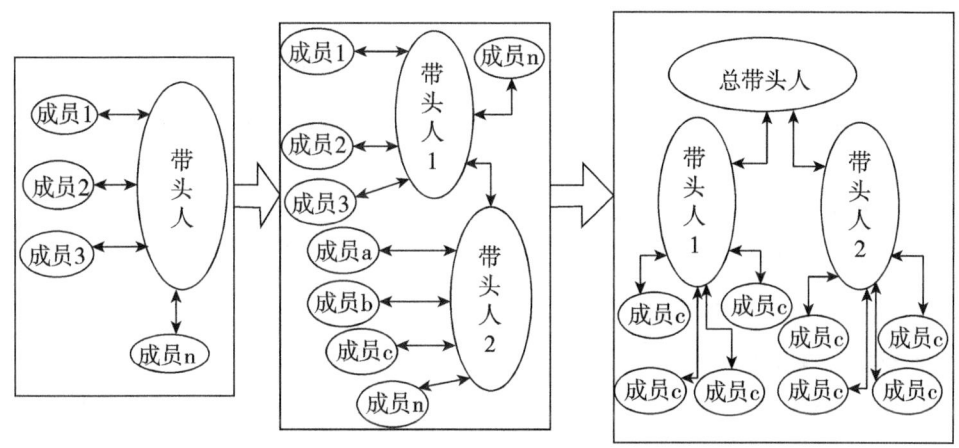

图1-4 非正式体育组织向正式体育组织演变的机构示意[2]

案例1-2 北京回龙观社区办足球联赛10年"回超"在坚持[3]

2001年刚来北京时，王某宇23岁，刚刚从辽宁大学汉语言文学系毕业，他找到了一份既体面、待遇又好的家电质量认证的工作，租住在回龙观。

那时的回龙观还是个"睡城"。在这个庞大的社区里，大多数居民在工作与家庭之间"两点一线"来回奔波，很少有机会互相沟通。2002年，回龙观一些爱好体育的业主在网上逐渐找到共同爱好，最终在体育老师"老兔子"（网名）的组织下，回龙观第一支足球队诞生了。

"老兔子"从网络上选择了十六七个技术较好、参与社区活动较多的业主一起吃

---

[1] 胡科. 非正式体育组织融入公共体育服务供给体系的机制 [J]. 城市学刊, 2021 (5)：64-69.
[2] 胡科. 非正式体育组织融入公共体育服务供给体系的机制 [J]. 城市学刊, 2021 (5)：64-69.
[3] 人民日报. 北京回龙观社区办足球联赛10年"回超"在坚持 [EB/OL]. (2013-01-14)[2020-10-01]. https://sports.sohu.com/20130114/n363353992.shtml.

饭，几盅酒下去，一致的兴趣爱好让业主们成立足球队的想法一拍即合，"野猪林"足球队就此诞生。"野猪"，即业主的谐音。虽然名字带有戏谑口吻，但是球队活动却一板一眼地组织起来了，有了统一的队服、队徽、队旗，甚至还制定了队规。

随后，回龙观又成立了"场场踢球场场输，但场场都快乐"的"快乐"队，以及王某宇与"合江人"共同组织的"破马车"队。随着球队之间的比赛，王某宇被实力强的"野猪林"看中并"租借"，成为"野猪林"的守门员。

2003年后，回龙观成立的球队越来越多。2004年，第一届回龙观业主足球联赛成立，9支球队，共200多名球员参与，而且所有球员都是回龙观的业主。比赛采用循环赛制，历经两个半月，共进行比赛36场，观众上千人。

2005年，回龙观地区政府也从媒体和其他渠道了解到回龙观自己的足球联赛，自此开始了长期支持。

2007年是"回超"发展过程中具有里程碑意义的一年。在那一年回龙观业主足球联赛正式命名为"回龙观业主足球超级联赛"，也就是现在的"回超"。"回超"同时获得了10万元以上的赞助并被冠名，21支球队经过20轮、210场的较量决出最后冠军，并在北京引起了不小的轰动。"'回超'要生存，就一定要市场化运作！"王某宇一直秉承着这个原则。

问题 "回超"的创建者们从网络走向现实，并从最初的兴趣爱好，变成了现在的较有影响力的规范赛事，其发展历程和面临的困境也折射了当下中国社会中形形色色草根体育组织要发展壮大所面临的瓶颈。试分析这些瓶颈都包括哪些方面。

二、实体体育组织与虚拟体育组织

（一）实体体育组织

一般意义上的组织即为实体组织。实体组织是为了实现某一共同目标，经由分工与合作，以及不同层次的权力和责任制度而构成的人群集合系统。

（二）虚拟体育组织（又称网络体育组织）

虚拟组织是一种区别于传统组织，以信息技术为支撑的人机一体化组织。虚拟体育组织也称为网络体育组织，是指人们通过互联网突破地域和现实人际关系等因素的限制，基于共同的体育兴趣和爱好，建立组织成员共同认可的组织目标和行为规范，进行"线上"交流、"线下"体育活动的非营利性组织[1]。其特征以现代通信技术、信息存储技术、机器智能产品为依托，实现传统组织结构、职能及目标。在形式上，没有固定的地

---

[1] 黄亚玲，邵焱颉. 网络体育组织发展：虚拟与现实的挑战 [J]. 北京体育大学学报，2015 (11)：1-6.

理空间，也没有时间限制。组织成员通过高度自律和共同的价值取向来实现团队的共同目标。随着各类社交工具的涌现，以及各种虚拟技术的成熟，依托网络媒介组织体育活动在我国悄然兴起，网络成为人们进行健身活动的新组织形式，人们基于共同的体育爱好组建QQ群、微信群等，用这些平台发布信息，组织体育活动。黄亚玲在其研究中对网络体育组织的特点进行了分析：非正式性、虚实结合性、边界模糊性、组织信任脆弱性、流动性等特点[1]。

从组织学的视角来看，当前虚拟体育组织有以下4个特点[2]：

第一，组织结构扁平化。传统体育组织主要呈现为金字塔式科层结构，组织内部通过科层形成权力分工，产生相应的组织运作模式。随着信息技术的发展，科层组织逐渐演化为管理层级减少的组织生存趋势。网络技术的发展和成熟，使得传统中间管理层被信息处理技术和网络协调功能取代了，操作层与决策层实现了无阻碍的直接沟通，使原来的金字塔形组织层级减少，转为扁平化结构。

第二，组织无边界。由于网络社会相比现实社会约束较少，因此网络深受崇尚自由的年轻人喜爱。轻松而愉快的虚拟组织生活方式，也就越来越为当下青年人所接受。同时，网络的无限空间性，使得青年成立、加入虚拟组织不再受地域、行业、社会地位的局限，也无等级之分，因此，要明确一个虚拟体育组织的边界是非常困难的，甚至不可能。组织的规模总是在动态变化着。而且，同为虚拟组织的成员很可能也是其他虚拟组织的参与者。很多网友可能同时加入多个虚拟组织，并把组织中熟悉的网民介绍到其他虚拟组织，因此虚拟体育组织的边界不但模糊，而且往往存在"跨界"现象，多个虚拟体育组织之间存在交叉。

第三，管理的柔性。柔性管理强调管理手段的柔性，在面对不同的网络环境、不同的网民需求等情况时，必须具有应变治变的能力。柔性管理还体现在组织目标和组织活动对网民需求的满足上。虚拟体育组织往往很少有固定的、一成不变的坚定目标，组织的活动安排会充分征求网民的意愿，考虑网民的实际情况，充分体现人本主义观念，体现了管理的柔性。

虚拟体育组织的内部管理运行中，柔性管理更多体现在内部协调功能上。组织更注重对人们思想、意志及人际关系方面的协调。它能促进大家对目标与利益共识的达成，群体的同质性越强就越易于形成群体意识。群体意识犹如一种黏合剂，使群体产生强大凝聚力，使全体成员协调一致。

第四，"线上"与"线下"的互动。网民加入虚拟体育组织的一个很重要的目的就是能够参与到感兴趣的体育项目，获得群体性满足、技能性满足和娱乐性满足。组织的虚拟性往往体现在网络空间内。成员之间利用网络技术，以文字、图片等符号形式表达观

---

[1] 黄亚玲，邵焱颉. 网络体育组织发展：虚拟与现实的挑战 [J]. 北京体育大学学报，2015（11）：1-6.
[2] 周启迪. 网络时代我国体育虚拟组织成长研究 [D]. 北京：北京体育大学，2012：36.

点、情感,以及传播各类信息,以此来虚拟真实个体的存在。组织的真实性则表现为通过网络上的沟通而转移到现实生活中开展体育活动。

第四节　体育组织的结构

组织结构是组织中正式确定的,使工作任务得以分解、组合和协调的框架体系。一方面,组织结构是组织内部的职能分工,即按照组织目标对工作任务进行分解后,确定相应的部门完成工作;另一方面,组织结构是一个纵向的层级体系,层级的多少取决于组织的规模和管理幅度。组织结构中各部门之间的相互关系可以用组织结构图表示,以直观的方式呈现组织中各职位及层级关系,明确组织的职权结构及各部门的任务,反映组织内部在职务范围、职责、权力等方面形成的关系体系。目前体育组织的结构主要包括如下五种。

一、直线制组织（line organization）

直线制组织是最早出现的一种组织结构形式,多见于早期的军队和小规模生产组织中。它的建构相对简单,可以通过垂直线条连接组织的各个层级。

直线制结构的特点是组织中所有的职位都实行从上到下的垂直领导,下级部门只接受一个上级的指令,各级负责人对其下属的一切问题负责。组织不设专门的职能部门,所有管理职能基本上都由各部门主管自己执行。所以,直线制结构对权力和责任的定位非常清晰,对问题做出反应的决策也很快,对于结果的责任非常明确。它的主要缺点是直线管理者们可能不具备经营一个组织所需的所有特殊技能[1]。这种组织结构适用于小型的体育企事业单位,如体育院校的体育系（图1-5）。

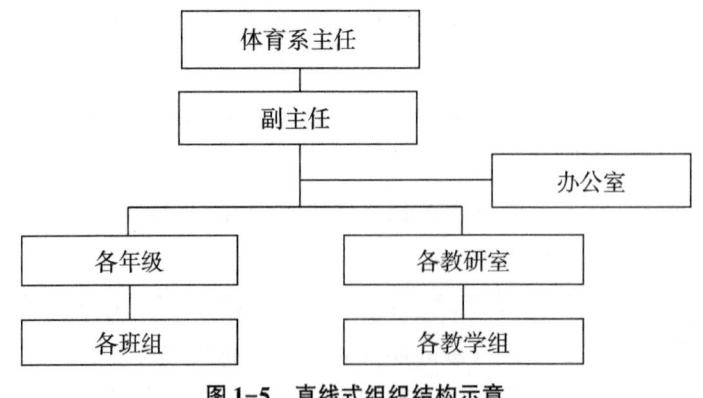

图1-5　直线式组织结构示意

---

[1] 弗朗西斯·J. 布里奇斯,李比·L. 洛克摩. 体育管理学理论与实践[M]. 蔡楚元,冯岩,译. 北京:中国地质大学出版社,2012:141.

二、职能制组织（functional organization）

职能制组织是在直线制组织的基础上发展起来的。为了弥补直线制组织专业化程度低、对管理人员要求高等不足，军队组织开始设置参谋职位，职能制组织就此产生[1]。因此，职能制组织又被称为参谋组织或幕僚组织（staff organization）。职能制组织也成为U形结构，以专业职能作为划分部门的基础，在各级管理人员之下根据业务需要设立职能机构和人员，协助其从事职能管理工作。这种结构之下，管理者把相应职能的管理职责和权力交给职能机构，由职能机构在其职责范围内行使职权。

职能制组织结构的优点是专业化程度更高，管理人员的压力大大减少，有利于降低管理成本等。当然也存在不足：各职能部门各自为政，缺乏协调；职责不清不利于统一指挥。这种组织结构一般适用于管理工作复杂，涉及面广，而且管理分工比较细致的单位。我国体育院校多采用这种组织形式（图1-6）。

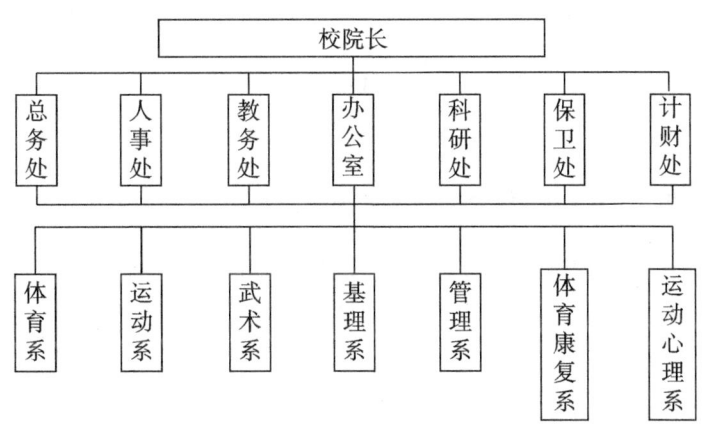

图1-6 职能制组织结构示意

三、直线职能制组织（line and staff organization）

由于直线制和职能制组织结构都存在先天的缺陷，所以两者很难运用于现实的组织设计中。综合直线制和职能制两种形式的特点，取长补短而建立起来一种新的组织结构就是直线职能制组织，又称为直线参谋组织。

直线职能制组织结构的主要优点在于向直线管理者提供专业支持。职能员工解放了部门经理，使其将精力集中在突发事件及长期存在的问题上。职员直线管理者职位让组织有更高的灵活度。直线管理者不需要变成组织运行的所有方面的专家。它的缺点表现

---

[1]《管理学》编写组. 管理学 [M]. 北京：高等教育出版社，2018：140.

在：当直线部门与职能部门目标不一致时，协调难度增大；管理者增多，容易形成高度集权，损害下属的自主性；结构缺乏弹性，对环境变化的反应迟钝；部门增多，沟通路径增加，导致信息传递不舒畅，降低决策效率；增加管理成本。我国许多优秀运动队采用这种组织形式（图1-7）。

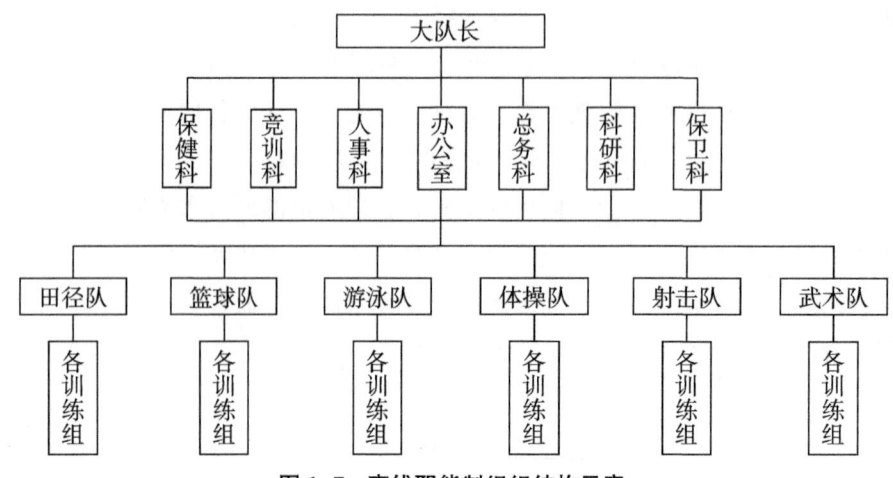

图1-7 直线职能制组织结构示意

四、矩阵制组织（matrix organization）

由于直线职能制组织结构存在沟通路径过长、难以协调的弊端，于是一些企业开发了矩阵制组织结构。矩阵制组织结构的实质是为了加强职能制组织之间的协调、引进项目管理的形式而开发的一种组织形式。

矩阵制组织既有按职能划分的垂直领导系统，又有按产品或项目划分的横向领导关系，每一名下属同时接受两名上司的领导；项目组人员来自不同部门，任务完成后就解散，有关人员回原单位工作；项目小组为临时组织，负责人也是临时委任。因此，这种组织结构非常适合需要横向协作的攻关项目。

矩阵制结构的优点包括以项目的形式组成，成员从不同部门抽调，机动性强；目标明确，人员结构合理；不同部门的员工在一起，有利于创新；形成了网络状的信息传递通道，组织内部的沟通更加顺畅。缺点是成员来自不同部门，抽调和回归原部门会影响原部门的稳定性；多头指挥；权责不对等。这种组织结构在我国体育科研机构中已经普遍应用（图1-8）。

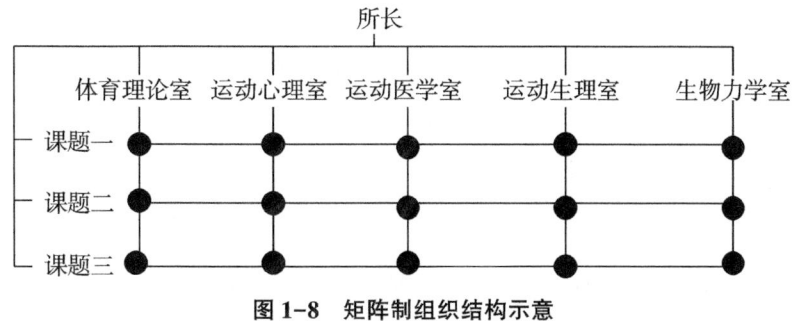

图 1-8 矩阵制组织结构示意

五、事业部式组织（divisional organization）

事业部式组织结构形式是跨领域从事多种经营的大型企业所普遍采用的一种典型的组织结构形式。事业部式是一种集权和分权相结合的组织结构形式。它的集权体现在公司的大政方针及资金方面都由总部来确认；它的分权是体现在总部下面各个事业部。大政方针确定以后，各个事业部根据这个目标确定各自的管理活动。简单来说，战略由总部制订，为完成这个战略由具体的事业部开展战术活动。所以，事业部式体现了集权和分权相结合的一种性质。事业部式组织结构是在一个组织的内部，对具有独立的产品市场或地区市场，或具有独立利益和责任的部门实行分权化管理的一种模型，采用分权制[1]。如某大型体育管理公司，既组织运行体育赛事，也运作代理行业以及场地管理，各个事业部门独立运行，为总公司创造收益（图1-9）。

图 1-9 事业部式组织结构示意

事业部式组织机构的优点：能够把多种经营业务专门化的管理和公司总部统一的领导更好地结合起来；总公司和事业部之间就形成了比较明确的职、权、利三者之间的关系；事业部式以利润责任为核心，既能保证这个组织获得稳定的收益，也有利于调动中层管理人员的积极性；各个事业部门相对独立，能够独立自主地开展生产经营活动，也有利于培养多面手。缺点：对事业部的负责人要求比较高，整个公司需要有许多特定业务范围的人才领导事业部门正常的生产运作；各个事业部都设立有日常生产经营的管理机构，容易造成职能之间重复、成本费用上升；每个事业部都有独立的经济利益，容易对公司的资源和共享的市场之间产生一种不良的竞争，引发一些不必要的内耗。

---

[1] 祁社生. 体育管理学 [M]. 上海：上海科学技术文献出版社，2013：96-97.

知识经济、全球化给现代组织管理提供了新的机遇，也带来了新的挑战。20世纪80年代之后，组织结构正在悄然发生变化，现有的组织结构形式已经不能满足企业发展的需要。企业不断地对组织结构进行动态调整，扁平化、柔性化、无边界化、虚拟化成为组织结构演进的大趋势[1]。从组织结构上来说，团队式、事业部式、超事业部式、多维立体型等组织形式也出现在一些体育组织机构中。

第五节　体育组织的功能

体育组织成立的目的是更好地服务组织成员，同时通过组织成员协调一致的行动，更好地推动体育的发展，当然也可以从不同侧面为政府治理、社会发展服务。所以，体育组织的最基本功能就是汇聚和服务作用，同时还具有创新和社会作用。

一、汇聚作用

组织汇聚了人、财、物等资源，通过生产、加工、协作系统完成特定的目标。组织是资源的配置载体，是优化资源配置的一种方式，也是提高资源配置效率的场所[2]。组织在明确的目标指引下，根据社会发展的需求变化，将散在的、零星的资源进行整合汇聚，对资金、人员、技术、场地、产品、服务等资源进行重新配置，提高资源产出效率，扩大资源共享覆盖面，催生新生资源，使资源的开发、利用、共享与产出等在组织的系统协调下达到"1+1>2"的效果。对于体育组织而言，同样肩负着资源汇聚的功能，各类体育组织都利用所辖所及的资源，并对它们进行优化组合，使其产生最大的效力，从而服务人民。

二、服务作用

体育组织的服务作用体现在两个方面：为体育事业的发展提供服务，促进体育多样化、专业化发展；为人民大众提供服务，满足大众的体育需求。行政管理型体育组织从政策法规和资金支持等方面为竞技体育和学校体育、群众体育的发展提供保障与指导；经营管理型体育组织提供体育产品和体育服务，以满足人们不同层次、不同类型、多样化、个性化的体育需求；公益服务型体育组织提供专长性服务，促进体育多样化、专业化发展，以满足大众对健康的需求，为群众体育的发展提供良好的社会环境。

三、创新作用

产业创新和组织结构创新是体育组织发挥创新功能的两种基本方式。体育组织通过

---

[1]《管理学》编写组. 管理学［M］. 北京：高等教育出版社，2018：145.
[2] 黄海天. 管理学及案例［M］. 上海：上海大学出版社，2014：184.

研发新产品、开发新市场、改进生产工艺、改变营销策略等方式进行产业创新[1]；另外，体育组织通过转变体育赛事观众类型（如将随意性较强的消遣型、学习型和偶像型观众转变为兴趣型和支持型这样的稳定型观众[2]）、创新赛事组织方式、创新运动员选拔机制（如运动员选拔TV秀）、开发体育赞助与广告市场、开发电视转播权市场、加强品控等方式来影响体育比赛的观众、健身房的顾客、体育媒体的读者、体育用品商店的消费者等购买体育产品的人，提高人们对体育产品的消费欲望、需求水平及消费水平等，从而促进大众体育的发展并实现体育产业的创新。

体育组织的结构随着体育发展的需求和社会的发展变化进行创新发展，不同的组织之间进行重组或同一组织进行整体结构类型的转变等，在这种变化过程中发挥出创新作用。直线职能式结构、矩阵式结构等组织结构形式较之直线式、职能式等结构在灵活性、弹性和效率等方面均有所提高[3]。

四、社会作用

体育组织的社会作用是指体育组织作为整个社会系统的组成部分所具有的能力及基于其能力发挥产生有助于社会对环境适应的功效[4]，为组织成员提供个体成长、全面发展的社会环境。

作为社会整体的一部分，体育组织在多个领域发挥作用。在政治领域，体育组织可在某些政治因素的影响下发挥形式各异的政治作用；也可在倡导和平的目标引领下将不同信仰、不同政治观点的人团结在一起，塑造群体形象，化解政治矛盾。在经济领域，体育组织在体育产品和体育服务市场中平衡供需关系，在稳定性和充分性两个维度上推进公平平衡市场经济模式和自由平衡市场经济模式的发展。在文化领域，体育组织通过举办体育比赛和活动，丰富文化内涵，宣传体育精神，促进不同文化之间的交流，满足人民大众多样化、多层次、多方面的精神文化需求。

体育组织满足组织成员个体在归属和自我实现等方面的心理需要，为成员提供学习、成长的机会，为个人能力的发挥、自我价值的实现提供环境，为成员的社会交往提供平台。体育组织通过组织体育锻炼活动和比赛等，充分发挥体育运动的心理效能，疏解社会成员的心理压力，促进社会的和谐稳定。

---

[1] 罗文静. 体育产业创新研究的国际经验与启示 [J]. 科技智囊, 2022 (1)：39-44.
[2] 王选琪. 职业体育竞赛观众的培养措施 [J]. 体育学刊, 2003 (9)：17-19.
[3] MBA智库·百科. 什么是组织结构 [EB/OL]. (2019-09-13)[2021-02-09]. https://wiki.mbalib.com/wiki/%E7%BB%84%E7%BB%87%E7%BB%93%E6%9E%84.
[4] 百度百科. 社会功能 [EB/OL]. (2020-02-13)[2021-01-10]. https://baike.baidu.com/item/%E7%A4%BE%E4%BC%9A%E5%8A%9F%E8%83%BD/8238266? fr=aladdin.

案例 1-3 体育社会组织成为生力军[1]

作为从事各种体育运动、健身活动的重要主体和组织平台，体育社会组织是政府职能转移的重要承接者，也是体育多元治理结构中的重要组成部分，在有效配置体育资源、助力全民健身发展、弘扬体育文化，以及人民城市建设中发挥着重要作用。上周六（2021年1月16日），上海市体育总会第九届执委会（主席会议）第五次会议和第九届委员会第四次会议在上海国际会议中心召开。在总结过去一年工作的同时，与会各方对《上海市体育社会组织发展"十四五"规划（征求意见稿）》（以下简称《规划》）进行交流，共同探讨如何建造适合新时期发展的体育社会组织生态。2020年，上海市体育总会围绕《体育强国建设纲要》总体思路，坚持重点突破、提升服务、打造精品、引领发展，全面推动上海市体育社会组织治理体系，治理能力迈上新台阶。截至2020年底，上海市共有具有独立法人资格的体育社会组织1437家，其中市级体育社会组织150家，区级体育社会组织1287家。申城每万名常住人口体育社会组织数量为0.59个，群众身边的健身组织不断丰富。2021年既是上海体育"十四五"规划的开局之年，也是体育社会组织转型发展的关键期。上海市体育总会将着力推动区域体育一体化发展，建立互惠、互利、互通、互融的合作机制，围绕创新发展、规范发展、融合发展、优质发展，重点做好打基础、重规范、搭平台、促交流、创新貌五个方面的工作。

上海体育学院教授黄海燕在对《规划》进行解读时表示，《规划》旨在进一步提高上海市体育社会组织的基层治理能力，把握新时期体育社会组织"推广运动项目、服务会员群体、培养后备人才、传播体育文化、促进行业自律"的新职能定位，发挥体育社会组织在推进健康上海和全球著名体育城市建设进程中的独特作用。《规划》围绕建设健康上海和全球著名体育城市的奋斗目标，坚持从小体育向大体育、从体育向"体育+"，推动体育社会组织扮演越来越重要的角色，基本形成具有上海特点、有发展潜力、门类齐全、布局合理、运作规范、功能完备、符合国际体育惯例的组织体系，社会化、实体化、规范化、专业化、国际化、数字化成果不断巩固，成为上海建设全球著名体育城市的生力军，建造适合新时期时代发展的体育社会组织生态。同时，《规划》提出五大重点工程，包括体育社会团体高质量发展；完善基层体育社会组织架构体系；遴选10个马拉松和10个"大师赛"，打造"双十"系列赛事品牌；开展体育社会组织人才专项培训；搭建体育社会组织网上业务服务平台，提升数字化管理水平。

---

[1] 谷苗. 体育社会组织成为生力军[EB/OL]. (2021-01-18) [2021-03-05]. https://baijiahao.baidu.com/s?id=1689172872137991541&wfr=spider&for=pc.

问题 体育组织在社会中发挥着越来越重要的作用，思考体育组织在中国社会体育发展中应该扮演何种角色？

> **主要议题**
>
> 1. 随着社会的不断发展，各类新兴体育组织不断涌现，如网络体育组织、草根体育组织等。尝试了解这类体育组织的组织结构和发展趋向。
> 2. 体育组织结构随着组织目标、组织任务、组织规模等因素的影响而发生调整。尝试讨论中国足球协会的未来发展。

延伸阅读

[1] 冯晓丽. 民间体育组织：中国经验与本土治理 [M]. 北京：社会科学文献出版社，2019.

[2] 切斯特·巴纳德. 组织与管理 [M]. 詹正茂，译. 北京：机械工业出版社，2016.

[3] 加里·哈默，米凯尔·贾尼尼. 组织的未来 [M]. 陈劲，姜智勇，译. 北京：中信出版社，2021.

[4] 斯蒂芬·罗宾斯，玛丽·库尔特. 管理学 [M]. 刘刚，程熙镕，梁晗，等，译. 北京：中国人民大学出版社，2017.

[5] 秦椿林. 体育管理学高级教程 [M]. 北京：高等教育出版社，2009.

[6] 伯尼·帕克豪斯. 体育管理学——基础与应用 [M]. 秦椿林，李伟，高春燕，等，译. 北京：清华大学出版社，2003.

[7] 柳鸣毅，丁煌，张毅恒. 体育组织：一个新时代中国体育管理理论与实践的核心命题 [J]. 成都体育学院学报，2021（5）：72-79.

第二章
体育组织基本理论

CHAPTER 02

❖ **内容摘要**：组织理论的缘起、发展及未来的趋势与管理学理论存在着密切的关系。本章从管理学理论中剥茧抽丝，凝练组织及组织管理过程相关的内容，构建组织理论的结构体系，为组织管理和运行的实践提供坚实的理论基础。在此基础上阐述其对体育组织的影响，以及体育组织的未来发展方向。

第一节 组织理论概述

组织是由具有互动作用的人群依据其结构和功能所构成，并有其行动规则和规范的社会实体。以组织的结构、运行和变革的规律为研究对象的组织理论是具有特殊内容和形式的知识体系。对组织理论的缘起和发展进行梳理，可以更好地了解组织理论体系的结构。

一、组织理论的缘起与演进

在人类的发展史上，阶级和国家出现后，管理国家和社会事务的各种组织就产生了，随后对组织问题的各种研究逐渐出现。无论是在东方还是西方国家，人们对组织的问题都进行了深入细致的研究，总结了大量组织构建和发展的宝贵经验。

举世闻名的埃及金字塔和巴比伦空中花园都是古代广大劳动人民辛苦劳动建筑而成的，虽然历史上没能留下工程组织的详细记录，但可以从这些宏伟建筑的体积、结构、外形想象到当时工程的组织和控制过程是何等的艰巨和复杂。意大利早期组织管理思想家马奇维利（N. Machiavelli）在年轻时代就考察了许多城镇的组织管理状况，并提出了四条原则：①领导者的权利来源于底层，如果得不到下属的拥护，就无法成为一个合格的领导者；②必须维持组织内部的凝聚力，领导要给成员以报偿，并维持他们的忠诚，加强上下级间的沟通和了解；③领导者要具备生存的意志力，以免被人推翻；④领导者必须在品德和能力方面做出表率，并经常加强这方面的锻炼[1]。

---

[1] 孙彤，李悦. 现代组织学 [M]. 北京：中国物资出版社，1989：37.

中国古代较早重视组织问题的是先秦思想家荀子,他在《荀子·王制》中明确提出了社会组织论的思想。他说:"水火有气而无生,草木有生而无知,禽兽有知而无义,人有气、有生、有知,亦且有义,故最为天下贵也。力不若牛,走不若马,而牛马为用,何也?曰:人能群(群即组织的意思),彼不能群也。""故人生不能无群。"这里荀子强调了人类因为有组织能力这一特点,所以才能战胜自然界中的种种禽兽。然而仅组织起来还不行,荀子接着又谈到分工问题,说:"群而无分则争,争则乱,乱则离,离则弱,弱则不能胜物。"那么如何分工呢?荀子则强调"皆使人载其事而各得其宜",即按每人特长分配给他应负责的事,做到人尽其才,各得其所。中国古代政权的各级政府机构的组织网络,曾被许多管理思想史家称为"古代优秀的组织结构形式",并认为"古代中国严密的组织结构是世界上十分罕见的"。中国家庭(族)管理,即"齐家",不仅是重要的管理内容,而且是其他组织管理的基础,为"治国""平天下"等其他组织管理提供方略[1]。这些东方和西方的有关组织内容大多包含在思想家或者政治家治国理政的方略中,是一些零散的、不成体系的思想总结和观点罗列。而被人们公认的科学完整的组织理论体系产生于19世纪末、20世纪初的西方国家。自此以后,随着社会的不断发展和生产力水平不断提高,对管理和组织问题的研究越来越深入、越来越细致,相应的有关管理和组织方面的理论也越来越丰富,越来越全面。

二、组织学理论发展的阶段划分及内容

组织理论学派表现为多样性的特点,他们的研究角度和切入点不同,对组织理论的研究重点就不一样,所得出的结论也就各有千秋。各种管理理论和组织理论相继涌现,使组织理论的发展更具辉煌的前景。本节根据西方国家组织理论产生和发展的时间顺序,同时参考传统管理理论的阶段划分方式,在各种学派及理论内容概况的基础上,将组织理论的发展分为三个阶段,即19世纪末到20世纪初的古典组织理论阶段;20世纪30年代到60年代的行为组织理论阶段;20世纪60年代以来的现代组织理论阶段。

(一)古典组织理论

1. 泰罗机器科学管理学派的组织观点

说到科学管理学派,必定会提到其主要代表人物泰勒(F. Taylor),他一生中发表了许多管理理论,最著名的是1911年出版的《科学管理原理》和1903年出版的《车间管理》。他在管理上提出了"工作定额原理""标准化原理""计件工资制""劳资双方共同进行精神革命"等。其在组织理论方面的贡献主要有以下三点:①主张把计划职能(管理职能)同执行职能(实际操作)分开,计划职能由专门的部门承担。②主张实行职能

---

[1] 吴照云. 曾国藩家书中的组织管理思想探究[J]. 江西社会科学, 2021(3): 202-209.

管理，即将整个管理工作划分为许多较小的管理职能，使所有的管理者只承担一两项管理职能。他设计出八个职能工长，代替原来一个工长，其中四人在计划部门，四人在车间。每个职能工长负责某一方面的工作，在职责范围内可以直接向工人发布命令。泰勒的职能管理的思想为以后组织结构中职能部门的建立，管理专业化提供了有益的启示。③主张在组织机构中按例外原理进行管理。他认为，规模较大的企业不能只按职能原则组织和管理，还需要运用例外原理。所谓例外原理，就是高级管理人员把例行的一般日常事务授权给下级管理人员，自己只保留对例外事项（即重要事项）的决定权和监督权，如组织中基本政策的制定和重要人事的任免等。

2. 法约尔和韦伯及其行政组织学派

行政组织学派的主要代表人物是法约尔（H. Fayol）和韦伯。法约尔是法国管理学家，一生从事大公司的管理实践，对组织管理有丰富的经验，在晚年写出的《工业管理与一般管理》一书，成为不朽的管理名著。法约尔在这本书里系统、全面地总结了他一生组织管理的经验，认为这些理论与原则不仅适用于企业，而且适用于政府、教会、慈善团体和军事组织等，成为第一个概括和阐述一般组织管理理论的先驱。他把企业的管理活动概括为技术活动、商业活动、财务活动、安全活动、会计活动、管理活动六个方面；又把管理活动概括为计划、组织、指挥、协调、控制五项职能[1]。同时提出了有效进行组织管理的十四项原则：①实行分工与协作；②权利与责任要相适应；③命令与命令之间不能互相矛盾，要统一；④指挥要统一，服从领导，执行一个共同的计划；⑤集权与分权要适当、合理；⑥生产经营要有秩序；⑦要注重纪律；⑧组织层次既要有纵向联系，又要建立必要的横向联系；⑨人员要稳定；⑩个人利益服从集体利益；⑪报酬要公平合理；⑫鼓励职工发挥创造力；⑬平等公正；⑭培养集体精神。他强调建立高效率的组织，必须要理顺内部组织结构及其相互之间的关系，以制度、规范将其规定下来。在组织结构的建设上，他创造性地提出有必要成立智囊机构协助高层管理者的工作，并较早运用"组织图"形式分析组织的概貌、权利路线和信息沟通渠道。

德国著名社会学家韦伯关于理想的行政组织体系理论是对组织理论的重要贡献。韦伯科层制度的产生是德国从封建社会向资本主义社会过渡的要求，为新兴资本主义制度提供了一种效率高、具有理性化的组织体系，所以后人称韦伯是"组织理论之父"。直到今天我们仍然认为，科层制度反映了现代科学技术对组织管理理论的要求，反映了社会现代化进程中对组织结构改变的要求，同他之前的其他组织形式相比，科层制度在进行工作时更精确、更迅速、更有效率、更少摩擦。当然科层制度也存在一些不足：①科层制度有促进生产效率和工作绩效的积极作用，也容易造成各部门之间的冲突，以及部门目标和组织目标的冲突，甚至阻塞纵向和横向的沟通。②组织成员的创造性被削弱，民

---

[1] 亨利·法约尔. 工业管理与一般管理 [M]. 王莲乔, 吕衍, 胡苏云, 译. 成都：四川人民出版社, 2020：89.

主参与的气氛淡薄,下级向上级的沟通严重受阻,并容易造成领导者的官僚主义。③科层制度制订有严密的组织程序和规则,在面临紧急问题时缺乏灵活性。④科层制度是非人格化的,使组织变为一个不注重成员感情、缺乏人情的团体。再加上科层中的各项要求、规定是上级单方面制定的,没有经过成员的参与和同意,容易造成较大的抵触情绪。

3. 美国的穆尼、古利克和英国的厄威克的理论观点

在古典管理学派中,对组织理论进一步系统化和条理化的是美国的穆尼、古利克和英国的厄威克。

穆尼(J. Mooney)曾任美国通用汽车公司的总经理,著有《组织原理》一书。书中认为,管理是指导、激励别人的方法和技术,组织是把各种不同职责或职能联系成一个协调整体的方法。管理之于组织,好像一个人的神经系统之于人体一样。穆尼认为组织原则从实质上说有三条:①协调原则,即对组织内各方面的努力进行合理的安排,以期实现共同目标、行动统一;②等级原则,即每个组织都有一种职权的等级制度,以及与此相适应的职责等级制度;③职能原则,即区分各种不同的职责,实行专业化的原则。

古利克(L. Gulick)研究了法约尔等人的管理职能理论后,进一步加以系统化,提出了管理七职能论——POSDCRB(分别是计划 planning、组织 organizing、职员 staffing、指挥 directing、协调 coordinating、报告 reporting 和预算 budgeting 的英文词的首字母)。在组织理论方面,他强调建立权力的正式机构和组织体系,以完成规定的目标。他还强调按照目标规定活动和组织机构,不受人事关系、感情等方面的影响。他还对设置参谋部门,以及参谋部门和直线指挥人员的关系提出了很好的见解。

厄威克(L. Urwick)是英国著名管理学家,在世界管理史上颇有地位。他著有《管理备要》等书,并对古典管理学派的组织理论进行了系统的总结,使它更为规范化和理论化,还颇具创造性地提出了新的概念构架。他提出了适用于一切组织的八项原则:①目标原则,即一切组织都应当表现一个目标;②对应原则,即权限与职责必须对应;③责任原则,即上级对所属下级的工作绝对负责;④等级原则,即组织中必须划分若干等级;⑤控制跨度原则,即上级领导人直接管辖的下级人数不应超过 5~6 人;⑥专业化原则,即一个人的工作限定为一种单一的职能;⑦协调原则,即组织各层次、各部门达到协调一致;⑧明确性原则,即每项职务都要有明确的规定[1]。他还认为,管理过程由计划、组织、控制三项职能构成,与其相对应的三项指导原则是预测原则、协调原则、指挥原则。厄威克把古典管理学派中科学管理理论和行政组织理论综合起来,使之一体化,反映了古典管理学派的精华,因此有人推崇这是管理思想史上的一个里程碑。

总之,自 19 世纪工业革命以来,把泰勒的科学管理作为生产组织设计的基本原理,并结合亨利·法约尔"十四条原则"的指导方针,形成了占统治地位的科层组织形式的

---

[1] 林德尔·厄威克. 管理备要 [M]. 孙耀君,等,译. 北京:中国社会科学出版社,1994:56.

严格等级制度。从提高管理效率的目的出发，这种组织形式特别强调分工和各负其责；从组织的纵向关系看，组织被划分为若干层次，组织是一个等级分明的金字塔；从组织的横向关系看，每一管理层被分为并列的管理部门，每一部门负责一部分专门的工作，各自独立；从对员工的态度来看，把员工视为实现组织目标的一种工具；从思维方式来看，这种组织形式强调"非此即彼"的解决问题的方式。这种金字塔结构严格的等级制度在产品和市场变化不大的大规模生产的情况下，确实收到了降低成本和提高产量的积极效果，古典管理学派的组织理论确实为现代组织理论构造了框架，奠定了基石[1]。

（二）行为组织理论

行为科学学派是西方现代管理理论中的重要学派之一，它运用人类学、社会学、心理学、经济学、管理学等理论和方法，对员工在组织中的行为，以及产生这些行为的原因进行分析研究的一门边缘学科。它重点研究管理中如何处理人际关系和激励人的行为。这一学派对现代组织理论的贡献相当大，其主要代表人物有梅奥、罗特利斯伯格、怀特赫德、马斯洛、赫茨伯格、麦格雷戈、巴纳德、西蒙等人。

1. 梅奥等人的理论观点

梅奥（George Elton Mayo）、罗特利斯伯格（F. Roethlisberger）和怀特赫德（North whitehead）是美国著名的霍桑实验的主持者。这些早期人际关系专家在这次实验中得出了许多有关组织中人的行为的新结论，并且提出了非正式组织的一系列新观点。他们的研究结论主要有如下八点：①企业组织不仅是个技术经济系统，而且是个社会系统。②个人不仅受经济奖励的激励，而且受各种不同的社会和心理因素的激励。③非正式组织是研究的重要单位。④为了考虑各种社会心理因素，应对传统观念中的以组织的正式结构和职位为基础的领导模式作实质性的修正。⑤人际关系学派一般认为，职工的满足感与生产率有联系，并强调指出，不断增加工人的满足感可以提高工作效率。⑥在组织等级中各层次之间建立有效的沟通渠道，以交换信息。这样，"参与管理"就成了人际关系运动的重要方法。⑦管理者不仅需要较高的技术才能，而且需要较高的社会才能。⑧组织成员都可以通过满足社会心理需要来调动工作的积极性[2]。

2. 马斯洛、赫茨伯格、麦格雷戈、沙因的理论观点

马斯洛、赫茨伯格和麦格雷戈在组织成员的激励和人性等问题上，提出了新的见解。马斯洛（A. Maslow）在他的《人类动机理论》和《动机和人》等著作中，把人的多种多样的需要按其重要性和发生的次序分为五个等级：①生理的需要，衣、食、住、结婚、

---

[1] 李建设. 现代组织学 [M]. 杭州：浙江教育出版社，1998：45.
[2] 弗莱蒙特·E. 卡斯特，詹姆斯·E. 罗森茨韦克. 组织与管理：系统方法与权变方法 [M]. 北京：中国社会科学出版社，2000：96.

治病等；②安全的需要，心理上与物质上的安全保障，工作安全、职业稳定、防止疾病和意外事故等；③社交的需要，朋友间、同事间的交往、友谊和融洽的关系等；④尊重的需要，得到别人尊重与承认，同时也具有自尊心；⑤自我实现的需要，通过努力而成就某项事业，充分发挥自己的才干与潜能。

赫茨伯格（F. Herzberg）进一步研究了人的激励动机问题，通过研究发现：引起职工不满的因素，主要是金钱、地位、安全、监督系统、工作环境、人与人关系等。赫茨伯格称这类因素为"保健因素"，即缺乏它们会引起职工不满，但有了它们时并不能构成强烈的激励。使职工感到非常满意的因素主要是工作成就感、工作成绩得到认可、在事业上能够得到发展等。赫茨伯格称这类因素为"激励因素"，即它们都与工作本身直接联系，能够构成对职工的强大激励，从而引起效率的提高。

赫茨伯格的双因素理论与马斯洛需要层次论有一定的联系。马斯洛侧重分析需要与动机，赫茨伯格侧重分析满足这些需要的目标和诱因；保健因素和激励因素分别与马斯洛需要层次的划分有着对等关系。

麦格雷戈（D. McGregor）则对人性问题进行了论述。他认为传统的组织管理理论对人的看法不正确，他将其概括为 X 理论。麦格雷戈提出与此相反的另一种 Y 理论，其要点：①人并不是天生厌恶工作，他对工作的态度取决于这项工作对他是一种满足，还是一种惩罚。②外来控制手段不是使人完成组织目标的唯一手段，人为了自己心目中的目标工作，能够自我指导和自我控制。③在正常条件下，人愿意承担责任。并且人是有相当的想象力、智力与创造力的，一般人的潜力只发挥了一部分。

1956 年，组织行为学家沙因（Edgar H. Schein）又扩展了 X、Y 理论，提出了对人的四种不同假设的理论，即经济人、社会人、自我实现人、复杂人，使得领导者能够针对不同人采取不同领导方式。赫茨伯格、麦格雷戈、沙因这些理论观点都有着一定的联系和对应关系。

总之，行为科学学派的组织理论有一定的科学内容，有值得借鉴的东西。它与古典管理学派组织理论比起来，更加重视组织中人的因素，重视人力资源的开发和管理；对组织的研究从静态走向了动态，更加重视组织成员的心理满足、交往行为、意见沟通、权力运用等；不仅对正式组织进行了行为科学的分析，而且对非正式组织提出了一整套理论；强调不仅要注意完成组织目标，而且还要顾及个人目标，使两者结合起来，组织才真正有力量；提倡组织中实行"民主参与管理"的领导方式，发挥人的自主性和创造性；在研究方法上主张多学科联合攻关，运用大量调查研究和心理测验的手段，并注重将数学、统计学运用到人的行为和组织行为的分析研究中去。

但这一学派在研究组织内成员的需要与行为时，并没有把它们与组织外部的环境，尤其是社会制度、生产关系等联系起来，忽视了资本主义社会制度和经济发展因素对它们的影响；宣扬抽象的人性论和人的价值，与历史唯物主义背道而驰；行为科学的许多命题,如真正的组织管理民主化、真正的组织领导科学化,在资本主义企业内部是难以全面实现的,这与资本主义固有的阶级矛盾有密切的联系[1]。

(三) 现代组织理论

现代组织理论是在20世纪60年代以后逐步发展起来的。其代表人物有巴纳德、西蒙等。现代组织理论包括系统管理和权变理论等,并且随着社会实践的不断发展,各式组织理论不断涌现,被学界称为组织理论丛林。

1. 系统管理理论

(1) 巴纳德的理论观点

巴纳德(Chester Barnard)是现代管理理论之父[2]。巴纳德的社会系统理论也被认为与行为科学学派有密切的联系。他曾受到许多社会学家、管理学家、行为科学家理论的影响,并创造性地提出一套关于协作和组织的理论,使他在组织理论发展史上有较高的地位。

巴纳德把研究重点放在组织结构的逻辑分析上,将社会学概念应用于分析经理人员的职能和工作过程,在此基础之上提出了一套协作和组织的理论,认为组织是一个有意识地对人的活动和力量进行协调的体系,其中最关键的是经理人员[3]。他还认为组织是一个由人们有意识地加以协调的各种活动的系统,即协作系统。由于组织的目标和个人的目标不一定一致,巴纳德提出了"效力"和"效率"两个概念。所谓效力是一个组织由于其成员努力协作而达到目标的程度。但为实现组织的目标,就必须使组织中的成员发挥积极性,也使个人目标获得较大的满足。如果组织中成员个人目标得不到满足,他们就不会去积极努力。巴纳德所说的效率,就是指组织对其成员个人目标的满足程度。当一个组织能够不断为其成员提供使他们的个人需要得以满足的条件,从而使组织目标更快实现时,这个组织才是真正有效力的。巴纳德这种把正式组织的要求同个人的需要联结起来的论点,被一些管理学者誉为组织管理思想上的里程碑。

巴纳德认为,组织协作系统包含三个基本要素:①协作的意愿,即组织成员愿意为组织的目标做出贡献的意志;②共同的目标,这是协作意愿的必要前提,没有明确的共同目标,成员的协作意愿就无从产生;③信息联系,这是沟通以上两个要素的必要条件。信息联系的主要原则是信息联系的渠道为组织成员所明确了解,精确规定每个成员的权利和责任;信息联系的路线尽可能短捷、完整,以免延误或误解;管理者是信息联系中心,必须要称职,必要时配备参谋人员或采用集体领导方式。

---

[1] 李建设. 现代组织学 [M]. 杭州:浙江教育出版社,1998:51.
[2] 朱国云. 组织理论历史与流派 [M]. 南京:南京大学出版社,2014:164.
[3] 刘延平. 组织理论代表人物评析 [M]. 北京:经济科学出版社,2010:121.

(2) 西蒙的组织决策理论

赫伯特·西蒙（H. Simon）曾对社会系统理论作出贡献，并在此基础上对组织理论又有新的发展。西蒙认为，组织就是作为决策者的个人所组成的系统。当一个人决定是否加入这个组织时，总是要把他为组织所作的贡献大小和从组织得到的诱因多少进行比较，如果诱因大于贡献，他就参加。

西蒙特别强调组织的全部管理活动都是集团活动，其中心过程就是决策，并对组织决策的复杂的网络结构进行了分析。在组织结构与集权、分权方面，西蒙有不少独到的见解：①组织机构的建立必须同决策过程联系起来考察，而不能只遵循部门化原则。②组织系统内部一般分为三个层次，高层机构要设计整个系统，确定其目标，并监督其实施，大多是非程序化决策；中层机构管理生产和分配系统的日常工作，大多是程序化决策；基层机构从事直接生产过程，基本上都是程序化决策。③组织结构的设计要按照分工原则，部门的设立要尽可能保持部门之间的相对独立性，尽量避免重叠，同时重视部门之间的横向交往与联系，克服本位主义。④提倡组织成员的内部流动，克服各自狭隘的观点，促进管理者树立全面的观点，共同为组织目标而努力。⑤组织中集权和分权也应视决策而定。⑥必须注意组织是在一定的背景和环境中工作的，对环境的变化应充分注意，并随之而应变，才能把组织管理好。

(3) 霍曼斯的社会系统模型

霍曼斯（George C. Homans）创造性地提出一个社会系统模型，这个模型既适用于小群体，也适用于大组织。他认为，任何一个社会系统都存在于下述三种环境之中：①物理环境（工作场所、气候、设施的布局）；②文化环境（社会的规范、目标、价值观）；③技术系统（系统为完成任务所具备的知识和手段）。这些环境决定着社会系统中人们的活动和相互作用。而人们在进行活动和发生相互作用时，又会产生人们之间，以及人们对环境的一定的感情。

霍曼斯把这些由环境所决定的活动、相互作用和感情称为外部系统，即社会系统。他认为整个模型有五个关键部分：①活动，指人们的工作活动；②相互作用，指人们之间发生的沟通和交往；③情感，指人的价值观、态度和信念，以及相互间积极或消极的感情，这些是在活动与相互作用过程中表现出来的；④所要求的行为，指组织正式规定的活动、相互作用和情感；⑤新的行为，指在所要求行为之外的一些行为。霍曼斯认为：活动、相互作用和情感这三个方面是相互依赖的，其中之一发生变化，其他因素也会相应地发生变化。霍曼斯的社会系统模型对我们有一定启发。它告诉我们组织中任何一个部门所发生的事件和进行的变革，都不是孤立地起作用，它必然会影响组织中的其他部门和周围的环境；它提出了一系列分析的单元，如活动、相互作用、感情、规范等，有助于我们用以分析组织中的心理现象；它为提出更精确的组织系统模型奠定了基础。

（4）卡斯特（F. Kast）和罗森茨韦克（J. Rosenzweig）的系统组织管理理论

以卡斯特为代表的系统管理学派主张：用系统理论的范畴和原理来全面分析和研究管理问题；把系统理论和管理理论有机结合起来，通过系统来管理、提高管理效率[1]。系统管理学派认为组织是一个开放的系统，它由互相依存的众多要素组成，因为局部最优不等于整体最优，所以管理人员所要做的就是保证其中的各个部分都能相互协调和有机整合，进而实现组织的整体目标；企业是由人、物资、机器和其他资源在一定的目标下组成的一体化系统，在成长和发展的过程中会受到这些组成要素的影响；把企业看成是一个投入—产出系统，投入是为物资、劳动力和各种信息，产出是各种产品和服务，来考察管理的基本职能；提出了组织的权变观念。

系统学派的组织理论强调把所有的活动联结起来实现总目标，同时也承认高效率的子系统的重要性。例如，整个组织结构系统中存在着明确的职责分工的三级组织：计划管理委员会从事总的计划、控制和协调的职能，资源分配委员会主要分配人力和设备等，并协助设计工程系统和服务系统；最重要的一级是各个工程系统和服务系统，它们各自的工作结合为一体。在系统管理的组织体制中，组织机构的设置随企业系统功能的转变而及时调整。

（5）利克特的组织领导理论

利克特（Rensis Likert）从另外两方面来阐述组织系统，一是组织是由互相关联、发生重叠关系的群体组成的系统；二是这些互相关联、发生重叠关系的群体是由同处于几个群体重叠处的个人来联结的。利克特把这个人叫作"联结销"（linking pin）。他还把与任何组织有关的环境看成是另一组系统，并认为包括三部分：①较大的系统。这是与组织从事同样活动的其他组织的总和，或整个社会。如机械行业就构成了某机械厂的环境的一部分。②同样大的系统。这是与组织处于同一水平的其他组织，如兄弟企业、协作单位等。③较小的系统。组织内的正式部门和非正式组织。利克特的主要贡献在于打破了过去组织理论中提出的一人一职一位，以及各部门之间严格划分界限的观念，并特别强调领导者之间、各部门之间沟通联络的重要，尤其是组织的中层领导者处于"联结销"的角色地位，承上启下，十分重要。

2. 权变学派的组织理论观点

权变学派的组织理论强调在组织管理中应根据组织内外条件的变化，采取相应的组织结构和领导方式等，不存在什么一成不变、普遍适用的"最好的"组织管理理论和方法。这个学派的主要代表人物有卢桑斯、伍德沃德、劳伦斯、赫里格尔、菲德勒、雷定、

---

[1] 刘延平. 组织理论代表人物评析 [M]. 北京：经济科学出版社，2010：146.

豪斯等。

(1) 卢桑斯的组织管理理论

卢桑斯（F. Luthans）在其论文《管理的权变理论：走出丛林之路》中，指出权变理论是过去几大组织管理学派发展的结果。同时，他通过对大量实例的研究和概括，将各类情况归结为几个基本类型，再给每一类型规定一种理想模式，这就构成了一个矩阵图式的观念构架。用横轴表示环境自变量，纵轴表示管理因变量。环境自变量与管理因变量之间构成一种复杂的函数关系，只能用"如果……就要……"来加以粗略描述，其实质是力图找出一种针对某一种环境而最有效的组织管理对策。对于环境自变量和管理因变量，卢桑斯又提出了较复杂的内容。这个学说为人们提供了一种较为复杂的、辩证的思想方法，被一些组织管理学家认为是有希望的理论。

(2) 伍德沃德等人的组织理论

伍德沃德（J. Woodward）、劳伦斯（P. Lawrence）、赫里格尔（D. Hellriegel）等人在组织结构方面运用了权变观点。他们都把组织看成一个开放系统，并分成不同的结构模式。如伍德沃德按照生产系统工艺技术的复杂性和其他特点，把企业分为三种类型：单件和小批量生产、大批量和大量生产、长时期的流水作业生产。他指出，凡是成功的企业都是组织结构适合工艺技术的。劳伦斯的分类方法强调外界环境的影响。利用这种分类方法，伍德沃德将研究发现整理如下：在连续生产方式中，技术复杂度增加，管理阶层有明显增加，管理人员与总公司人数也会增加，这表示越复杂的技术，就越需要管理。另一方面，随着技术复杂度的增加，直接/间接的劳工比却会降低，因为直接劳动的工作减少，而间接支持维修的劳工却增加了。所以，伍德沃德认为在这些技术类型和相应的公司结构之间存在着明显的相关性，即"结构因技术而变化"；组织的绩效与技术和结构之间的"适应度"密切相关。

保罗·劳伦斯观察到企业的高层管理者经常面对的难题之一是员工对变革的抵制。这种抵制表现形式包括：产量持续下降，辞职和要求换岗的人数增加，有人消极怠工或者干脆甩手不干等。在企业界，变革总是层出不穷，尤其是那些重要的"微调"从来没有间断过，这样的变革包括工作方法的调整、日常办公程序的调整、机器或办公桌位置的调整、人事安排及工作职衔的调整等。这些小变动看似无关紧要，但是合在一起却极大地推动了劳动生产率的提高。

赫里格尔等人考虑外部环境和工艺技术两个方面的因素，把企业分成四种模式：①市场条件等外部环境变化快，内部各种产品之间工艺技术差别大的企业，如美国通用汽车公司，组织设计按产品划分为各个事业部。②外部环境因素的变化较快，内部产品品种较多，但工艺技术上差别不大的企业，如美国休斯飞机公司，组织设计采用矩阵组织结构，各个组织之间存在大量正式的和非正式的横向联系。③外部环境因素较稳定，产品品种较简单，工艺技术较稳定的企业，如美国大陆包装品公司，组织设计采用直线职能组织结构，由最高管理层集中掌握生产和技术政策的决策权。④外部环境因素十分稳定而产品非常单一的企业，如美国麦克唐纳连锁餐厅公司，组织设计采用高度集权式的组织结构。对以上四种不同的组织结构模式，赫里格尔等人认为，它们本身无所谓优劣与好坏，只要合适地应用于相应的不同情况，都会取得成功。这种见解确实对人们极有启发意义。

（3）菲德勒、雷定和豪斯等人的组织领导理论

菲德勒（Fred E. Fiedler）、雷定（W. Reddin）和豪斯（R. House）等人是在领导方式的选择上运用了权变观点。他们认为，在领导方式方面并不存在一种普遍适用的"最好的"或普遍不适用的"不好的"领导方式，一切以组织的任务、个人和小组行为的特点，以及领导者和职工的关系而定。菲德勒提出，要按照领导者同成员的相互关系、工作结构（即对于工作明确规定的程度）、地位、权力来确定采取以人际关系为中心的领导方式或以工作为中心的领导方式。雷定提出了一种有关领导方式的三因素理论，以对工作的关心、对职工的关心和效率高低这三个因素构成三根轴线，进而把领导方式划分为八种不同的类型。豪斯则提出了"目标—途径"理论，认为领导者的效率是以他能激励下属达到组织目标，并在工作中得到满足的能力来衡量的。领导方式的类型有指示型、支持型、成就指向型和参与型。具体采用哪种领导方式要根据权变因素同领导方式的恰当配合来考虑。权变因素主要有两方面：①职工的个人特点，如职工的教育程度、对成就的需求、领悟能力、愿意承担责任的程度、对独立的需求程度等。②环境因素，包括工作的性质、正式权力组织、非正式组织等。

从表2-1可以看出，组织理论日渐丰富，特别是从20世纪60年代至今，组织理论得到飞速的发展。现代组织理论可谓百花齐放，令人耳目一新，正如美国组织理论家斯科特所说的，这是组织管理理论真正的革命，并把它比作是从牛顿的经典力学理论到爱因斯坦的相对论的转变。

表2-1 组织理论的发展阶段和代表人物

阶段分类	组织理论	代表人物
古典组织理论 （20世纪初—20世纪40年代）	科学管理理论	泰勒
	行政管理理论	法约尔
	科层制理论	韦伯
	古典组织理论的系统化	厄威克
行为科学时期组织理论 （20世纪40年代—60年代）	人际关系理论	梅奥
	组织激励理论	马斯洛

续表

阶段分类	组织理论	代表人物
现代组织理论 （20世纪60年代至今）	社会协作理论	巴纳德
	组织系统理论	霍曼斯、卡斯特、利克特
	权变理论	劳伦斯、洛尔施、卢桑斯
	组织生态学	汉南、弗里曼、豪利
	制度理论	梅耶、卢旺
	资源依赖理论	普费弗、斯莫西奇
	交易费用理论	威廉姆森
	组织决策理论	西蒙、马奇

三、组织理论的新动向

20世纪80年代以来尤其是90年代后，人类社会进入了以高新科学技术为主的知识的生产、分配和使用为基础的知识经济时代。经济的发展和严酷的现实，迫使西方各国政府越来越重视从经济的角度来审视和构建政府自身，加强和改进政府的经济职能及其运作方式，不断完善政府的组织形式，以适应环境的剧烈变化。其结果既导致了对原有管理理论的修正、对迎合现实需要的理论的重视，也促使了新的管理理论的产生。

1. 布坎南的公共选择和政府理论

詹姆斯·布坎南（James M. Buchanan）当代美国著名的经济学家，公共选择理论的创始人和主要代表人物，诺贝尔经济学奖获得者，他被人们誉为"公共选择理论之父"。

所谓公共选择，是指资源在公共物品间的分配是通过集体行动和政治过程来选择和决定的，这实际上就是政府的选择和决定。公共选择理论的基点在于"经济人"假说，即人在本性上都是以追求个人利益、使个人的满足程度极大化为最基本的动机，其活动受个人利益的驱动与导向。国家或政府作为一种人类的组织，也会受到人的利己主义本性的影响。所以，由个人组成的国家或政府不应被看成是以服务大众利益为目的，其政治行为也是按对个人是否有利来行事的。

"政府失败论"是公共选择理论的研究核心。20世纪30年代以来，西方国家奉行凯恩斯主义提出的"由于市场可能失败，所以要实行政府干预"的主张，普遍实行了政府对市场的干预政策，这虽然产生了短时间的效应，但也带来了许多问题，甚至出现了危机。"政府失败"有两种主要表现形式：公共政策的失误和政府工作机构的低效率，其形成是由多种原因造成的。①公共决策失误的原因。由于政府部门的领导者被人所具有的自利的本性所左右，他们在选择或制定决策时，对作为政府决策目标的所谓公共利益的理解常常难以符合公共利益的要求，决策的依据是不充分的信息和个人效用的最大化原则。②政府工作机构低效率的原因。一是缺乏竞争性机制，这就使官员没有压力去高效率地工作，而过多的自由又使他们没有努力工作的积极性；二是缺乏降低成本的激励机制，导致政府官员追求规模的最大化，最终导致机构臃肿，效率低下；三是缺乏监督信息，有效监督的前提是监督者对被监督者的情况了如指掌，而这种情况正好需要被监督者提供，政府权力的扩大不仅使监督者受被监督者操纵，甚至被监督者还能强制规定和实行某些政策措施，以实现自身利益的最大化；四是政府机构自我膨胀，包括政府部门的人员增加和支出水平的增长；五是政府的寻租行为，即政府官员会利用行政权力寻求超过机会成本的那一部分收入，这就使政府决策和运作受利益集团或个人所摆布。由此，布坎南得出结论：市场的缺陷并不是把问题交给政府去处理的充分条件，政府的缺陷至少和市场一样严重。除非有阻止狭隘利益集团进行掠夺的程序性规则对政治过程加以严格的约束，政府的缺陷——效率低下、费用高昂、计划执行不当等都是不可避免的，即便如此，只要有可能，决策就应转交私营部门。

布坎南等公共选择理论家提出了补救"政府失败"的具体建议。其一，创立一种新的政治技术，提高社会民主程度。通过改革政治结构，重建基本宪法规则，以约束和限制政府的权力。其二，在公共部门恢复自由竞争，提高官僚体制的运转效率。包括在行政管理体制内部重新建立竞争结构，如可以由两个或两个以上的机构来提供相同的公共物品或服务，由私营企业承包某些公共物品的生产等；在政府机构内部建立激励机制，允许政府部门对节省成本的财政剩余具有某种自主处置权；加强对公共机构及其负责人员的监督等。其三，实行财政立宪，改革赋税制度。对财政体制的税收与支出两个方面采取不同的决策方法，公共支出的决策在财政决策的日常运行中做出，而税收的决策则要在日常运行之前的立宪阶段做出，以便为以后的公共支出筹资。由于政府活动依赖于赋税，因而要通过赋税制度的公共选择来限制政府的税收收入，进而限制政府的权力。

2. 奥斯本的企业家政府理论

所谓"政府企业化"，是用企业家在经营中所追求的讲效率、重质量、善待消费者和力求完美服务的精神，以及企业中广泛运用的科学管理方法，改革政府机构中的公共管理部门，重塑政府形象。建立企业化政府要求政府有新的理念、新的运作模式，维·奥斯本和特德·盖布勒著的《改革政府》一书，就是为美国治理政府痼疾，重塑政府功能与形象开出的一副良方[1]。

奥斯本和盖布勒对传统官僚体制的改革是通过以下十项原则进行的。①起催化作用的政府：掌舵而不是划桨。在环境瞬息万变、需求多元化的当今社会，政府的主要职责是做决策（掌舵），而不是向社会提供各种服务（划桨）。掌舵的人应该看到一切问题和

---

[1] 张建东，陆江兵. 公共组织学 [M]. 北京：高等教育出版社，2003：22-26.

可能性的全貌并且能对资源的竞争性需求加以平衡。划桨的人聚精会神于一项使命并且把这件事做好。②社区拥有的政府：授权而不是服务。通过参与式民主的方式，授权于公民，建立"社区的政府"，拥有实施管理的权力，"自己解决自己的问题"。这样的"社区政府"由于更具有责任感，更了解问题的关键所在，更注重解决问题和提供关心，也更能有效地实施行为规范标准，因而其管理比政治家和议会议员更有效。而作为原来的"服务系统"的政府，其"最基本的作用就是引导这些社会机构和组织健康发展"。③竞争性政府：把竞争机制引入提供服务中去。哪里有竞争，哪里就会取得较好的结果，增强成本意识，提供优质服务。竞争是促进革新的永恒动力，但政府通常缺乏这种动力。因而政府必须通过引入各种形式的竞争机制，改善行政管理。④具有使命感的政府：改变照章办事的组织。建立有使命感的预算制度和政府组织。与照章办事的组织相比较，有使命感的组织能放手让其成员以他们所能找到的最有效的方法实现该组织的使命；更有效率；更具有革新精神；灵活性更强；士气更高。⑤讲究效果的政府：按效果而不是按投入拨款。传统官僚体制注重的是投入而不是产出。富有企业家精神的政府应设法用三种方法有效地进行业绩测量，即按业绩付酬、按业绩进行管理和按效果做预算。⑥受顾客驱使的政府：满足顾客的需要，不是官僚政治的需要。按企业家精神重塑政府，就是要让政府受顾客的驱使，以满足顾客的需要为宗旨。⑦有事业心的政府：有收益而不浪费。要用企业家的"投资"观点来改变政府，尽可能使公共管理者转变为企业家，学会通过花钱来省钱，为获得回报去投资。⑧有预见力的政府：预防而不是治疗。具有企业家精神的政府应该是有预见力的政府，这样的政府会做两件根本性的事情，一是使用少量钱预防，而不是花大量钱治疗；二是在做决定时尽一切可能考虑到未来。政府必须明白一个道理，精明的人解决问题，有天才的人避免问题。⑨分权的政府：从等级制到参与和协作。分权的机构比集权的机构有如下好处：有更多的灵活性和应变能力；更有效率；更具有创新精神；产生更高的士气、更强的责任感和更高的生产率。⑩以市场为导向的政府：通过市场力量进行变革。企业家政府所建立的是一种既不同于传统的按计划行政的政府模式，也不同于完全放任的自由主义的政府模式，而是一种兼具二者优势又弥补二者缺陷的第三种政府公共管理模式。

总而言之，任何理论、思想和口号及其引起的热潮，都是历史现象，都一定要在历史上发生、发展和消亡，不可能有绝对正确、普遍适用的理论、经验与方法。随着社会、经济、科学技术的发展，人们对组织管理规律的认识将日渐清晰，并结合各国的具体国情，创立出具有不同国家特色的组织理论体系。

第二节 组织理论对体育组织的影响

管理科学出现时，就包含了组织方面的论述，后逐渐形成了组织理论。组织理论是管理科学发展的产物，标志着组织在管理中的重大作用被充分认识。组织理论出现后，很快就被传入体育领域，并对体育组织的建立、发展、管理和改革等产生了深刻影响。

一、组织理论的发展为体育组织的建立和发展提供前提和契机

20世纪初，欧洲工业化的发展使管理者针对组织的发展提出了一系列的措施和规则，如法约尔的14条原则等，这些措施的实施使劳动生产率提高，却也使工人劳动强度明显增加，工作满意度明显下降，为缓解紧张乏味的工厂劳动所带来的不适，工人们对体育活动表现出明显的兴趣；经济的快速发展和物质财富的增加，工人收入明显提高，使他们有条件参加各种体育组织和活动；这一时期，欧洲各国基本实现8小时工作日制度，使工人有时间参加体育活动和体育组织；工业化所建立起来的工厂制度使工人的群体意识明显增强，这也有利于工人体育组织的出现和发展。

在行为组织理论的影响下，政府和企业认识到处理人际关系和激励行为对组织的发展至关重要，因此积极支持工人建立各种组织以提升自身的满意度。欧洲各国政府开始认识到，支持和发展有组织的工人体育具有积极的社会经济效果，不仅有利于提高国民身体素质，培养工人竞争意识和进取精神，还可以利用体育消费的增长促进经济发展，同时，还可以收到很好的政治效果。例如，英国矿工1912年大罢工时，政府就曾放映一部工人与士兵间进行足球友好比赛的影片，以此缓和了工人与士兵间的紧张关系，防止了双方的严重对峙和激烈冲突。在法西斯时代的德国和意大利，政府则通过组织工人参加各种体育活动，加强对工人的控制，分散工人对政治和经济事务的注意力[1]。

二、组织理论为体育组织的管理提供了方法论上的支持

随着管理学的不断发展，组织理论积累了丰富的组织经验及变革方法，这些理论和方法不但适用于公共管理领域，同样也适用于体育领域，体育组织的发展也是在公共组织方法论的指导下不断变革与发展的。例如，20世纪70年代西方行政改革者认为，传统意义上的政府职能将发生变化，政府把更多职能以多种形式下放给社会中的非政府、非营利性组织。许多国家，如英国等西欧国家的政府均不同程度地通过非营利性组织向社会提供公共服务，充分发挥非营利性组织在公共服务中的作用，甚至这些组织不仅要提供公共服务，而且要承担对公共事务的管理。在此影响下，体育组织中也出现了许多公共或私人机构的非营利组织，前者的经费来源多为政府预算，包括高中学校或大学的体育部门（如全国大学体育协会NCAA等）及地方休闲体育组织；后者的大部分收入依靠捐赠或会员年费，如国际特殊奥林匹克委员会、基督教青年会等。进入公共管理时代，政府虽对国外体育领域的公共服务供给负有主要责任，但只是公共管理的核心主体，非

---

[1] 郭宏.20世纪初欧洲工人体育组织的发展及其特点 [J]. 体育文化导刊, 2004 (7): 58.

政府的体育公共组织与更大范围的公众参与一起构成体育公共管理中不可或缺的公共管理主体。

三、组织理论为体育组织的改革提供了手段

体育组织在其发展的历史过程中，受社会政治、经济、文化等因素的影响，通过不断地变革以适应社会的发展。在持续变革的过程中保持自身功能的同时，也成为社会发展中不可或缺的组成部分，其改革和发展是以组织理论中的手段为其工具进行的。例如，在推进体育公共服务上，政府不仅是扮演服务提供者这单一角色，而是有了更加广阔的舞台。角色的多样化及政府工具的多元化，在一定程度上体现了政府能力的提升。根据莱斯特·萨拉蒙分析，除了政府直接提供服务之外，其他的政府工具均属于间接工具。间接工具的历史虽然悠久，但是其被广泛和精细化运用则是在最近的20余年。不仅如此，间接工具的使用均在政府和公共服务的消费者（也就是公民）之间涉及第三方，即各种类型的民间组织，既包括营利性的也包括非营利性的组织。为此，以民间性和非营利性为本质特征的非营利组织，有助于解决市场失灵和政府职能错位两种失灵问题。非营利组织在向社会提供公共物品和公共服务方面具有独特优势，尽管不可能替代政府的作用，但在更多情况下，却可以补充政府公共服务的不足，开展配合性工作[1]。

第三节 体育组织的未来发展

现代社会一直处在动态发展之中，体育组织的内外部环境存在着诸多的不确定性。处于相对稳定状态的组织理论为体育组织的发展提供了支持，同时体育组织发展的实践为组织理论的创新提供了参考和依据。

一、组织理论的发展促使体育组织管理向多学科发展

全球背景下体育事务的增多，不同类型的体育组织管理在组织理论发展的前提下，向着多学科、多专业领域、多职能方向发展。其一，行政性体育组织主要发挥政府主导体育公共事务的职能，围绕体育战略管理、体育公共政策、全球体育治理、体育管理体制、体育财政管理等内容展开研究，尤其是将彰显政府治理职能的体育监督评价和绩效评估等应用于体育组织管理实践之中。其二，营利性体育组织主要以体育市场化、商业化为目标，发挥市场在体育经济领域配置中的决定性作用。围绕体育产业政策、体育市场行为、体育产业经济、体育市场绩效、体育人力资源，以及职业体育组织和体育企业治理等内容展开研究，尤其是在当前体育产业保持快速增长的发展趋势下，其职业体

---

[1] 俞琳，曹可强，沈建华，等. 非营利性组织在体育公共服务中的作用 [J]. 体育科研，2008（2）：42-46.

延伸的体育竞赛表演业、体育中介服务业、数字体育服务等体系亟待发展。其三，非营利性体育组织主要以体育为载体，发挥其动员社会资源、激发社会活力、服务社会大众、促进身心健康等方面的作用，围绕体育社会管理、体育行业治理、体育社团治理、体育基金会、体育服务机构、国际体育组织等内容展开研究，在国家治理体系和治理能力现代化背景下，从非营利性体育组织治理的目标、方式、手段、内容和机制等方面推进。

二、组织理论的发展促使体育组织向着多元治理主体发展

体育组织是承载体育社会活动的基本单位，且不同国家（地区）、运动项目、制度体系、时代背景、人群特征等因素对体育组织的类型、特征、作用等均产生不同影响。因此，体育组织已成为全球或国家（地区）体育管理中的实践主体。公共管理学研究的组织性质分为两类，一类是以政府行政部门或机构为组织名称的行政性组织，涵盖公共卫生、文化、社会保障、教育、土地资源等政府为社会服务的各个领域。另一类是以非营利性为目的的社会组织，如人民社团、行业组织、民办非企业等，同时，联合国、国际奥委会及美国等西方国家的大学都属于社会组织的范畴，如不同管理学科组织理论所研究的目标不同，不同组织类型在社会发展过程中的组织目标也不一样。除了行政性组织和非营利性社会组织之外，一些营利性的体育社会组织也发挥越来越重要的作用，如体育中介组织、体育赛事组织、体育媒体等，它们推动了体育产业的健康有序发展。从管理到治理理念的转变中，以大众多元化、多样化、多层次体育需求为驱动，构建多元治理主体成为体育发展现实所需。

在全球体育治理和发达国家体育管理体制背景下，体育组织绝大多数属于非营利性质，如国际奥委会作为全球性体育组织，负责全球奥林匹克运动事务管理，已发展成为引领全球奥林匹克运动的驱动者。另外，推动"运动是良医"的美国运动医学学会，也实现了由区域性体育研究组织走向全球多主体治理的发展目标。从不同运动项目管理权限来看，国际、洲际、国家或区域体育单项协会（联合会）等都属于体育社会组织，此类组织以运动项目为核心，以会员范围确定所覆盖区域，对运动项目发展、竞赛、人才、培训等进行全面性、唯一性管理。由于不同人群对体育需求不同，不同人群结社而成的体育社会组织彰显了体育社会化进程中大众对体育健康的迫切需求，国际上或诸多国家以老年人、青少年、大学生、儿童、残疾人等不同类型人群为对象，成立了体育组织。如英国青少年体育信托组织（Youth Sport Trust，YST）在推动英国青少年体育运动技能提升、精英后备人才培育等方面起到积极的促进作用，且已成为英国青少年体育事业中发挥着枢纽性和支撑性作用的团体。

三、组织理论的发展促使国际体育组织多方位融合发展

国际体育组织按照非政府组织的治理理念、方式和体系运行，以国际奥委会为引领

的国际体育组织通过对体育赛事、竞赛规则、项目推广等体育要素改革，以及与传媒、商业、文化、慈善等非体育要素的融合，且已形成较为稳定的治理格局。从组织的属性来看，体育组织划分为营利性体育组织、行政性体育组织和非营利性体育组织。在参与人员、规章制度、目标计划和组织资源方面的体系构建均不同。

在体育产业飞速发展的背景下，20世纪以来，职业体育联盟、职业体育俱乐部和体育企业等营利性体育组织蓬勃发展，带动体育竞赛表演业、体育健身服务业、体育传媒业等快速发展，此类组织以工商管理学科为基础，运用公司治理等理论，以商业领域配置资源、调动体育经纪人、体育用品经营者、职业教练员和运动员等精英体育人才为手段，实施组织盈利、商业推广、商品交易等市场性行为。

体育行政组织是具有典型行政管理职能的体育职能部门。俄罗斯、英国和中国采用以国家体育行政组织为治理主体的方式，制定国家体育政策法规及根据所管辖的范畴和内容负责体育事业管理，国家公职人员、财政支持和法律法规支持是体育行政组织的主要资源。苏联解体后，政府对体育采取的"自然发展状态"态度使其陷入竞技体育成绩急剧下滑和全民健身停滞的局面，2002年俄罗斯开始成立联邦总统所属的国家体育委员会——俄罗斯总统体育委员会，作为国家部委级体育行政机构。后来，俄罗斯联邦推行"大部制"，负责体育工作的行政部门被称为"体育、旅游和青年政策部"。2012年5月31日，在由总理梅德韦杰夫签署的政府决议中，重新设立俄罗斯联邦"体育部"。明确了体育部作为行政机构，主要在4个方面实施行政职能：发展群众性体育运动；完善高级运动员和竞技后备人才培养，包括儿童、青少年、大学生竞技运动等；组织全俄罗斯和在俄罗斯联邦境内举办的奥运会、世界锦标赛和世界杯赛等重大比赛；宣传体育运动成为健康生活方式最重要的组成部分等[1]。英国文化、体育与传媒部（UK Culture, Sport and Media Department, DCSM）是英国政府管理体育事务的国家行政机构，同时英国体育理事会（UK Sport Council, UKSC）作为国家体育社会组织，实质上是以非营利性体育组织身份，执行英国体育政策，旨在普及和推广体育运动，这是典型的政府与社会组织合作的治理模式。

非营利性体育组织也称为体育社会组织，该类组织是当前体育组织形态中种类最多、规模最大且最为活跃的组织。从全球治理层面分析，国际奥委会和世界单项体育组织均属于非营利性体育组织，另外，在一些发达国家如美国、加拿大、德国、英国等，体育社会组织已成为国家体育治理的主体，从全国性、州、城市、社区等覆盖体育发展的方方面面及各类人群。这些组织依据章程推广体育事业、服务大众健康、组织体育活动、执行体育政策、倡导社会公益，并获得国际（家）或地区财政支持、国际（家）政策扶持、社会人士支持、社会资源配置等方面的组织资源。

---

[1] 姚颂平. 依法治体——俄罗斯联邦体育改革与启示［J］. 上海体育学院学报，2015（2）：1-4.

案例 2-1　　体育组织理论研究热点

体育管理学是一门具有跨学科理论基础和实践性较强的学科。由于以不同体育需求为导向的体育参与人群的管理方式等不同，因此不同个体或群体所组成的组织也应有不同的运作特征、管理模式、运行机制等。在体育管理学研究中，以最佳、特别和准确的方式应用和阐释一般组织管理与社会心理学理论，以及以最佳、彻底和明确的方式发展此理论是理论研究和实践应用的挑战性课题。因此，研究体育组织理论驱使体育管理归回母学科，我们可以厘清行政性体育组织、非营利性体育组织和营利性体育组织的理论体系。同时，从竞技体育、职业体育、群众体育、青少年体育等角度，也应构建其具有不同体育组织特征的理论体系，发挥体育组织理论应景性功能。

其一，竞技体育组织理论研究。受不同的国家体育管理体制的影响，竞技体育组织主体也不同，美国是以典型的社会化、市场化体育组织为依托开展竞技体育训练、竞赛和管理事务的国家。我国则是以国家体育行政组织为引导的各级各类体校和省市体育专业队为依托开展竞技体育训练、竞赛和管理事务。从学理层面分析，围绕竞技体育属性和全国性奥运单项体育组织、体育运动学校、高等院校高水平运动队的相关研究应属于竞技体育组织理论研究的核心范畴，应从体育组织研究视角建立不同管理体制背景下竞技体育组织理论体系，这将为国家或区域及单项竞技体育组织管理实践提供理论支撑。

其二，职业体育组织理论研究。在体育全球化、商业化及大众对高水平体育竞赛和表演需求不断增长的背景下，逐步形成了以赋予体育项目市场价值和商业化运作为特征的职业体育联盟，职业体育凭借其高度商业化、文化多元化、利益最大化和挑战极限化等特征，已成为当今最受大众青睐的一种体育形态。我国学者张林教授最早系统地从经济学视角研究职业体育联盟和俱乐部，随着全球不同项目、不同国家或区域管理体制、不同职业体育联盟和职业体育俱乐部等特征的不同，从经济学、体育学、组织学等跨学科视角分析构建职业体育组织属性、功能、特征、治理等具有重要学术价值和实践意义。

其三，群众体育组织理论研究。从游戏起源说的视角分析，社会化是体育发展的必然趋势，其组织化是体育社会化过程中的主要助推力。体育组织最初的形态就是将参与体育活动的人聚集，从其体育人群参与水平角度分析，其具有业余性特征，同时还具有社会性、基础性、自治性、自发性、服务性等特征，逐渐演变成竞技体育组织和职业体育组织。美国在《美国联邦税法典》和《奥林匹克和业余体育法》的制度保障性和引导下，全美体育社团均是非营利性性质，涵盖全国性、区域性、学校、社区及其他相关领域。在我国，群众体育组织也有社区体育组织、行业性体育组织、虚拟体育组织、体育自组织等不同类别，应从社会学、组织学等不同学科的视角建立以激发群众参与体育运动和有效扶持、规范群众体育组织为目标的理论体系，助力我国群众体育组织体系的完善和能力的提升。

其四，青少年体育组织理论研究。青少年参与体育为其终身体育奠定基础，发育阶段的青少年处于身体机能的敏感期，全球各类非政府组织和国家或地区通过出台青少年体育发展规划等政策，激发其参与体育运动的激情，尤其培育出各种不同类型、层级和运动项目的青少年体育组织，如全国或地区青少年体育联合会、青少年体育俱乐部、国家奥林匹克管理机构、学校体育组织和商业化体育组织等。我国青少年体育组织由民办非企业类型或工商性质的青少年体育俱乐部、传统项目学校、户外运动营地、青少年体育后备人才基地、青少年体育培训机构等组成，不同类型的组织具有教育性、商业性、服务性、非营利性等不同特点。更为迫切的是，在深化体教融合背景下，从行政管理、公共管理、工商管理等不同管理学科视角，构建青少年体育组织理论体系成为重要命题[1]。

问题 尝试用所学组织理论来分析身边的体育现象，并解释体育现象发展变化的背后动因。

> **主要议题**
>
> 1. 组织理论是解决组织问题的工具，面对当前国内外各类体育组织涌现的一些新现象、新问题，尝试用相关理论进行分析和审视。
>
> 2. 组织管理的研究呈现一些新趋势：从纯科学理论研究转向关注理性和非理性的融合；关注组织内在和谐机理等。结合体育组织的发展特点，检索相关文献，思考体育组织管理研究的新动向。

延伸阅读

[1] 李建设. 现代组织学 [M]. 杭州：浙江教育出版社，1998.

[2] 朱国云. 组织理论历史与流派 [M]. 南京：南京大学出版社，2014.

[3] 刘延平. 组织理论代表人物评析 [M]. 北京：经济科学出版社，2010.

[4] 张建东，陆江兵. 公共组织学 [M]. 北京：高等教育出版社，2003.

[5] 丁煌. 发展中的中国政策科学——我国公共政策学科发展的回眸与展望 [J]. 管理世界，2003（2）：27-37（57）.

[6] 柳鸣毅，丁煌，张毅恒. 体育组织：一个新时代中国体育管理理论与实践的核心命题 [J]. 成都体育学院学报，2021（4）：72-79.

---

[1] 柳鸣毅，丁煌，张毅恒. 体育组织：一个新时代中国体育管理理论与实践的核心命题 [J]. 成都体育学院学报，2021（4）：72-79.

第三章 体育组织的发展演进
CHAPTER 03

> ❖ **内容摘要**：体育组织是体育发展的主体，主要由体育行政组织、体育营利组织、体育社会组织三部分组成，它们在不同社会发展阶段、不同体育领域发挥着无可替代的作用，并且分工明确、相互协调配合。本章主要阐述体育组织的产生背景、发展阶段、演进特点，以及我国体育组织的发展历程，以展现体育组织的梗概。

第一节 体育组织的产生背景

"组织"在我们的日常生活中随处可见，例如，家庭、学校、企事业单位、政府部门，以及各类社会团体都属于组织。虽然在不同学科领域人们对"组织"的认识莫衷一是，但在社会学领域这一概念的内涵大体一致[1]。社会学领域认为"组织"是由若干个人或群体所组成的、有共同目标和一定边界的社会实体[2]；按照"组织"的部门分类方法，一般意义上讲，政府是第一部门（也称行政组织或公共组织），企业是第二部门（也称营利组织），社会组织是第三部门（也称非营利组织），三大部门共同构成社会管理与服务的主体[3]。

一、体育行政组织的产生背景：国家需求

体育行政组织（也称体育公共组织）是国家在政府部门设置的专门管理体育的机构。按照管理权利的归属，体育管理体制可分为政府管理型、社会管理型和混合型三种类型，其中，采用政府管理型、混合型体育管理体制的国家一般都在政府部门设置专门的体育管理机构。从狭义上说，体育行政组织是指为人民提供体育服务，依照国家宪法和相关法律组建的国家体育行政机关组织体系。[4] 国家是由一个民族或多个民族组成并且具有

---

[1] 梁晓勇. 论组织与管理 [M]. 北京：中国劳动社会保障出版社, 2013：41.
[2] 萧浩辉. 决策科学辞典 [M]. 北京：人民出版社, 1995：4.
[3] 徐宏良, 廖鸿. 中国社会组织评估发展报告（2013）[M]. 北京：社会科学文献出版社, 2013：1.
[4] 张瑞林. 体育管理学 [M]. 北京：高等教育出版社, 2015：108.

确定的领土和一个政府的人民共同体。国家是民族利益、公共利益的代表，国家需求也代表着这个共同体的社会需求。国家通过在政府部门设置专门管理体育的行政组织，并由其代替国家行使体育管理权利，满足社会的体育需求，并借助国家宪法和相关法律，赋予体育行政组织的管理职能以合法化、法治化。以我国体育行政组织的产生背景为例，在中华人民共和国成立初期，劳动人民当家作主，1952年6月10日，毛泽东为即将成立的中华全国体育总会题词"发展体育运动，增强人民体质"；同年11月，在中央人民政府设立了体育运动委员会（1954年改称为中华人民共和国体育运动委员会，简称国家体委），并由其负责统一组织管理全国体育工作。1952年中华全国体育总会筹备委员会向社会公布了《"准备劳动与卫国"体育制度暂行条例（草案）》，1954年5月发布《"劳动与卫国"体育制度暂行条例》，又为国家体委行使体育管理职能提供了法律依据。

二、体育营利组织的产生背景：市场需求

体育营利组织（也称体育企业组织）是指一般在工商部门登记注册，以营利为目的，自主经营、独立核算、自负盈亏、具有法人资格的体育组织。在政府管理型、社会管理型和混合型三种类型的体育管理体制国家中都存在体育营利组织。体育营利组织的产生与发展和市场经济发展水平具有较大关系，在市场经济较发达国家，体育营利组织的发展尤为成熟。体育营利组织是完全独立的市场主体，追求经济效益是其本性，最大特点是以市场需求为导向，通过向市场提供丰富多彩的体育产品来获取利润。以美国商业性俱乐部发展为例，20世纪60年代以前，美国的商业性健身俱乐部规模比较小；20世纪60年代以后，随着网球、高尔夫球等运动项目在美国的兴起，商业性俱乐部的数量迅猛增加；20世纪七八十年代有氧健身运动风靡全美；进入20世纪90年代，增长势头有增无减，1993年美国人每年参加体育健身活动超过100天的人数达到4390万，商业俱乐部达13300个[1]。进入21世纪以后，伴随着美国人健身需求的多样化，近年来，美国商业性俱乐部的经营内容也由单一向多元化转变。

另外，政府部门向体育营利组织购买体育服务也是市场需求的一种表现形式。政府部门通过财政资助、经费支持或税收扶持等方式，购买体育营利组织的相关体育产品或服务，形成了另一种形式的体育市场需求。在政府部门向体育营利组织购买体育服务活动中，体育营利组织的性质没有发生改变，政府部门与体育营利组织之间的交易仍是商业行为，只是体育产品的购买主体发生了变化，即由个体消费者变为政府部门。以英格兰实施的"运动起来获得健康"项目为例，通过此项活动让不爱运动的人动起来，如把乒乓球或其他形式的活动推广到更大范围和更多领域，造福更多的地区和人群。政府将为此成立新的进取型基金支持体育营利组织参与，专门促使不爱运动的人动起来，向人

---

[1] 鲍明晓. 财富体育论 [M]. 北京：人民体育出版社，2012：77-79.

们提供参与运动的机会,并以此作为项目战略实施的成果进行效益评估。

三、体育社会组织的产生背景:公益需求

体育社会组织(也称非营利组织)是指在各级民政部门注册登记或在乡镇(街道)基层备案登记,以社会力量为支撑,以开展全民健身活动和发展竞技运动为目的的非营利性体育组织,主要包括体育社团(项目协会、人群协会、行业协会等)、体育民办非企业单位(也称"体育社会服务机构"[1])、未登记体育组织(健身活动站点、自发性体育组织、网络体育组织等)、体育基金会四种类型[2]。伴随着社会经济发展水平的逐步提高,人们的体育需求越来越呈现个性化、多元化发展趋势,并且出现了众多专业性较强的体育爱好者和志愿者,他们自发成立非营利体育组织,致力于满足人们个性化、多元化的体育需求。体育社会组织是体育领域的社会主体,其最大优势在于弥补了体育行政组织失灵、体育营利组织失灵的不足,最大特点在于以社会需求为导向,通过向社会提供丰富多彩的公共或准公共体育服务而获取社会效益。以美国亚特兰大大都会青少年俱乐部为例,俱乐部的任务是,为青少年提供服务和体育机会,尤其是贫困家庭的青少年,具体内容包括提供安全学习和成长的地方,提供与有爱心的专业人士建立联系的机会,提高生活质量的计划、机会和性格塑造;大都会青少年俱乐部有自己的专业人员和志愿者团队(即董事会),董事会由全社区选出的 10 个专业委员会主席和 41 名委员会成员组成,负责俱乐部的战略运作;为满足会员的体育需求,俱乐部既组织独具特色的体育节目和比赛,也提供专业学习项目,但会费一般保持在最低水平(每年 10~50 美元),没有会员因为无力支付会费而退出俱乐部活动[3]。

第二节 体育组织的发展阶段

关于组织发展阶段的划分方法存在多种形式,有学者按照年代进展时序划分,也有学者按照社会发展阶段划分,还有学者按照组织本身特征划分等。依据体育行政组织、体育营利组织和体育社会组织之间的关系及其发展背景,本节在组织本身特征划分组织发展阶段的方法基础上,以体育行政组织职能演变为主线,从组织相互关系角度讨论体育组织的发展阶段问题。

---

[1] 2016 年 9 月 1 日实施的《中华人民共和国慈善法》将"民办非企业单位"改称为"社会服务机构"。
[2] 刘国永,杨桦. 中国群众体育发展报告(2014)[M]. 北京:社会科学文献出版社,2014:14.
[3] Mary A. Hums, Joanne C. Maclean. Governance and Policy in Sport Organizations [M]. New York:Routledge Press,2018:129-130.

一、体育行政组织全能化阶段

在人类历史发展过程中,人们已经发现国家对社会生活的各个领域都产生了深远的影响。马克思关于国家职能的二重性理论认为,国家具有政治统治和社会公共管理的职能,国家的政治职能指"国家是一个阶级用以压迫另一个阶级的有组织的暴力"[1],这是人们传统性认识,无须做过多阐述;随着人类社会发展,无论从形式上还是内容上,社会公共事务都越来越复杂,所以国家在协调社会各阶级关系时,还要承担起对社会公共事务的管理。社会公共事务在很大限度上由国家管理是由社会自身的发展程度决定的,当社会自我管控能力降低时,国家有可能接管一切活动,当社会逐步恢复自我意识时,社会则逐渐将国家管理权收回。体育行政组织是国家设置的专门主管体育的政府机关,体育行政组织代表国家行使体育管理权,体育行政组织代表国家行使体育管理的程度也同样是由社会自身的发展程度决定的,社会自我管控与国家管理相辅相成。当体育的社会自我管控能力较低时,体育行政组织代表国家接管一切体育管理活动,即体育行政组织全能化。

在体育行政组织全能化阶段,政府部门"包办一切",从决策管理,到组织实施,再到效果评估,几乎涵盖体育活动的全过程,体育发展政策的制定者、体育活动组织的实施者、体育活动过程的监督者,以及体育活动效果的评估者等各种角色都由政府部门充当,其优势在于可以集中社会资源解决体育事业发展中的主要任务,缺点则是不利于调动其他部门的积极性,且容易出现资源浪费。改革开放前,我国在体育发展中实施的"举国体制"就属于体育行政组织全能化的最典型的例子。

案例 3-1 举国体制

中国体育的"举国体制"是向苏联学习的,是由政府选拔和培养有天赋的运动员参加比赛,指以国家利益作为最高目标,国家体育管理机构在全国范围内调动相关资源和力量,国家负担经费来配置优秀的教练员和软硬件设施,集中选拔、培养、训练有天赋的优秀运动员参加奥运会等国际体育赛事。中华人民共和国成立时,体育百废待兴,我国集中有限的人力、财力、物力,最大限度地调动各方面的积极性,有效配置全国的竞技体育资源,形成以业余体校、体育运动学校、专业运动队为基础的三级训练网,培养专业运动员。在这种训练思想下,我国奥运健儿在洛杉矶1984年奥运会上获得了优异成绩,此后"举国体制"也被作为有效经验推广到全民健身、群众体育等工作领域,并逐渐成为我国体育事业发展的法宝。随着改革开放

---

[1] 中共中央马克思恩格斯列宁斯大林著作编译局. 马克思恩格斯全集(第一卷)[M]. 北京:人民出版社,1995:273.

逐步推进实施,"举国体制"展露诸多不适应市场经济体制的地方,由此社会各界对其争议颇多,并曾一度引发"存续之争"。

问题

(1) 结合洛杉矶1984年奥运会,举例说明"举国体制"有哪些优势。

(2) 在改革开放背景下,请举例说明"举国体制"有哪些不适应市场经济体制的表现。

二、体育行政组织与体育营利组织合作阶段

在人类社会发展进程中,社会的体育需求与体育供给始终推动着体育事业持续向前发展。尽管"全能化"的体育行政组织在社会自控能力较弱、体育资源有限的时期曾经发挥了重要作用,但随着人类社会发展,社会分工、经济意识和市场观念逐渐被人们所接受,人们的体育需求也越来越多元化。体育行政组织"全能化"的体育供给方式已经不能满足社会的体育需求,其具体表现在两方面:一是在经济意识和市场观念作用下,"效益"(投入与产出的比例)成为衡量经济社会价值的重要标准[1],体育行政组织"全能化"向社会供给体育服务的方式容易造成体育资源浪费,显然与此标准不符;二是在社会分工、专业化作用下,企业管理理念被引入政府部门,"灵活性"成为衡量行政管理的一个重要标准,体育行政组织"全能化"向社会供给体育服务的方式不能依据人们多元化的体育需求及时做出调整。为解决社会的体育需求与体育供给的突出矛盾,体育行政组织将目光转向发展日益成熟的体育营利组织是一种必然选择。

在体育行政组织与体育营利组织合作阶段,体育行政组织不再充当"体育活动组织的实施者"角色,也就是说,按照经济学观点体育行政组织不再从事体育活动"生产",此项职能转由体育营利组织承担,体育行政组织与体育营利组织的合作实际上属于购买者(客户)、生产者(商家)的关系。在社会发展现实中,这种现象被称为"购买服务"。体育行政组织与体育营利组织合作的优势在于可以促进体育领域的社会分工,有利于提高体育供给效率,缺点在于容易出现追求经济利益的极端现象。目前,体育行政组织向体育营利组织"购买体育服务"也是体育领域较普遍现象。

三、体育行政组织与体育营利组织、体育社会组织协调阶段

体育行政组织与体育营利组织的合作,确实极大地缓解了社会的体育供给和体育需求之间的矛盾,然而,随着体育事业发展改革逐步推进,这个曾经备受推崇的体育行政组织与体育营利组织合作的体育供给方式也暴露出了弊端,其具体表现在两方面:一是

---

[1] 马克斯·韦伯. 经济与社会(第一卷)[M]. 阎克文,译. 上海:上海人民出版社,2015:89.

出现了体育资源配置不均衡现象，体育营利组织向社会提供体育产品以"经济利益"为导向，市场利润较高的体育领域备受体育营利组织青睐，而市场利润较低或没有市场利润的体育领域，体育营利组织则较少问津，久而久之，导致体育资源配置的不均衡现象。二是出现了体育供给"真空"，在体育供给过程中，体育行政组织承担国家宏观或公益型的体育供给，体育营利组织承担具有较高经济利益的体育供给，那么在规模小、利润低的体育供给领域则出现了"真空"。为解决体育供给"真空"难题，人们将目光转向公益性的体育社会组织，而且在思考这一难题时，人们还认识到体育行政组织、体育营利组织与体育社会组织是体育事业发展不可或缺的三大主体[1]，体育行政组织拥有体育管理资源，体育营利组织拥有体育经济资源，体育社会组织拥有体育技术资源，三者在体育供给方面各具优势。

在体育行政组织与体育营利组织、体育社会组织协调发展阶段，体育行政组织承担体育供给与体育需求的宏观决策与监管职能，体育营利组织承担经济领域的体育供给职能，体育社会组织承担公益领域的体育供给职能。在国家向社会提供综合性的、大型的体育活动时，体育行政组织的体育管理资源优势、体育营利组织的体育经济资源优势、体育社会组织的体育技术资源优势相互协调配合。由此，体育社会组织与体育营利组织共同成为体育行政组织"购买体育服务"的主体，并形成政府主导有力、社会充满活力、市场规范有序、人民积极参与、与基本实现社会主义现代化相适应的体育发展新格局[2]。

案例3-2 广州推出群众体育赛事活动政府购买服务新举措[3]

8月5日，记者从广州市体育局召开的新闻通气会获悉：广州将推出群众体育赛事活动政府购买服务新举措，进一步拓展"群体通"平台惠民功能，全新打造"广州全民健身运动汇"项目，引导更多体育企业、体育社会组织参与公共体育服务供给，让广大市民在全民健身、全民健康上有更多的获得感、幸福感。

据悉，广州市体育局全新推出"广州全民健身运动汇"项目作为首个示范性载体，首批纳入22项全民健身活动，投入政府购买服务专项经费285万元，今后将逐年加大力度。"广州全民健身运动汇"项目以群众的需求为出发点，适应不同年龄不同人群的个性化、多元化需求。既有群众基础好普及面广的篮球、足球、乒乓球、羽毛球、游泳等项目，又有贴近街道居民的社区全民健身系列活动；既有年轻人偏

---

[1] 傅振磊. 我国体育社会组织发展改革的问题与对策 [J]. 体育成人教育学刊, 2020 (1): 18-22.
[2] 国家体育总局. "十四五"体育发展规划 [EB/OL]. (2021-10-25) [2021-11-30]. www.sport.gov.cn/n315/n330/c23655706/content.html.
[3] 何伟奇. 广州推出群众体育赛事活动政府购买服务新举措 [EB/OL]. (2018-08-06) [2021-11-30]. https://news.china.com/domesticgd/10000159/20180806/32773365.html.

爱的自行车、无线电项目，又有老年朋友喜爱的门球、太极拳项目；既有传统的柔道、击剑项目，又有新兴的城市定向、扁带等项目；既有适合亲子参与的趣味活动，又有老少皆宜的徒步、登山等项目。

为确保"广州全民健身运动汇"活动的服务质量，广州市体育局将委托第三方机构，对所有22个项目活动进行过程跟踪和绩效评价。其中设置了活动组织、安全保障、经费保障、社会效应、特色创新5大类17个指标，对承办机构的赛事组织、活动保障、专业水平、市场运作能力等方面提出具体标准和要求，将群众满意不满意作为重要评价依据。评价结果将与资金的拨付相挂钩，并向社会公布，作为下一年度同类项目购买服务的重要参考。同时，将主动公开政府购买服务相关信息，全过程全方位接受社会监督。

问题 在群众体育赛事活动中，广州市体育局向体育企业、体育社会组织购买服务有哪些新举措？

案例3-3 上海市体育局与30家体育社会组织签约购买服务

3月25日下午，上海市体育局与篮球、网球、乒乓球、游泳、登山、棋牌、健美操等27家市级体育协会、2家区级体育协会，以及1家体育俱乐部签约，通过购买服务的方式，将2014年市民体育大联赛、青少年十项系列赛交给体育社会组织举办。作为上海市体育局围绕管办分离、简政放权等一系列改革的第一项有益探索，这标志着上海体育改革迈出了实质性步伐。而对申城市民来说，群众性的体育赛事有了更多的项目选择。

尝试竞争机制购买服务，通过公开招投标方式激发体育协会活力，是今年市民体育大联赛的新鲜事。围绕今年市政府重点工作安排，以群众体育赛事为平台，大力培育扶持体育社会组织，推进体育协会改革，努力提升体育类社会团体适应市场竞争及规范化运作的能力——这是本市体育部门贯彻落实党的十八大和十八届三中全会精神、推进体育改革的重要举措。

市民体育大联赛招投标工作前后历时两个多月，全市86家市级单项体育协会中，有36家主动申报，参加了3月17日、18日进行的招投标谈判，最终26家体育协会中标，将承办2014年市民体育大联赛21个项目，其中部分协会还将承办2014年上海市青少年十项系列赛。这第一批体育协会中的"赢家"，改变了以往"等靠要"的方式，面向由体育部门、市有关方面负责人和专家，以及媒体代表组成的专家组，大胆提出办赛构想和付诸实施的计划，在"单一来源采购"和"竞争性谈判"两种招投标中胜出。通过这次市场大海中的"试水"，相关协会也增强了自身的市场意识和竞争能力。

上海市体育局在这次全新的尝试中，将整个招投标工作进行得规范科学、透明公开、公正权威。招标采取第三方委托代理的形式进行，并在相关网站和媒体上对应标的36家市级体育协会进行了公示。媒体更是全程介入，不仅有媒体代表受邀参与评标，现场还对媒体开放，本市多家主流媒体从不同视角对招标和谈判过程作了采访报道。

今天，30家体育社会组织完成了最终的签约，收获了胜利的喜悦，而在幕后，申城市民也许才是最大的受益者。通过竞争方式，最佳项目、最优方式被纳入市民体育大联赛和青少年十项系列赛，将真正提升群体赛事的含金量。譬如，一些为不同人群喜闻乐见却相对小众的群众体育项目也在市民体育大联赛中找到一席之地：青少年喜爱的跆拳道、老年人喜爱的门球、女性喜爱的木兰拳、男性喜爱的钓鱼，以及老少男女皆宜的棋牌、台球等11个新项目，将纳入大联赛的申报项目范畴。又譬如，羽毛球、游泳等一批传统热门项目协会在进行"单一来源采购"谈判时，也纷纷承诺将创办更多适应百姓消费能力、方便市民积极参与、满足爱好者健身需求的群体赛事，更好地为群众服务。在竞争的环境中，沪上健身爱好者将成为这次政府改革红利的最大受益者。

初试牛刀，上海市体育局在这次引入竞争机制购买服务、推进体育协会改革的工作中，尝到了甜头：一方面，政府部门把部分"办"的职能交给协会，将社会性事务交给社会组织去做，实现了服务主体的社会化、多元化，而政府注重加强指导、加强评估、加强监管；另一方面，从"闭门办体育"到"开门办体育"，充分发挥了中介组织、行业协会等社会力量的作用，拓宽了群众体育的参与面。今后，上海体育工作有望进一步推进改革、转变职能，坚持政府主导、企业主体、市场运作、社会参与的工作模式，吸引更多协会和社会组织参与，不断扩大政府购买社会组织体育公共服务的范围和规模，充分发挥市场和社会组织的作用。

问题 上海市体育局通过"购买服务"方式与30家体育社会组织签约，对上海市体育发展带来哪些影响？

第三节 体育组织的演进特点

体育组织的演进是体育组织与社会发展需求相互作用的结果。体育组织在演进过程中所表现出的一系列特点，既反映了社会发展对体育组织的特殊需求，又体现了体育组织对社会的体育需求的主动适应。

一、体育组织发展与社会的体育需求密切联系

体育组织发展反映着社会的体育需求，或者说有什么样的社会体育需求就会形成与

之相对应的体育组织。在自控能力较低的社会发展阶段，社会的体育需求较简单，主要体现为国家的体育需求。但体育资源有限，需要一个强有力的、高效的体育组织掌控调配体育资源，并集中优势，面向社会保障体育供给，以满足国家和集体的体育需求，于是全能化、包办一切的体育行政组织也就应运而生。随着经济社会发展水平的提高，社会分工也越来越明确，人们的经济意识、市场观念越发强烈，社会的体育需求呈现多元化、复杂化。体育行政组织应对如此多样化的体育需求则显得力不从心，甚至有些捉襟见肘。在巨大经济利益驱动下，体育营利组织作为一种新型体育组织应运而生，它可以根据差异化的体育需求实现体育供给。正当人们陶醉于体育行政组织与体育营利组织的顺畅配合时，在不知不觉中出现了体育资源分配不均衡现象，体育资源在国家宏观和公益型体育领域、经济效益较高领域过于集中，而在规模小、利润低的社会领域则匮乏，即出现了体育供给"真空"领域，这就需要有一种不以营利为目的的、公益性的体育组织，来弥补规模小、利润低的社会领域的体育需求，体育社会组织成为解决这一问题的有效手段。

二、各类体育组织既分工明确又协调合作

各类体育组织是在不同的社会需求背景下诞生的，对于管理领域、经济领域、社会领域的体育发展问题具有较强的针对性。体育行政组织、体育营利组织、体育社会组织各具优势，且职责范围、职能边界越来越明晰。体育是一个巨型社会活动领域，具有较强的复杂性和综合性。面对这样一个庞大的体育活动领域，单一的体育组织很难发挥有效作用，须根据体育行政组织、体育营利组织、体育社会组织的各自优势明确分工，并针对不同领域出现的体育发展问题，协调配合，准确应对。在《"十四五"体育发展规划》中提出，"到2030年，体育整体发展质量和效益显著提升，形成政府主导有力、社会充满活力、市场规范有序、人民积极参与、与基本实现社会主义现代化相适应的体育发展新格局"，这也正是体育行政组织、体育营利组织、体育社会组织既分工明确又协调合作的有效例证。

三、体育行政组织改革是体育组织发展的关键

在体育行政组织、体育营利组织和体育社会组织中，体育行政组织居于主导地位。从体育组织的不同发展阶段来看，一方面体育行政组织改革都与各社会发展阶段的体育需求相对应。随着经济社会的发展，人们的体育需求多元化，使体育行政组织经历了市场化改革；规模小、效益低的社会领域体育需求，使体育行政组织经历了较彻底的社会化改革。另一方面体育行政组织的职能转变和机构改革都促进了新体育组织发展。体育行政组织由"全能化"向市场办体育、社会办体育转变，企业管理理念被引入政府部门，"效益"成为衡量体育活动重要原则，体育营利组织应势而快速发展；当体育行政组织面对规模小、效益低的公益体育时，"社会化"办体育迎来重大机遇，体育行政组织也经历

着彻底的社会化改革，体育社会组织的重要性也真正得到了社会各界认可。由此不难看出，体育营利组织、体育社会组织的职能都源于体育行政组织改革，凸显了体育行政组织改革发展的关键性。

第四节 我国体育组织的发展历程

我国体育组织的发展历程有多种划分方式，一是以"年代+事件"来划分，这种划分方法既限定年代时段，又标明历史事件，如中华人民共和国成立后地方体育社团的建立[1]；二是以"年代+特征"来划分，这种划分方法既限定年代时段，又标明历程特征，如1992—2001年社会主义市场经济为体育事业注入新活力[2]；三是以机构改革事件来划分，这种划分方法只标明具体的机构改革的名称，并分析其成立前、成立后的体育组织发展状况，如国家体育运动委员会时期、国家体育总局时期[3]。无论采用哪种方法划分我国体育组织的发展历程，"改革进程"都始终作为贯穿我国体育组织发展的主线。因此，本节直接以"体育改革进程"为主线，并兼顾我国体育组织的"国家需求、市场需求、公益需求"发展背景，讨论我国体育组织的发展历程。纵观我国体育改革进程，主要有4次体育改革对我国体育组织发展产生了重大影响，分别为20世纪80年代中期的体育管理体制改革初步尝试、20世纪90年代初社会化产业化的体育发展模式改革、1998年和2008年的体育机构改革、党的十八大以来的体育社会组织改革。

一、"体育管理体制改革初步尝试"推动我国体育组织发展

中华人民共和国成立以来，我国的体育体制是20世纪50年代初借鉴苏联的体育发展模式，按照计划经济体制的要求而形成的高度集中、行政管理主导型的体育管理体制。随着我国经济社会改革开放的逐步深入，原有计划经济体制下的体育管理体制的种种弊端逐渐暴露出来。针对原有体育管理体制的这些弊端，20世纪80年代体育管理体制改革主要是以推动体育社会化、科学化，促进体育全面发展和提高的改革。改革的基本框架：理顺、协调体委与有关方面及体育社团的关系，继续调整改革体委机构，建立运转灵活、高效率的办事机构；健全各级体委，恢复发展行业体协和基层体协，鼓励有条件的行业、基层和其他集体试办基层体育俱乐部；促进和协助各主管部门实现对各行业体育工作的领导，建立和完善各系统、各行业体育联合会和体协，分别在有关部门领导下开展体育活动；促进各级体委的职能转变，逐步实现有包办体育向领导、协调和监督的管办结合转变；发挥体总、体协和单项协会的作用，某些协会可办成半权力、半咨询机构，各级

---

[1] 王旭光. 我国体育社团的现状与发展对策研究 [M]. 北京：北京体育大学出版社，2008：149.
[2] 国家体育总局. 改革开放30年的中国体育 [M]. 北京：人民体育出版社，2008：10.
[3] 张瑞林. 体育管理学 [M]. 北京：高等教育出版社，2015：99-100.

各类群众体育团体都要在各级体委或主管部门领导下开展工作[1]。另外，还提出了"全民健身计划""奥运争光计划"两大发展战略作为今后我国体育工作的发展重点。

20世纪80年代中期开始推行体育管理体制改革，在这一背景的推动下，我国体育组织发展主要集中在三方面，一是健全各级体委。改革开放前，由于特殊的历史原因，各级体委、各级各类体育社团的工作开展受到极大限制。实施改革开放以来，全国经济社会发展转移到以经济建设为中心，再加上改革开放后经济社会快速发展，迸发出广泛而巨大的体育需求，为适应新的社会主义市场经济发展形势，满足社会各界的体育需求，为使国家体委能够更好地组织领导全国的体育工作，并组织落实好"全民健身计划""奥运争光计划"两大发展战略，健全各级体委，必须形成更加有力的体育行政组织体系。

二是恢复和成立各级各类体育社团。在中华人民共和国成立初期，各级各类体育社团曾经盛行一时，20世纪六七十年代，体育社团发展也受到较大影响。在改革开放后体育管理体制改革的推动下，全国各级各类体育社团也相继恢复和成立，并引导各系统行业成立相关体育社团。由于当时体育社团恢复和成立情况缺乏相关统计数据，现以《广西地方志：体育志》记载资料为例辅证，具体如下。

案例3-4　广西体育社团

1985年6月，中断工作近20年的中华全国体育总会分会在广西开始恢复，并选举产生了第2届委员会，委员64人，常务委员15人，张今雄为主席，肖汉强、赵洪滔、曲江、李文轩、沈章平、高天骥、陈传铭为副主席；1984年、1985年，广西伤残人体育协会、中国体育史学会广西小组、广西体育记者协会、广西羽毛球协会、广西桥牌协会也相继成立，广西棋类协会恢复；1985年，广西乒乓球协会、广西武术协会、广西体操技巧与艺术体操协会、广西足球协会、广西游泳协会、广西手球协会及广西排球协会也进行了改选。

问题　在"体育管理体制改革初步尝试"阶段，您所在省（自治区、直辖市）的体育社团恢复重建情况如何？

三是理顺体委与体育社团的关系。尽管各级各类体育社团仍然在各级体委领导下组织开展体育工作，但体委与体育社团之间的关系，已经由计划经济体制下的体育管理体制转变为社会主义市场经济体制下的体育管理体制。根据社会主义市场经济的体育管理体制改革要求，打破"铁饭碗""大锅饭""平均主义"等弊端，扭转只讲投入、不讲产出的旧的效益评价方式，建立社会主义市场经济的新评价体系。调动有关方面积极性，提高工作效率，采取目标责任制、鼓励竞争、实行优胜劣汰，改革奖励制度，实行物质

---

[1] 伍绍祖. 中华人民共和国体育史[M]. 北京：中国书籍出版社，1999：295.

奖励和精神鼓励相结合。

二、"社会化、产业化的体育发展模式"引领我国体育组织发展

人们普遍认为，20世纪80年代的体育改革基本上属于浅层次的，一些深层次矛盾并未得到根本解决，特别是原有计划经济体制下形成的"举国体制"和运行机制问题还没有发生根本转变[1]。这种体育体制还不能适应时代要求，关系不顺、机制不活、经费不足、效益不好、人才流动不畅、体育事业发展的活力和后劲不足等问题暴露得越来越多[2]。因此，在1992年邓小平南方谈话和党的十四大精神影响下，我国又开启了社会化、产业化的体育发展模式改革。1993年国家体委制定的《关于深化体育改革的意见》确立了体育改革的总目标，要改革现有的体育体制和运行机制，逐步实现两个根本转变，即实现由计划经济体制下的体育体制向与社会主义市场经济体制相适应的体育体制的转变，逐步建立符合现代体育发展规律，国家调控，依托社会，自我发展，充满生机与活力的体育体制和良性循环的运行机制[3]。在体育行政管理体制改革方面，实施管办分离，确定以推动协会实体化改革为中心，逐步理顺体育行政部门与各类体育社团的关系，促进体育行政部门的职能转变和机构调整。

一是设置运动项目管理中心，这是这一时期我国体育组织发展的最大亮点。将各个竞技项目的管理权从国家体育总局直属的各个行政司转移出来，按照运动项目设立事业单位性质的体育运动管理中心，由各个管理中心直接管理各自所属的项目，初步弱化了体育竞技项目管理部门的行政属性。国家体委先期设立了足球管理中心等6个管理中心作为试验，随后又陆续设立了篮球管理中心等14个新的管理中心，仅剩竞技属性特别强、群体属性较弱的运动项目留在国家体委。鉴于各运动项目管理中心的行政属性被削弱，一些国家体委人士担心完全把举重、摔跤等项目移交给运动项目管理中心会影响金牌数量，所以当时国家体委一部分人坚持剩余的运动项目留在国家体委竞体司，但国家体委决心要把全部运动项目从体育总局机关分离出来，于是又组建了6个运动项目管理中心，并对3个重竞技运动项目进行了调整。

二是体育产业化快速起步，体育营利组织开始登上我国体育事业的舞台。20世纪90年代的体育改革任务是沿着生活化、普遍化、社会化、科学化、产业化和法制化的方向进行的，并对体育产业化有了新的认识，认为体育不应该只是一种福利，也要成为一种产业，要以体育为本，大力发展体育产业，体委一些场馆设施活动都要从事业型向经营型转变[4]。此时期，我国体育产业以体育用品生产为主，而体育竞赛表演、体育健身娱

---

[1] 伍绍祖. 中华人民共和国体育史 [M]. 北京：中国书籍出版社，1999：357.
[2] 张小柱. 伍绍祖纵论体育界改革 [J]. 社科信息文荟，1994 (17)：5-6.
[3] 伍绍祖. 中华人民共和国体育史 [M]. 北京：中国书籍出版社，1999：363.
[4] 伍绍祖. 中华人民共和国体育史 [M]. 北京：中国书籍出版社，1999：363-364.

乐等体育服务业发展缓慢。1993年，全国体委主任会议上制定了《关于培育体育市场，加快体育产业化进程的意见》，提出体育事业要"面向市场，走向市场，以产业化为方向的基本思路"；1994年召开的体育经济问题研讨会和1995年全国体委主任会议都把"发展体育产业"作为主题；1996年，国家体委下发《体育产业发展纲要》[1]。在国家一系列相关政策推动下，商业性体育活动和体育营利组织应运而生。1994—1996年，中国职业足球联赛、中国职业篮球联赛，以及全国排球联赛相继启动，火爆的联赛激发了国内一大批专业体育经纪公司成立，如：1997年10月，希望国际体育经纪公司在上海注册成立，这是我国第一家体育经纪公司；1990年，李宁创立同名运动品牌，并获得北京亚运会中国代表团赞助权。此后，德尔惠、安踏等运动品牌相继出现，至2000年左右，仅福建晋江就诞生了上百个运动品牌。

三、"体育机构改革"调整我国体育组织发展

1998年《政府工作报告》提出，积极推进政府机构改革。原有的机构设置同社会主义市场经济发展的矛盾日益突出，机构庞大、政企不分等弊端给财政带来了沉重的负担。必须按照发展社会主义市场经济的要求，根据精简、统一、高效的原则，转变政府职能，建立办事高效、运转协调、行为规范的行政管理体系，建设高素质的专业化行政管理干部队伍[2]。在此次国务院政府机构改革中，国家体育运动委员会由国务院组成部门调整为国务院所属部门，其名称也改为国家体育总局。接下来，各省（自治区、直辖市）、地市、县（区、市）体育运动委员会也相继更名为相应行政级别的体育局。

2008年，围绕转变政府职能和理顺部门职责关系，探索实行职能有机统一的"大部门体制"成为此次国务院机构改革的主要任务[3]。尽管在中央层面依然保留了国家体育主管部门，但在地方却逐渐出现了一种新的体育主管部门，例如，2009年，根据《中共深圳市委　深圳市人民政府关于印发〈深圳市人民政府机构改革方案〉的通知》（深发〔2009〕9号），设立深圳市文体旅游局（简称市文体旅游局）。此后，这种"大部门体制"在县级、部分地市级行政区域产生了较大影响，尤其是县级行政区域，目前已经很难找到单独设立的体育局。2018年9月，海南省旅游和文化广电体育厅正式挂牌成立，也是我国"大部门体制"改革下的第一个省级体育主管部门。

在"大部门体制"改革背景下，我国体育行政组织形成了国家体育总局、省级体育局（海南省已更名为"旅游和文化广电体育厅"）、市级体育局（部分市已更名为"文

---

[1] 国家体育总局.改革开放30年的中国体育[M].北京：人民体育出版社，2008：174.
[2] 中华人民共和国中央人民政府.1998年政府工作报告[EB/OL].(2006-02-16)[2021-11-31]. www.gov.cn/test/2006-02/16/content_201129.htm.
[3] 中华人民共和国中央人民政府.2008年国务院机构改革方案[EB/OL].(2009-01-16)[2021-11-31]. www.gov.cn/test/2009-01/16/content_1207014.htm.

广体旅局"),县级文广体旅局。从中央到基层行政组织,体育与文化、广播电视、旅游呈现越来越融合态势。

四、"体育社会组织改革"深化我国体育组织发展

党的十八大报告明确提出,要围绕构建中国特色社会主义社会管理体系,加快形成党委领导、政府负责、社会协同、公众参与、法治保障的社会管理体制,加快形成政府主导、覆盖城乡、可持续的基本公共服务体系,加快形成政社分开、权责明确、依法自治的现代社会组织体制,加快形成源头治理、动态管理、应急处理相结合的社会管理机制,拉开了我国社会领域改革的序幕。从党的十八届二中全会到十八届四中全会,再到十二届全国人大一次会议通过的《国务院机构改革和职能转变方案》,相继提出:改革社会组织管理制度、发挥行业规章和团体章程等社会规范在社会治理中的积极作用、推进行业协会商会与行政机关脱钩、对4类社会组织(行业协会商会类、科技类、公益慈善类、城乡社区服务类)实行直接登记。一系列重要会议绘制出了我国社会组织改革发展蓝图。党的十九大报告又提出:加强社区治理体系建设,推动社会治理重心向基层下移,发挥社会组织作用,实现政府治理和社会调节、居民自治良性互动,进一步将社会组织改革引向纵深。《国民经济和社会发展第十四个五年规划和2035年远景目标纲要》再次提出:积极引导社会力量参与基层治理,发挥群团组织和社会组织在社会治理中的作用,培育规范化行业协会商会、公益慈善组织、城乡社区社会组织,加强财政补助、购买服务、人才保障等政策支持,使我国社会组织发展更具有可持续性。

在我国社会组织改革深入实施和大力推动下,体育社会组织改革也被推到了风口浪尖,成为体育行政部门、体育社会组织必须面对的重要问题。党的十八大以后,国家体育总局、中华全国体育总会曾多次组织相关专家奔赴全国各地进行体育社会组织发展改革调研、召开体育社会组织发展改革座谈会,其目的在于了解和掌握全国体育社会组织发展改革概况。在国家一系列社会组织发展改革政策支持下和相关政府部门扶持下,近年来,体育社会组织确实获得了突飞猛进的发展。根据民政部发布的民政事业发展统计公报,截至2018年底(2019年起民政事业发展统计公报未对社会组织活动领域分类),我国有体育社会组织53750个,其中,体育社会团体33722个、体育基金会42个、体育民办非企业单位19986个[1];尽管该公报未涉及未登记体育组织数量,但根据相关经验推算:未登记体育组织的规模应该是注册登记体育社会组织的10倍。

根据中共中央办公厅、国务院办公厅印发的《行业协会商会与行政机关脱钩总体方案》(中办发〔2015〕39号)要求,国家发改委、民政部等10部委联合发布了《关于全

---

[1] 中华人民共和国民政部. 2018年民政事业发展统计公报[EB/OL]. (2019-08-19) [2021-11-03]. https://images 3.mca.gov.cn/www2017/file/201908/1565920301578.pdf.

面推开行业协会商会与行政机关脱钩改革的实施意见》（发改体改〔2019〕1063号），提出：按照去行政化的原则，落实"五分离、五规范"的改革要求，即机构分离，规范综合监管关系；职能分离，规范行政委托和职责分工关系；资产财务分离，规范财产关系；人员管理分离，规范用人关系；党建外事等事项分离，规范管理关系，全面实现行业协会商会与行政机关脱钩[1]，在所公布的已脱钩、拟脱钩名单中，以国家体育总局作为业务主管单位的共有89家，其中已脱钩21家，拟脱钩68家，按照国家体育总局工作部署要求，在2020年8月20日前，全部完成体育社会组织与国家体育总局脱钩工作，使其成为真正意义上的社会领域法人主体。可以预见，随着改革逐步深入，体育社会组织的实体化、主体职能将会有更加充分的体现，并成为我国体育组织的重要主体之一。

主要议题

1. 体育行政组织、体育营利组织、体育社会组织的产生背景。依据"组织"的部门分类方法，体育组织涵盖体育行政组织、体育营利组织、体育社会组织3种类型，按照国家需求、市场需求、社会需求角度研究各类体育组织的产生背景是老问题新尝试，有待于全面探究其相互联系。

2. 体育组织的发展阶段及演进特点。结合政府职能转变背景，以体育行政组织职能演变为主线，体育组织的发展阶段及演进特点尚需深入研究。

3. 我国体育组织的发展历程。我国体育组织发展依次经历4次重大改革，以改革的整体为视角，对思考我国体育组织的发展问题更有裨益。

延伸阅读

［1］国务院发展研究中心社会发展研究部课题组. 社会组织建设现实、挑战与前景［M］. 北京：中国发展出版社，2011.

［2］梁晓勇. 论组织与管理［M］. 北京：中国劳动社会保障出版社，2013.

［3］张瑞林. 体育管理学［M］. 北京：高等教育出版社，2018.

［4］王旭光. 我国体育社团的现状与发展对策研究［M］. 北京：北京体育大学出版社，2008.

［5］国家体育总局. 改革开放30年的中国体育［M］. 北京：人民体育出版社，2008.

［6］伍绍祖. 中华人民共和国体育史［M］. 北京：中国书籍出版社，1999.

［7］马克斯·韦伯. 经济与社会（第一卷）［M］. 阎克文，译. 上海：上海人民出版社，2019.

［8］郎维，戴健. 中国群众体育发展报告（2019）［M］. 北京：社会科学文献出版社，2019.

［9］黄晓勇. 中国民间组织报告（2014）［M］. 北京：社会科学文献出版社，2014.

---

[1]民政部社会组织管理局. 关于全面推开行业协会商会与行政机关脱钩改革的实施意见［Z］. 行业协会商会与行政机关脱钩工作资料汇编（第三版），2019：67.

第四章
体育组织文化概述

> ❖ **内容摘要**：体育组织文化是体育组织高效管理和可持续发展的重要影响因素。本章提出了体育组织文化的概念，并从外显层、中间层和内隐层对体育组织文化的结构进行了分析，指出了体育组织文化的功能，并对体育组织文化的培育和发展提出了见解。

第一节 体育组织文化的概念

要了解体育组织文化的概念，首先要厘清文化和组织文化的含义，这样才能追根溯源。体育组织文化是文化和组织文化的下位概念，所以它延承两者特性的同时，也会发展出自己固有的特点。

一、文化

"文化"一词，中国古已有之。《周易》说："观乎天文，以察时变；关乎人文，以化成天下"，就含有"文化"一词。汉朝刘向的《说苑》也有"文化不改，然后加诛"的表述，这两处所谈及的文化其实是"文治教化"的意思，是与"武功"相对而言的。这与现代社会中所言的"文化"有较大的差异。后来"文化"一词被逐渐广泛应用，并与教育产生关联；清代时逐渐用于国际交流领域；19 世纪末，学界先贤在翻译英文 Culture 时，运用了"文化"一词与之对应，虽是典型的古词新用，但十分贴切自然。其后便被普遍应用于诸多领域，成为当今最强势的名词之一。

西方的 culture 一词来源于古拉丁文 cultura，它的主要意思是指耕作、培养、教育、开化，是与自然存在的事物相对而言的。文化是人类创造的东西，不是自然存在的事物。在这一点上，学者们基本达成了共识。但是对文化的含义的理解还是存在较大的分歧。

"文化"一词的真正社会学意义，是 19 世纪以来随着社会学、人类学的发展而被赋予的。英国文化人类学家爱德华·泰勒（E. B. Tylor）在其出版的著作中，系统阐述了文化的含义："包括全部的知识、信仰、艺术、道德、法律、风俗，以及作为社会成员的人所掌握和接受的任何其他的才能和习惯的复合体"[1]。泰勒所言"复合体"内容宽泛，除了定义中所列举的内容，还包括社会制度、社会组织等，也属于文化内容。唯一缺憾就是泰勒的概念缺少了物质文化的内容。后来美国的一些社会学家、文化人类学家，如奥格本（W. F. Ogburn）、亨根斯（F. H. Hankins）及维莱（M. M. Willey）等人对泰勒的概念进行了修订，认为：文化是复合体，包括实物、知识、信仰、艺术、道德、法律、风俗，以及其余从社会上学得的能力与习惯。泰勒之后，虽然不同领域的许多学者为文化重新下定义，但是都没有超出文化是"复合的整体的"基本观念[2]。

迄今为止，国际学术界关于"文化"的定义就有200多种，可谓众说纷纭。这主要是因为学者们根据不同的切入角度、不同的学术习惯、不同的历史文化背景来界定文化，所以形成了众多的文化定义。表4-1所示为较有代表性的观点。

表4-1 文化定义

作者或出处	文化概念
泰勒	文化，或文明，就其广泛的民族学意义来说，是包括全部的知识、信仰、艺术、道德、法律、风俗，以及作为社会成员的人所掌握和接受的任何其他的才能和习惯的复合体[3]
马林诺夫斯基	文化是一个满足人的要求的过程，为应付该环境中面临的具体、特殊的课题，而把自己置于一个更好的位置上的工具性装置
福尔森	文化是一切人工产物的综合，包括一切人类发明并有人类传递后代的器物的全部，及生活的习惯
克罗伯，克拉克洪	文化，由外显的和内隐的行为模式构成；这种行为模式通过象征符号而获取和传递；文化代表了人类群体的显著成就，包括它们在人造器物中的体现；文化的核心是传统（即历史地获得和选择的）观念，尤其是它们所带来的价值；文化体系一方面可以看作是活动的产物，另一方面则是进一步活动的决定因素
司马云杰	文化乃是人类创造的不同形态的特质所构成的复合体[4]
《辞海》	文化从广义来说，指人类社会历史实践过程中所创造的物质财富和精神财富的总和。从狭义来说，指社会的意识形态，以及与之相适应的制度和组织机构

综合上述各种文化的定义，以及关于文化的论述，我们认为文化是能反映社会历史实践轨迹，人类所创造的物质的和非物质所构成的复合体。

---

[1] 爱德华·泰勒. 原始文化：神话、哲学、宗教、语言、艺术和习俗发展之研究 [M]. 连树声，译. 桂林：广西师范大学出版社，2005：1.
[2] 司马云杰. 文化社会学 [M]. 北京：中国社会科学出版社，2007：8.
[3] 爱德华·泰勒. 原始文化：神话、哲学、宗教、语言、艺术和习俗发展之研究 [M]. 连树声，译. 桂林：广西师范大学出版社，2005：1.
[4] 司马云杰. 文化社会学 [M]. 北京：中国社会科学出版社，2007：9.

二、组织文化

"组织文化"首次在英文文献中出现是在20世纪60年代,后来在人类学和社会学中广泛使用。对于任何一种组织来说,由于每个组织都有自己特殊的环境和历史传统,也就形成了自己独特的哲学信仰、意识形态、价值取向和行为方式,于是每种组织也都形成了自己特定的组织文化。

就组织特定的内涵而言,组织是按照一定的目的和形式而建构起来的社会复合体,为了满足自身运作的要求,必须有共同的目标、共同的理想、共同的追求、共同的行为准则,以及与此相适应的机构和制度,否则组织就会是一盘散沙。而组织文化的任务就是努力创造这些共同的价值观念体系和共同的行为准则。表4-2所示为较有代表性学者对组织文化的定义。

表4-2 组织文化的定义

作者	组织文化定义
周三多	组织文化是被组织成员广泛认同、普遍接受的价值观念、思维方式、行为准则等群体意识的总称[1]
石伟	组织文化是组织在其内外环境中长期形成的以价值观为核心的行为规范、制度规范和外部形象的总和[2]
王玉珠	组织文化是指组织内全体员工在长期的创业和发展过程中培育形成并共同遵守的最高目标、价值标准、基本信念及行为规范[3]
吉尔特·霍夫斯泰德,格特·扬·霍夫斯泰德	将一个组织的成员与其他组织成员区分开来的集体的心理编程[4]
王金舜	组织文化是组织在形成和发展变化的过程中,通过对外界的适应与对内部整合而学习和获取的知识和经验,它最终体现为一整套相互交织和模式化的基本假设,包括组织对人生、人际关系、时间、空间、现实和真理的判断,也包括业已形成的精神、观念、习惯、行为和制度[5]

从以上概念可以看出,组织文化具有以下几点特征:其一,超越个体性,更强调团队合作和整体意志;其二,相对稳定性,不会因组织结构的调整、人员的流动等结构性改变而改变;其三,传承性,组织文化具有延续的惯性,新成员会被动抑或主动地深受影响;其四,发展性,与时俱进是所有组织生存的基础。从这个意义上来说,组织文化是组织在长期的实践活动中所形成的,并且为组织成员普遍认可和遵循的,具有本组织

---

[1] 周三多. 管理学(第五版)[M]. 北京:高等教育出版社,2018:194.
[2] 石伟. 组织文化[M]. 上海:复旦大学出版社,2010:10.
[3] 王玉珠. 体育组织文化研究[M]. 北京:中国社会科学出版社,2005:15.
[4] 吉尔特·霍夫斯泰德,格特·扬·霍夫斯泰德. 文化与组织:心理软件的力量[M]. 李原,孙健敏,译. 北京:中国人民大学出版社,2010:302.
[5] 王金舜. 组织文化[M]. 长沙:湖南师范大学出版社,2007:5.

特色的价值观念、团队意识、工作作风、行为规范和思维方式等的总和。

三、体育组织文化

体育组织同其他组织一样，也需建立自身的"组织文化"，即加强"体育组织文化"的培育与建设。体育组织唯有发展"体育组织文化"，才能激励其在竞争中获得成功的一切行为，才有可能在日趋激烈的竞争中成功。因为组织文化在每个组织中，都有自己全新的创造。体育组织文化也是如此。从"体育组织文化"与"组织文化"的关系看，"组织文化"涵盖"体育组织文化"，"体育组织文化"是"组织文化"的组成部分，属于"组织文化"的下位概念，是"组织文化"的延伸。

一个体育组织可能表现一种宽泛的主文化，但是在组织内同样还会存在着多种亚文化。所谓主文化，就是在整个组织中占绝对主导地位的文化。如某个体育科研机构中科研文化、企业文化、管理文化等多种文化并存，但是主文化是科研文化。亚文化的表现形式多样，它往往是由于二级组织或非正式团体的存在而产生的，因此亚文化又可以分为促进组织目标实现的文化和阻碍组织目标实现的文化。所以，对体育组织文化赋予一个客观的、科学的、能被广泛接受的概念是非常困难的。

因为对体育组织文化的理解存在较大的差异，所以国内学者在研究中都未能对体育组织文化进行界定，给出一个相对规范的概念。王玉珠[1]、张东军[2]、杨芳和张军献[3]、站焰磊[4]等学者从不同视角对体育组织文化的概念内涵、结构等进行了论述，但是未能对其进行定义。因为研究的需要，本书在研究之初，就对"体育组织"的研究范畴进行了界定，所以将"体育组织文化"理解为名词属性的"体育组织"的"文化"。参考周三多对"组织文化"的概念界定，加之体育组织文化中包括物质文化这一考量，本书认为体育组织文化就是体育组织成员广泛认同、普遍接受并乐意践行的价值观念、思维方式、行为准则等群体意识及相关物质载体的总称。

第二节 体育组织文化的结构

为了更好地研究体育组织文化的结构，我们先关注一下学者们对组织文化的结构解析。沙因（E. Schein）将组织文化分成三个具有结构意义的层次：第一层为人工饰物；第二层为信奉的信念和价值观；第三层为基本的潜在假设层面[5]。沙因的组织文化理论在

---

[1] 王玉珠. 体育组织文化研究 [M]. 北京：中国社会科学出版社，2005：45.
[2] 张东军，等. 体育组织文化探析 [J]. 沈阳体育学院学报，2006（1）：15-16；19.
[3] 杨芳，张军献. 体育组织文化管理研究 [J]. 体育文化导刊，2005（11）：64-66.
[4] 站焰磊. 体育组织文化创新的模式选择与推进策略 [J]. 江西社会科学，2012（12）：201-204.
[5] 埃德加·沙因，彼得·沙因. 组织文化与领导力 [M]. 陈劲，贾莜，译. 北京：中国人民大学出版社，2020：19-22.

西方管理理论中具有重要影响。而国内学者周三多认为组织文化有三个层次结构,即潜层次、表层和显现层三层[1]。这一分类方法在国内学术界有广泛的影响。学者们对组织文化进行分层时,都参照了文化的结构分层,从物质层、制度层到心理层。余英时认为文化包含四个层次:首先是物质层次,其次是制度层次,再次是风俗习惯层次,最后是思想与价值层次[2]。庞朴认为文化结构分为三个层次,即物质的、制度的和心理的[3]。这些对文化的结构分析,都是从具象到抽象,从物质到心理思想层面。组织文化作为文化的重要构成,也遵从了这一分类准则。

体育组织文化作为人类文化系统中的一个子系统,也是一个多种复合体,是一个相对独立的社会文化现象。它同其他类型的文化一样,有其自身独立的结构体系。结合以上学者观点,本文把体育组织文化分为外显层、中间层、内隐层。每一个结构中又有若干层次,它们之间构成一个整体,并且相互影响,相互制约。按照人类对事物认知的逻辑次序从外显层、中间层到内隐层依此论述。

一、体育组织文化的外显层

体育组织文化的外显层是体育组织文化中视觉可达的部分。一个体育组织的外部设置可以反映体育组织的文化。外部环境包括一个建筑物的建筑设计及内部家具的布置,也包括一些体育组织陈设的一些纪念物和张贴的标语等,这种设计或布置可以影响或者规范体育组织成员对该体育组织的认识、了解,进而形成稳定的组织认同。所以体育组织的外部环境的某些方面可以显示体育组织的文化。

体育组织的某些陈设,可以单独或集中提供关于组织文化的信息。组织大型体育比赛的旗帜、过去队伍或杰出队员的奖杯或照片,这些都传递体育组织对文化建设的重视程度,以及该体育组织是一个成功的组织的信息。著名球星使用过的器材的陈列,显示体育组织同著名运动员的良好合作关系。比较典型的例子就是在美国职业联赛中,球队所在的城市都设置了"名人堂"或体育纪念馆这样的机构,通过这些机构的设置,为球迷提供一个了解赛事、体育组织的渠道,通过球迷和体育组织机构的互动,增强球迷对体育组织的了解和认同。这对发展俱乐部与球迷,特别是保持球迷组织的结构稳定性具有重要的意义。

二、体育组织文化的中间层

任何组织必须具备的几个核心要素之一就包括组织规范,体育组织的形成也必须有

---

[1] 周三多. 管理学(第五版)[M]. 北京:高等教育出版社,2018:195.
[2] 余英时. 从价值系统看中国文化的现代意义[M]//"文化:中国与世界"编委会. 文化:中国与世界第一辑. 上海:生活·读书·新知三联出版社,1987:88-89.
[3] 王玉珠. 体育组织文化研究[M]. 北京:中国社会科学出版社,2005:66.

组织规范的约束和治理，才能使得体育组织具备组织的社会功能。这些组织规范就包括体育活动和过程中的组织规则、体育程序、体育范型及贯彻这些有关的体育规则、体育程序的机构、体育设施等[1]。整个体育组织文化的功能和作用需要通过体育管理过程得以体现，而体育管理又需要一定的体育制度来实现。再好的体育观念和理念，如果不制订相应的体育制度和规范，都不能把松散的人员进行有效的管理，不能形成组织的有效管理，所以，体育组织文化的关键构成之一就是体育制度和规范。

体育制度是规定体育组织内所有成员在体育活动实践中应当遵守的体育行为准则，它主要包括一般体育制度、特殊体育制度和体育风俗三个部分。一般体育制度是指体育界中存在的一些普遍意义的工作制度和管理制度，以及各种责任制度。特殊体育制度主要指体育非程序化制度，如体育管理中的评议体育干部制度、总结表彰会制度、体育干部员工平等对话制度等。与一般的体育工作制度、管理制度及责任制度等相比，特殊体育制度更能反映一个体育组织的管理特点和文化特点。体育组织风俗主要是指体育界长期相沿、约定俗成的体育典礼、体育比赛、体育行为习惯、体育活动等[2]。对体育组织而言，规范有序、科学合理的体育制度可以促进体育组织的健康可持续发展；体育制度规范不合理，则可能导致体育组织的混乱无序，形同虚设，最后走向瓦解。

三、体育组织文化的内隐层

任何体育组织的外显结构和物质载体，以及体育制度与规章，都是由体育组织的指导思想、体育意识等决定的。体育社会心理、体育意识、体育思想体系共同构成了体育组织文化的内隐层，也就是体育组织文化的核心层。体育组织文化的内隐层是体育组织文化的最深层结构，也是各式体育组织文化得以健康呈现的根基和支撑。体育组织文化的内隐层就是体育组织文化的基础，决定了体育组织文化的用途和发展方向。

体育组织文化的内隐层作为一种观念形态、思想意识，一定离不开人及存在的社会环境。人是文化的创造者，也是文化的承受者。人对文化的获取，除了在家庭、学校、社会，或者自我的学习之外，还有一部分来源于社会环境的濡化熏陶，社会的公序良俗都会对个体产生潜移默化的影响。所以，任何体育组织文化都离不开人，而人又不可能脱离所生存的社会环境、文化形态、政治形态而存在，这些潜在的社会心理、体育意识、体育思想是社会环境、文化形态和政治形态的投射和反应。

根据以上分析，我们可以对体育组织文化进行如下解构，体育组织文化包括外显、中间和内隐三个层次，而继续对三个层次进行细分，则包含了体育设施、体育组织结构、体育规范、体育制度、体育思想、体育意识、体育社会心理层等（图4-1）。

---

[1] 王玉珠. 体育组织文化研究 [M]. 北京：中国社会科学出版社，2005：56.
[2] 王玉珠. 体育组织文化研究 [M]. 北京：中国社会科学出版社，2005：58.

第四章 体育组织文化概述

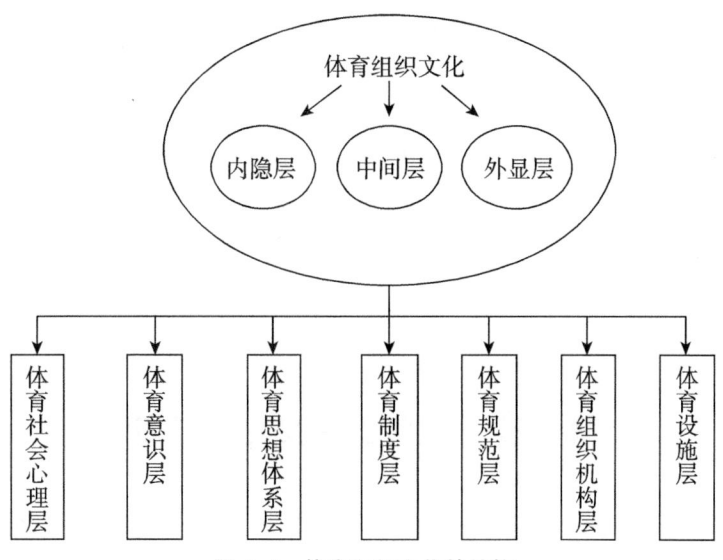

图 4-1 体育组织文化的结构

在体育组织文化构成的三个层次中，它们之间相互关联、相互影响，形成了一个有机整体和系统。构成体育组织文化的所有要素都不是孤立存在的，而是相互作用，且彼此之间产生一定的动能。三个层次又包含若干子系统，它们之间不能彼此孤立，独立存在，而是相互影响，密切互动。一个体育组织中任何一项组织结构的改变，都可能涉及体育组织中的方方面面。

案例 4-1　五家球迷协会上书足协，希望保留俱乐部名称

2020 年 12 月，中国足协的俱乐部名称中性化政策要求俱乐部名称中不得含有俱乐部股东、股东关联方或实际控制人的字号、商号，也不得使用谐音。这样的要求直接导致国安、泰达、建业、绿城等老字号名称在中国职业足球联赛消失，几天来，几家俱乐部纷纷通过不同方式与中国足协商讨，希望能留下自己的老字号，但截至目前，没有任何一家成功。

在各家俱乐部上书未果、无奈征集名称的过程中，申花、建业、国安、泰达、绿城五大球迷会发布联合声明，希望能够让足协改变要求。球迷会声明中表示：中国足球职业化以来，一直在坚持和传承的足球俱乐部屈指可数，反倒是异地转让和频繁改名这种事情对球迷造成很大的精神伤害。自己的主队对常年站在看台的球迷来说是一种情感寄托，队名、队徽、颜色都是其中的一部分。我们支持中国足协对中国职业足球俱乐部中性名称的规范化政策。我们相信中性名称有利于俱乐部品牌文化的传承，更有利于给主队球迷归属感！我们认为不应该采取"一刀切"的做法，(希望) 对存在 20 年以上、甲 A 甲 B 时代就传承下来的俱乐部名称，可根据球迷意愿允许保留。

五大球迷会希望中国足协尊重及倾听球迷正当诉求，并表示，改革的前提是传承而非盲目切割，希望足协能收回成命。球迷的诉求有其正当性，毕竟作为品牌，建业和申花已经有26年历史，国安已经有27年历史，亚泰已经有24年历史，鲁能、泰达也有22年历史，在中甲的绿城也有19年的职业联赛征战史，这些品牌的传承，让俱乐部建立了稳定的品牌形象和球迷文化，目前的改法确实让人无法接受。

问题 俱乐部名称的中性化有何意义？俱乐部如何在球迷心中树立持久的文化认同？

第三节 体育组织文化的功能

体育组织文化的功能是体育文化发生作用的能力，也即组织系统在组织文化导向下进行生产、经营、管理中的作用。体育组织文化在组织中的功能具有双重性，可以分为正功能和负功能。正功能对于提高组织承诺，正向影响组织成员，增强组织成员的行为一致性，引导组织进步、成长，进而提升组织效能方面具有积极作用。而负功能对组织的影响恰恰相反。下面对正功能进行介绍。

一、凝聚功能

体育组织文化的凝聚功能是指当一种价值观为组织成员共同认可后，它就会成为一种黏合力，从各个方面把其成员聚合起来，从而产生巨大的向心力和凝聚力。当一种文化中的价值观念得到该组织成员的认同之后，他们就愿意为本组织的目标而努力奋斗。组织文化的凝聚功能越来越受到人们的重视，因为它可围绕组织目标，凝结成巨大的集体合力，产生奋发向上的全体意识，激发人们的主观能动性，并有效推动组织的发展。

二、适应功能

体育组织文化能部分或根本上改变成员的旧有价值观念，建立起新的价值观念，使之适应组织外部环境的变化要求。一旦组织文化所提倡的价值观念和行为规范被成员接受和认同，成员就会自觉不自觉地做出符合组织要求的行为选择。如果在集体活动或者工作中，你的行为和该体育组织文化的要求相违背，可能出现不安或自责，从而自动修正自己的行为。因此，体育组织文化具有某种程度的强制性和改造性，其效用是帮助组织指导成员的日常活动，使其能迅速地适应外部环境因素的变化。

三、导向功能

任何体育组织构成的一个前提就是具有明确的组织目标，这一目标就是所有成员的行为指向和要求，同时也是该组织文化建设的重要依据和标准。依据该目标建构起来的体育组织文化服务于该目标，并构建相应的制度规范和行为标准。所以，体育组织文化对组织成员而言，就有明确的导向功能。

体育组织文化一旦形成，它就建立了与自身系统相匹配的价值和规范标准，如果组织成员在价值和行为取向与体育组织文化的系统标准产生冲突，组织文化会将其纠正并将之引导至组织的价值观和规范标准。所以，体育组织文化的导向功能具体表现为对组织成员个体的思想行为，乃至对组织整体的价值取向和行为起导向作用。

四、发展功能

组织在不断的发展过程中所形成的文化积淀，经过无数次的辐射、反馈和强化，会随着实践的发展而不断地更新和优化，推动体育组织文化从一个高度向另一个高度迈进。体育组织文化不断发展的动因既来自内部因素发展需求的不断推动，也来自外部环境，特别是文化因素的动态影响。在内外因素的共同作用下，体育组织文化在保证满足成员的文化需求的前提下，不断追求动态发展，并且推动成员和组织不断向前发展。

五、持续功能

体育组织文化的形成是一个复杂的过程，往往会受到政治、社会、人文和自然环境等诸多因素的影响。因此，它的形成需要经过长期的倡导和培育。任何文化都有历史继承性，体育组织文化也是如此。体育组织文化一旦形成，便会具有持续性和传承性，并且不会因为组织战略的调整或领导层的人事变动而立即消失。所以体育组织文化会对组织成员的行为和思想产生可持续性影响。

组织文化存在以上正功能，但是我们也应该注意到，当体育组织文化非常强势的时候，它往往给未来的组织变革和发展设置一些潜在的障碍[1]，主要表现在影响组织的变革和创新、压制组织文化的多样性等。

案例 4-2 **国外球队的 Supporters** [2]

同普通球迷比较而言，国外球队的支持者（Supporters）会千方百计地拥进球场，高举着围巾、声嘶力竭地呐喊、用一些很有创意的球迷歌曲来鼓舞自己的球队。他们也喜欢购买和收集与球队有关的商品和报刊。作为一种纪念、收藏品摆放在自己家里。支持者会用横幅、旗子、门旗、围巾来武装自己，并不遗余力地支持自己的

---

[1] 石伟. 组织文化 [M]. 上海：复旦大学出版社，2004：150-152.
[2] 搜狐. 国外球迷的四种类型 [EB/OL]. (2016-03-01) [2021-11-31]. https://www.sohu.com/a/61193292_357668.

球队。他们会为球队的胜利而疯狂，也会在球队输球时给予掌声并在赛后安静地离开。他们的言行大多都趋于理性。即便球场上有狂野的一面，一旦回归生活，一切就恢复了正常。很多支持者会世世代代地支持一支球队，五十年、一百年，甚至更久。一个曼联的球迷，会抱着自己儿子在看台上对他说，"这个位置是你爷爷传下来的"。

　　支持者的阶层和年龄段的跨度也较大，无论是白领、普通工人，还是学生，他们都是支持者的重要组成部分。在他们眼里，球队的名字、颜色、队标是与生俱来的，对球队的热爱和支持也是永恒不变的。对球员的所有热爱也都是建立在整支球队的基础上。任何个人或组织的利益都不可以凌驾于球队之上，哪怕是俱乐部高层。球队对于他们来说，是一种精神家园，一种宗教信仰。

　　问题　国外铁杆球迷是如何形成的？俱乐部需要在哪些方面做出努力？

第四节　体育组织文化的培育与发展

　　体育组织文化的形成需要一个不断学习、甄选、固化和传承的过程。管理者或者团队领袖想要把一些理念、仪式、语言等元素变成整个组织普遍接受的共识，就需要持续开展体育组织文化的培育工作。

一、体育组织文化的表现形式

　　因为体育组织文化是基于价值观、信仰中普遍接受的共识，而这些东西却很难定量或定性研究，于是研究者们通过这些特征在组织中展开间接研究。Slack[1]认为体育组织文化主要通过故事与传说、象征物、语言、典礼与仪式、物质环境等方面展现。体育组织文化的形成与传承需要找到适当的抓手，这些外显的要素就成为重要的着力点。

（一）故事与传说

　　每个组织都有自己的故事，这些故事通常都是关于组织如何产生和发展的，它们并不都是建立在事实基础上，但都传递着关于组织的一些重要信息，在某种程度上反映了历史。故事通常都会反复讲述给新成员听，让新成员能更好地理解该组织的发展历程，了解组织的文化，并能帮助他们更好地融入新组织中。对于历史稍微悠久一点的体育组织，基于事实上，稍加演绎的传说也是一个很好的构建体育组织文化的黏合剂，富有逻辑且能打动人心的传说，加之它能契合组织的核心价值观念，如慈善、互助等，会更好

---

[1] Slack T. Understanding sport organizations: The application of organization theory [M]. Champaign: Human Kinetics, 1997: 66-68.

推动成员向组织靠拢。如果故事是关于艰苦年代的,往往能让员工们感受到组织征服困难的能力,增加对组织的信赖。故事同样可以帮助传递关于组织目标的信息,以及员工的活动方式。

(二)象征物

典礼、仪式、典故、口号等从某种意义上来说都属于象征物,它们象征着组织深层次的价值理念。设计良好的象征物可以把一个体育组织的价值观较好地传递给它的会员和公众。如北京2022年冬奥会的吉祥物冰墩墩广受欢迎,成为国内外关注的焦点,甚至出现了一墩难求的热闹景象。冰墩墩热的原因,其中就包含了熊猫是中国的国宝,也是海外认识中国的重要"符号";冰墩墩的晶莹剔透外壳,彩色光环装饰,流动的明亮色彩线条象征着冰雪运动的赛道和5G高科技;憨厚的外观设计和美学表达等。冰墩墩的形象设计把国内的民族传统和国际潮流很好地结合起来,并把冬奥会"一起向未来"的理念融入其中。另一象征物,也是我们经常能见到的,就是组织中以物质形态存在的具体的标识性东西。例如,国内领军体育运动品牌李宁的标志由汉语拼音"LI"和"NING"的第一个大写字母"L"和"N"的变形构成,主色调为红色,象征飞扬的红旗和燃烧的火炬,代表着热情律动的旋律和活力。标志整体造型生动、细腻、美观,富于动感和现代意味,充分体现了体育品牌所蕴含的活力和进取精神。

(三)语言

语言是传递组织文化最有用的工具之一。很多体育组织都有为数甚多的只有组织内部成员才能弄懂的词汇。不同的体育组织都在发展他们自己专门的语言或行话,用来方便彼此交流。这些行话、俚语的使用能使组织成员意识到他们同属于一种文化,从而增强组织的凝聚力。例如,现在很多基于网络形成的体育组织在开展各种活动,他们彼此之间一般都用网名互相称呼,也不会关心对方的身份,大家在一起更多的是讨论促进大家结缘的兴趣爱好。彼此沟通时,也经常用一些彼此能理解的热词、俚语等。所以体育组织通过共同的语言来增强队伍的凝聚力,并且通过特定语言来展示自己的身份。

(四)典礼与仪式

所有的体育组织在发展过程中都会形成一些或简或繁的典礼或仪式,这些典礼或仪式使组织更好地彰显其存在,同时也使得成员对组织有更好的认同感。典礼和仪式是组织精心策划的有计划的活动,通常以能给参加者带来某种利益的方式举行,并被视为组织中一件比较隆重的事件。像新手入会仪式、赛前动员大会,以及一年一度的新年酒会等,都是体育组织经常使用的方式。每种形式都必然能分享组织的价值观,并在体育组织内得到强化。这些事件同样还提供了组织所拥有的价值观的证据,它们是组织内的信仰和重要活动类型的象征性的代表。

（五）物质环境

一个体育组织的物质环境可以反映体育组织的文化。物质环境可以理解为一个建筑物的外部设计、内部陈设等，如果是小型体育组织，则反映在成员组织活动时的场所特点、服装穿着、标语旗帜等。体育组织运作的物质结构中的几个方面，可当作组织文化的指标。例如，为反对给人封闭的印象而打开办公室的门，在会议室里用圆桌代替长方形桌子等，都能传达体育组织的信息。体育组织成员组织活动时扯起的横幅旗帜，体育组织在一定场合展示组织的发展历史、运动成绩、比赛照片等，这都可以传递一个球队是一个成功组织的信息。

案例 4-3 全力打造经得住、用得上、起作用的一支骨干球迷队伍[1]

赛场文化建设归根结底是人的建设、球迷群体的建设，尤其是骨干球迷队伍的建设。首都文明办会同市足协、北京球迷协会，建立文明观赛骨干球迷QQ群和普通球迷QQ群，依托网络加强与球迷的即时互动，密切与球迷的关系，充分发挥骨干球迷队伍在文明观赛中的引领作用。

同时，在全市公共文明引导员中选拔并组建一支300人的赛场文明引导员队伍，集中进行专业培训和实地演练，观赛的文明行为引导有了新的加强。首都文明办协调看台观众志愿者、工作人员、安保人员、骨干球迷和公共文明引导员联合开展观赛文明引导，在亚冠赛事中经受了实战检验。

"球迷啦啦队"在赛场文明引导工作中发挥着主力军作用。在亚冠和中超联赛赛事中，啦啦队以百人分组，每组配备核心球迷骨干进行管理和指挥，在比赛现场教唱"文明啦啦队之歌"，示范文明助威动作，开展文明看台竞赛活动，引导和带领更多球迷参与到文明观赛助威活动中来。

问题 球迷越来越成为赛场中的重要组成，球迷的素质决定城市体育的高度。如何实现俱乐部、球迷和社区的有效互动，从而推动球迷文化建设？

二、体育组织文化的培育

体育组织文化作为组织文化的一种形式，它遵从组织文化产生的一般逻辑，又具备了体育的一些特性。在一个组织中，组织文化建设起始于管理者们的一些创意性的思想，

---

[1] 人民网. 开展"文明观赛引导活动"不断浓厚北京球迷懂球懂礼的赛场文化［EB/OL］.（2017-06-20）［2021-11-01］. http://sports.people.com.cn/GB/n1/2017/0620/c14820-29351256.html.

通过制度进行保障,并借助各种事件和故事进行强化,才能逐渐形成稳定的、可持续的组织文化(图4-2)。对体育组织文化而言,其内部文化的培育和生成也基本因循了这一发展逻辑。

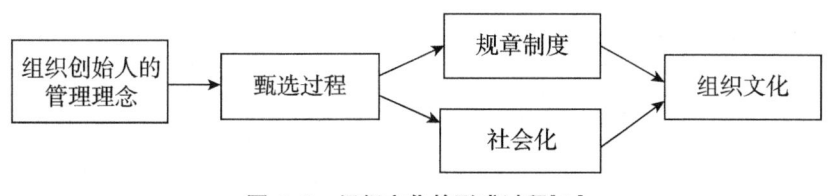

图4-2 组织文化的形成过程[1]

(一)组织创始人的管理理念

组织开创者的理念至关重要。作为组织的建立者而言,必须提出一个令人振奋和充满激情的基本价值观和工作目标。当然在创立之初,提出一个切实可行,同时又被团队或成员所接受的理念是非常困难的。对一些大型体育组织而言,制订一个合适的发展理念相对简单;但如果是一些小型体育组织,或者一些新形态的体育组织,制订一个可行的发展战略和鼓舞人心的理念就不太现实了。所以,不同规模、不同性质的体育组织要结合自身的情况来拟定发展理念。

(二)甄选过程

体育组织在成立之后,需要招募新成员加入团体,这就展开了一个甄选的过程,一是组织对新成员的选择。组织者会按照自己设定的标准对准备参加者进行选择,对相关人员的身份、能力、兴趣等因素进行权衡,来决定是否可以加入这个组织;二是他人对组织的判断和选择。一个人通过一定途径了解到这个组织存在的时候,也可能了解它的运作状态、组织特点、组织价值观等因素,当组织价值观和个人价值观契合的时候,他人才会决定加入这个组织。所以,在组织和个人之间会存在一个相互选择的过程。

(三)规章制度

组织一旦确立了自己的发展理念,并得到了核心层的认可,就要制定相关制度进行规范和约束成员的特定行为。例如,一些球迷组织要制定球迷协会的规章制度,对会员的会费、服装、活动要求等进行规范,甚至对主客场比赛时球迷的衣服穿着、助威方式、口号标语等细节提出要求,通过这种方式来保证球迷组织的规范性。组织规模不同、属性不同,体育组织通过制度对会员或成员的约束方式也不同,有些是刚性的约束,有些

---

[1]谭昆智.组织文化管理[M].北京:北京大学出版社,2008:108.

是引导或劝导。

(四) 社会化

从社会心理学角度来看，社会化是人在社会互动中，履行社会行为规范和社会角色、形成个性，从而不断适应和参与社会生活的过程。组织文化的社会化与个人在成长过程中的社会化有异曲同工之处，是指经过筛选而录用的人员，为适应新的环境，学习组织的行为准则，满足组织内各级人员的角色期待，扮演组织要求的角色过程[1]。这种社会化也可以称为组织化和企业化，其运行方式是使进入组织的人员将爱好、偏好、精神追求自觉收敛，并从心理上对他们的认知、行为、利益进行整合，以达成群体成员之间一致的价值标准、行为规范，从而对很多问题产生相同和近似的群体共识。

群体共识的形成是组织文化建设成功的关键。文化的形成需要不断的积淀和强化，所以在成员明晰组织规程、理解组织文化后，组织管理者要通过常态化的物质陈设，以及非常态化的一些仪式、故事、特定事件等来强化组织文化的特质。常态化的物质陈设包括办公地点或活动地点的物品摆设、服务于体育组织文化建设的文化符号展示，以及一些特定标语等。通过这些措施来持续不断强化体育组织文化的氛围。

三、体育组织文化的发展

体育组织是一个开放系统，它不能脱离社会环境而存在。同样，组织文化也不能脱离社会环境而构建和传承。体育组织文化就是在不断适应环境的过程中逐步形成的。在这个过程中，管理者的文化意识和管理艺术对制度建设和组织成员的意识培养会起到非常重要的作用。

(一) 管理者要强化文化意识

组织文化的形成离不开组织文化的积淀，组织文化的积淀离不开社会环境的影响。改革开放之后，中国社会、经济、文化环境变化之快是其他国家难以企及的。社会环境的改变直接或间接地影响着体育组织的组织形式、体系结构、价值取向和政府管理方式等，这些因素都对体育组织文化的形成和构建，以及后期的发展和传承产生了重要影响。随着中国社会的不断发展，居民收入水平的不断提高，人民对体育参与的需求也不断高涨。对体育参与的价值取向也发生了根本性的改变，从原来的单纯追求健身，到现在的健身、健心、追求个性发展等多元化趋向转变。这些都是推动体育组织快速发展的重要因素。

作为体育组织的管理者一定要强化组织的文化意识，注重组织文化氛围的创设，注

---

[1] 谭昆智. 组织文化管理 [M]. 北京：北京大学出版社，2008. 108.

意文化积淀，同时要不断提高组织成员的文化修养，这些都为体育组织文化的发展创造了条件。作为组织文化一部分的领导作风，在我们许多成功的企业中，受到企业创始人和最近几任董事长的性格和声誉的很大影响[1]。管理者对企业文化的影响至此，对体育组织文化的建设也是一样。在任何组织中，但凡想有所成就或有所作为的管理者都会在组织文化上留下印痕，管理者的锻炼习惯、体育意识、语言风格、人际关系等都会影响组织文化。

（二）注重制度建设

制度化是将组织倡导的文化观念转化为具有操作性的管理制度的过程。组织的文化积淀要通过制度加以规范化、常态化，也就是制度来源于文化，而管理制度一旦形成，也能够推动组织文化的生成。所以，在体育组织的管理过程中，要注意组织文化相关制度的制定、执行和监督，用制度不断"固化"一些文化符号或程式，如在一些规范的球迷组织中，他们会出台管理制度，以约束球迷会员的个体行为。当大家都遵从这些规则和要求时，体育组织文化才会慢慢孕育形成。

另外，在组织发展的不同阶段，或者内外环境发生一些重大改变时，体育组织也需要对相应制度进行调整或者出台新的制度和方法来应对新挑战。制度化的目的是要使组织价值观与管理制度保持均衡、一致，均衡和一致是动态变化的，同时也是相对的。所以，保持组织价值观和管理制度的高度统一，是体育组织文化建设的一项重要保障。

（三）增强组织成员的文化意识

对于组织管理者而言，自身具备较高文化水准还不够，必须让成员认同组织文化，并转化为自觉的行为和心理，也是组织文化建设的关键。组织文化只有得到成员广泛认同才是有价值的组织文化。因此，应该创造机会让全体成员参与进来，共同提炼组织文化。同时，要让文化的提炼和总结与成员的日常工作或组织的全体活动结合起来，让每个成员结合自己的具体工作进行检视组织的文化特质，以及如何改变观念使自己的工作与文化相结合。

另外，还要开展有意义的文化活动，如迎新、酒会、观赛等，不仅是组织文化非常好的传播方式，也是培养文化共识的重要途径。文化的形成需要宣传和倡导。只有如此，我们才能完成从制度到习惯的转换，从而形成一种文化场或文化氛围。

---

[1] 沃尔特·戈德史密斯，戴维·克拉特巴克. 致胜之道 [M]. 曹景行，潘慕平，连辉，等，译. 上海：上海翻译出版公司，1987：158.

> **主要议题**
>
> 1. 体育组织种类繁多、分布广泛,如何在研究体育组织文化共性的同时,研究一些小众、新兴体育组织的文化的特点和发展规律。
> 2. 体育组织文化在正式体育组织和非正式体育组织中存在状态的异同。
> 3. 在不同类型的体育组织中,培育体育组织文化的方法和策略。

延伸阅读

[1] 斯特芬·罗宾斯,蒂莫西·贾奇. 组织行为学 [M]. 孙健敏,王震,李原,译. 北京:中国人民大学出版社,2016.

[2] 谭昆智. 组织文化管理 [M]. 北京:北京大学出版社,2008.

[3] 乔安妮·马丁. 组织文化 [M]. 沈国华,译. 上海:上海财经大学出版社,2005.

[4] 王玉珠. 体育组织文化研究 [M]. 北京:中国社会科学出版社,2005.

[5] 埃德加·沙因,彼得·沙因. 组织文化与领导力 [M]. 陈劲,贾茹,译. 北京:中国人民大学出版社,2020.

[6] 吉尔特·霍夫斯泰德,格特·扬·霍夫斯泰德,迈克尔·明科夫. 文化与组织:心理软件的力量 [M]. 张炜,王烁,译. 北京:电子工业出版社,2019.

第五章
体育组织管理概述

> ❖ **内容摘要**：体育组织是指一定的人员按照一定的程序，在一定的期限内，为了实现一定的体育目标而组成的合作性统一体。体育组织是人们落实体育决策计划，进行体育合作活动的必要条件。体育组织管理是管理主体围绕组织设定的目标，组建相应的组织系统，并不断调整和优化组织结构、人、财、物、信息和技术等要素以适应不断变化的环境的过程，是体育管理的重要内容之一。体育组织是体育管理的主体，体育管理的各项活动主要由体育组织完成。体育组织结构设置是否合理，体育组织人员配备是否科学，体育组织运作是否顺畅高效，都直接关系到管理目标能否实现。

第一节 我国体育组织管理的发展历程

我国体育组织管理大致可以划分为中华全国体育总会时期、国家体育运动委员会时期、初步改革时期和国家体育总局时期。

一、中华全国体育总会时期（1949—1951年）

中华全国体育总会成立于中华人民共和国成立之初，其包括两个组织系列：中华全国体育总会系列和中华全国体育总会下属的各单项体育协会组织系列。前者主要包括从中央到地方，直至基层的体育分会，后者主要包括各级运动项目协会。中华全国体育总会负责全国体育相关事务的管理。在这一时期，我国体育组织管理的特点是建立在依靠群众、发动群众的基础上，并不依靠行政手段去推行，这与当时的社会环境和政治气氛密切相关[1]。

---

[1] 齐书春，朱明才，郑卫东. 从社会分化看我国体育管理体制的衍变与发展 [J]. 南京体育学院学报，2003（3）：40-42.

二、国家体育运动委员会时期（1952—1980 年）

1952 年 11 月 15 日，中央人民政府委员会第 19 次会议决定成立中央人民政府体育运动委员会，任命贺龙为主任，蔡廷锴为副主任，荣高棠为秘书长，黄中为副秘书长，负责领导、协调、监督全国的体育工作[1]，简称中央体委。1954 年更名为中华人民共和国体育运动委员会（简称国家体委）。1956 年，国务院批准通过了《体育运动委员会组织简则》，在第一条中规定了："国家体委在国务院领导下，负责统一领导和监督全国的体育事业，发展体育运动，以增强人民体质，培养人民勇敢、坚毅和集体主义精神，并向劳动人民进行共产主义和劳动卫国教育。"[2]

国家体委成立后，将各种体育活动统统归由体育行政部门管理，建立了全国性的体育行政体系，自此形成了由中央到地方、自上而下的金字塔形的组织结构。这一时期的体育工作主要依靠行政手段来推行，将各种活动都纳入政府工作计划范畴，经过上级审批，按计划进行，社会团体和群众几乎不参与体育管理。所有开展体育活动所需经费均由国家管理和划拨，也必须经上级审定方可使用，这样较为封闭和统一管理的体系使得社会力量参与体育管理的积极性受到了极大的限制[3]。

在这一时期，我国逐渐形成了一套班子、两块牌子（即国家体委和中华全国体育总会）的组织机构，中华全国体育总会由"实"变"虚"，成为一个非常设的咨询机构，其职能全部由国家体委包办，形成了单一化的政府管理体制，举国体制的格局也基本形成。

三、初步改革时期（1981—1997 年）

进入到 20 世纪 80 年代初，我国形成了以竞技体育为先导，带动体育事业全面发展的战略。在以"经济建设为中心"的思想指导下，体育改革将重点放在了体育行政部门办体育的弊端上，由国家包办体育向社会力量转移，发挥政府扶持、协调、指导的职能，积极鼓励社会力量的参与。1986 年，国家体委制定的《关于体育体制改革的决定（草案）》中明确指出，要"实现由国家包办体育到国家办与社会办相结合转变"，实现体育的社会化发展。

为了贯彻党的十四大精神和《中共中央　国务院关于加快发展第三产业的决定》，建立与社会主义市场经济相适应的体育管理体制和运行机制，国家体委于 1992 年 11 月中旬在广东中山召开座谈会，史称"中山会议"。在这次会议上，通过对体育改革必要性及改

---

[1]谭华. 体育史 [M]. 北京：高等教育出版社，2005：394.
[2]秦椿林. 体育管理学高级教程 [M]. 北京：高等教育出版社，2009：48.
[3]韩丹. 概述我国体育运行机制和管理体制的演化 [J]. 哈尔滨体育学院学报，1999（1）：5-8.

革内容、方向等问题的激烈讨论，确定了根本性改革方针。这是中国体育事业第一次尝试突破体制框架，从此，体育经济工作作为深化体育改革的一项内容被列入了议事日程。1993年，在南京召开的全国体育产业工作会议上，对国家体委机构进行改革，有42个全国性单项协会实行实体化或项目管理，体育产业的主体地位得以确立。

1993年5月，国家体委发布《关于深化体育改革的意见》，提出了"加快运动项目协会实体化改革，逐步建立具有中国特色的协会制"。由此，体育单项运动管理体制向协会制发展成为体育单项运动管理体制改革的主要目标和方向。以此为思路指导，国家对体育的各项领域进行了大刀阔斧的改革：1993年成立了14个运动项目协会；1997年新组建了6个运动项目协会并对3个运动项目进行了调整；1994年，国家体委机关由原来的15个厅、司、局缩减为13个；1998年，国家体委更名为国家体育总局。

四、国家体育总局时期（1998年至今）

1998年，原国家体委改组为国家体育总局，是国务院直属机构，与中华全国体育总会延续"一个机构、两块牌子"的模式。国家体育总局在职能、机构、编制方面进行了重大调整，改变了运动项目由体育行政部门直接管理的方式，先后成立了21个运动项目管理中心，管理运动项目的职能全部从机关分离。初步形成了体育总局宏观管理，运动项目管理中心和单项协会实施专项管理的新的运动项目管理体制。与此同时，职业俱乐部和社区体育也得到了较快的发展。

第二节　体育组织管理的要素

在一个正式体育组织内，体育组织管理的要素主要包括组织宗旨（使命、目标）、组织规范、组织成员、组织机构和组织文化。

一、组织宗旨、使命和目标

任何组织都应有明确的宗旨和使命，它们是由社会分工确定的。所谓组织宗旨，是指规定组织去执行或打算执行的活动，以及现在的或期望的组织类型。宗旨描述了组织的愿景、共享的价值观、信念和存在的理由，它对组织有强有力的影响。使命是组织力图实现的结果和经营范围的正式说明，一般限定了组织的经营活动或可能强调的组织的价值、市场和顾客等。使命表明了组织存在的价值，它是指导和规范组织全部活动的依据。组织的一切活动都必须服从和服务于组织的使命。组织目标是组织使命在未来某一时间所要达到活动结果的具体化。它是组织中一切活动的出发点，也是组织中一切活动的终点。体育组织目标分为总体目标、阶段目标和部门目标等。总体目标反映着体育组织的宗旨和使命，也是区别于其他组织的标志之一。体育组织目标越能够兼顾社会、组织和成员利益，就越能够发挥组织的各项职能，越有益于组织目标的实现。现实中的组织往往通过宗旨、使命与目标结合或单独表达其各自存在的目的[1]。

二、组织规范

体育组织工作的有效性必须有组织规范作保证，它是整个组织活动过程中必须遵守的"组织纪律"。组织的规范包括组织的章程及相应的规章制度。章程是组织成员必须承认和遵守的规约，包括组织的性质、纲领、任务、原则、机构和成员的权利义务等。体育组织进行注册登记时必须具有明确的组织章程。例如，《奥林匹克宪章》规定，国际奥委会必须按照《奥林匹克宪章》领导奥林匹克运动。国际奥委会是奥林匹克运动的最高权力机构，是国际性、非政府性、非营利性的组织，是奥林匹克运动的指导者、捍卫者和仲裁者。国际奥委会具有法人地位，它的存在是无限期的。它根据《奥林匹克宪章》作出的决定都是最终决定，还规定了国际奥委会吸收委员的方式，委员的资格和义务，国际奥委会组织机构的层次，全会的任务，执行委员会的组成、任期、权力和职责，主席的产生，国际奥委会的工作程序，使用的语言和经费来源等。

三、组织成员

组织成员是组织存在和运营的基本条件，组织的目标是通过组织所有成员的共同努力而实现的。因此，组织目标确定后，必须通过有效的管理来调动组织所有成员实现组织目标的积极性。例如，大型体育组织既有团体成员，也有个人成员；既有管理集团，又有竞赛表演的团体和个人。体育组织中的人员都有相应的专业要求，国际体育组织的最高管理者，还至少必须具备把握国际运动竞赛发展趋势、洞察运动技术发展方向、协调管理层中各职能部门的工作和各成员国组织之间的关系等多种能力，以及相应的知识结构，主要包括社会学、文化学、历史学、国际关系学和管理学等。体育组织根据其性质，对成员的要求涉及地理、经济、竞技实力和文化等方面的因素。国际性体育组织，则必须考虑地域因素和不同的文化因素。如根据奥林匹克运动的宗旨，国际奥委会的成员必须包括世界各地、不同文化的成员国组织，国际奥委会委员也来自世界各国。

四、组织机构

组织机构是组织内部各种职能部门及其职位，以及管理层之间正式确定的、比较稳定的相互关系模式，它是组织宗旨、目标、使命及职责实施的重要保证。例如，《国务院

---

[1] 肖林鹏. 体育管理学 [M]. 北京：北京师范大学出版社，2011：28.

关于机构设置的通知》（国发〔2008〕11号）中显示，国家体育总局的行政级别为正部级，属国务院直属机构。取消了已由国务院公布取消的行政审批事项，增加了加强体育公共服务、促进多元化体育服务体系建设、推动全民健身的职责，以及加强指导和推进青少年体育工作的职责。国家体育总局主要职责调整为十条。在职责进行调整的基础上，内设机构和人员编制也进行了调整。其中内设机构由1998年设置的9个职能司（厅）调整为10个，即办公厅、政策法规司、群众体育司、竞技体育司、青少年体育司、体育经济司、人事司、对外联络司、科教司和宣传司。国家体育总局机关行政编制为217人。其下仍设有财务管理和审计中心、冬季运动管理中心、射击射箭管理中心、自行车击剑运动管理中心、水上运动管理中心、重竞技运动管理中心、田径运动管理中心等42个直属单位。通过职责和组织机构调整，有利于国家体育总局把工作转移到对全国体育工作的宏观管理和宏观决策，有利于对全国体育工作领导、协调和监督。

案例 5-1 国际奥委会的主要机构[1]

国际奥委会的机构有国际奥委会全体委员会议、执行委员会、总部和专门委员会。

国际奥林匹克委员会全体会议（IOC Session）简称国际奥委会全会，是国际奥委会的最高权力机构，奥林匹克运动中一切重大问题的决策权均由全会掌握。它有权通过、修改和解释《奥林匹克宪章》，批准接纳国际奥委会的新委员；选举国际奥委会主席、副主席和执委会成员；挑选主办奥运会的城市，批准设置和撤销奥运会比赛项目中的运动大项；承认或撤销国家奥委会和国际单项体育联合会在奥林匹克大家庭的资格等。全会的决定是最终决定。全会每年至少举行一次会议。特别全体会议由主席或应至少三分之一委员的书面要求即可召开。

国际奥委会执行委员会（IOC Executive Board）简称国际奥委会执委会，是处理国际奥委会日常事务的机构，由全会授权，行使国际奥委会的职责。执委会成员有国际奥委会全会以无记名投票选举产生。执委会主席任期8年，可以竞选连任一次，但是只有4年的任期。副主席和其他委员任期为4年。任期已满的执委除非竞选副主席或主席，不能竞选连任。

国际奥委会总部（IOC Headquarters）是负责处理奥林匹克运动日常事务的行政管理机构，设在瑞士的洛桑。在国际奥委会成立后的相当一段时间内，顾拜旦在巴黎的住所也就是国际奥委会的总部。

国际奥委会下设各专门委员会。包括奥林匹克道德委员会、奥林匹克协调委员会、奥林匹克药物委员会、奥林匹克教育和文化委员会、奥林匹克运动员委员会、

---

[1] 孔宵. 更快 更高 更强——国际奥林匹克委员会简介［N］. 人民日报海外版，2017-02-21（06）.

奥林匹克环境委员会、奥林匹克人道主义事务委员会、奥林匹克运动女子委员会、奥林匹克大众体育委员会、奥林匹克收藏家委员会等。

问题 国际奥委会的组织结构类型是怎样的？对国际奥委会发挥其职能起到了怎样的作用？

五、组织文化

组织文化的实践活动源远流长，它是伴随组织的出现而产生的，自从有了组织（尤其是企业）就有了组织文化这一客观现象。但是对组织文化的研究则是在近代开始的。所谓组织文化是指组织中的成员共有的价值体系，是控制组织内部行为、员工工作态度的价值观及规范。组织文化的结构如同组织文化的构架和骨骼，其构成是有层次的，并制约着组织文化的内容和功能。通常，组织文化由两部分构成，一个是组织文化的显性部分，即组织标志、工作环境、规章制度、经营管理行为等；另一个是组织文化的隐性部分，即组织哲学、价值观、道德规范、组织精神等[1]。组织文化代表了一个组织内各种由成员所认同及接受的信念、期望、理想、价值观、态度、行为，以及思想方法、办事准则等。因此，组织文化是组织成员的思想观念、思维方式、行为方式，以及组织规范、组织生存氛围的总和，它既是一种客观存在，又是对客观存在的反映。

第三节 体育组织的环境管理

没有一个组织能够在真空中运作，许多环境因素对组织及其活动都会产生影响，这些环境因素可能会对组织的管理与服务产生促进或抑制的作用。一个称职的体育管理者能够根据这些环境因素的需求和限制，有效地协调该组织的活动，并对其所面对的环境作出科学合理的判断。

一、体育组织环境的根本含义

体育组织作为一个开放的系统，其根本特质在于寻求与外部环境的协调和适应，以提高组织绩效，不断满足社会日益增长的体育需求。体育组织的环境是指直接或间接作用和影响并决定体育管理活动的各种客观因素的总和。主要是指组织的宏观环境，包括国家的政治、经济、法律、文化、自然等，也包括由此所决定的管理主体与管理客体的管理关系，如所属关系、所有关系、经营关系等。管理环境之所以是管理系统的一个重要组成部分，是因为它直接决定管理的性质，决定着管理主体、管理客体、管理目的的

---

[1] 徐子健. 管理学 [M]. 北京：对外经济贸易大学出版社，2008：259.

性质，也决定着管理方式、管理方法的具体采用，因而是任何一种管理活动都必须考虑的因素。

体育组织的管理环境可以从以下几个方面来理解其含义：①不同的体育管理主体具有不同的管理环境；②不同的管理环境对同一管理主体影响和作用的程度与效果不同；③相同的管理环境对不同的体育管理主体的影响和作用的效果与程度不同。

从动态管理的角度来看，决定体育组织管理活动的不是哪一种单一的管理环境，而是各种客观环境的总和。

二、体育组织的管理环境类型

体育组织的环境管理分为内部环境和外部环境。内部环境包括对组织内部个体结构与群体结构的管理与优化。外部环境则根据形成原因不同，分为自然环境、政治环境、经济环境和文化环境等。

（一）体育组织的内部环境

1. 体育组织内部的个体结构管理与优化

体育组织内部的个体结构由德、识、才、学、体等基本要素组成。德，主要指道德、品质、思想修养，如个性心理品质、伦理道德、职业道德和政治品质；识，指见识，就是观察问题、分析问题和解决问题时表现出来的见识能力，是对组织实施阶段主客观条件的综合认识和各种基本知识综合运用的基本能力；才，是指才智、才能、才干和才力，是一个人具有的完成工作任务的能力，包括理解能力、决断能力、创造能力、策划能力、开发能力、操作能力、表达能力、组织能力、统率能力和社交能力等；学，是指学问、知识，包括完成工作任务要求具备的各类理论知识与实践经验；体，是人员的身体健康状况，这是胜任工作任务的基本条件。人员个体结构的优化必须从德、识、才、学、体五方面进行要求。

2. 体育组织内部的群体结构管理与优化

体育组织人员的群体结构是一个多因素、多层次的集合体。一个合理的、最佳状态的群体结构对不同地区、不同工作、不同单位而言，其具体内容不尽相同。就一般而言，作为组织实施的体育工作人员的群体总结构，由职类结构、专业结构、知识结构、智能结构、能级结构、年龄结构等要素构成。职类结构是指从事不同性质工作的人员比例及其相互关系；专业结构是指按专业技术不同所形成的合理的比例构成；知识结构是指群体中具有不同知识水平的人按照合理的比例组合而成的完整结构；智能结构是指由具体不同智能优势的人相互搭配的比例关系；能级结构是指由初级、中级、高级知识和能力级别的人，按一定比例构成的完整结构，它是人员群体质量和效能的重要条件；年龄结构是指群体中老年、中年、青年等不同年龄层次的人所占的比例。一个最佳状态的体育组织群体，应该是职类齐全、专业配套、知识互补、智能叠加、能级对应和年龄合理的群体。唯有这样，才能充分胜任所承担的工作任务。

案例 5-2 学习型组织：优秀运动队管理改革的新走向[1]

当今，教练员在运动队中充当多种角色。多角色模式的优势在于能够让教练员从运动员的训练、比赛、生活、学习中充分获取信息，统揽全局，从跨学科的高度对运动员的训练进行调控，充分发挥每个运动员的潜能和才智，提高运动训练、竞赛的实际效果。但是，要协调好各种角色行为是一件困难的事情。运动员和教练员的矛盾在运动队中是一个由来已久的带有普遍性的问题[2]。据调查，在一些集体项目或者一名教练员带较多运动员的情况下，关系不合型的，占调查人数的 27.1%[3]。要解决这些问题，就要改变那种"以教练员为中心"的"保姆式"管理模式，创建以运动员为本的人本主义管理模式。可喜的是，这种管理模式已经在运动员自主意识增强和法律意识浓厚的情形下逐渐流行。不过教练员在运动队中的作用是举足轻重的，要想建立良好的"师生关系"，解除运动员的后顾之忧，促进运动队的良好发展，需要教练员在秉持"以人为本"的理念基础上"系统地、批判地思考"和"科学地学习"。他们需要不断地总结自己训练方式和方法上的不足，学会对自己的行为和想法进行批判性的反思，善于学习优秀的方法和理念；将运动员作为一个活生生的人，而不是比赛的机器，不论在训练上还是在评价、激励机制上都秉持以人为本的理念；对运动员的训练要具有系统性，不要只注重一时的成绩，将运动员全面、完善的发展作为运动训练的根本出发点。同时体育行政部门的管理者也要逐步消除原来刻板的管理体制的束缚，给教练员更大的自主权，使优秀的教练员能够切实发挥自主性，激发教练员的工作热情和运动员的训练热情。而这一切都需要将优秀运动队建成一个能够不断"学习"的学习型组织。

问题 对于运动队来说，构建学习型组织需要具备哪些要素？

（二）体育组织的外部环境

体育组织的外部环境内容庞杂，在一定限度上影响和制约着体育组织的生存和发展。归纳起来，可分为自然环境、政治环境、经济环境和文化环境。

---

[1] 张建旭，孙庆祝. 学习型组织：优秀运动队管理改革的新走向 [J]. 体育学刊，2008 (4)：33-36.
[2] 易剑东. 中国运动队管理模式亟待改变 [J]. 新体育，2006 (11)：18-19.
[3] 钟日升. 我国教练员与运动员关系现状的分析及教练员角色定位与对策 [J]. 武汉体育学院学报，2006 (6)：170-172.

1. 自然环境

自然环境是指体育管理活动赖以存在和开展的各种自然条件的总和。由于自然环境是一个国家体育管理活动中最根本的环境因素，因此，在认识和利用自然环境时必须注意：第一，自然环境是由各种自然因素所组成的整体，是一个相互联系、相互作用的生态平衡系统。因此，在大力开展体育组织科学化管理的同时，必须保护自然生态环境，维护生态平衡，从而促进体育组织的可持续发展。第二，自然环境的优劣可以加速或延缓体育活动的展开，但不能直接决定体育的性质。因为自然环境的优劣对体育事业的影响只是可能的、相对的和有条件的，人才是掌握这种可能性的关键因素。

2. 政治环境

政治环境主要包括国家的社会制度、政党制度、法律制度、政治局势等。不同国家有不同的社会制度，不同的社会制度对体育组织活动会有不同的限制和要求，对体育组织提出不同的期待目标。政治环境受制于经济环境，能主动地反映一个国家经济环境的要求，并直接作用和影响一个国家的体育组织管理。即使在同一个国家、同一种社会制度下，在不同的历史时期，政府的方针政策路线倾向不同，对体育组织提出的需求不同，也会引起管理主体对体育认识和态度的变化，从而引起体育组织的不断变化。

3. 经济环境

经济环境是指对体育管理活动有直接或间接作用和影响的各种经济因素的总和，包括宏观经济环境和微观经济环境。宏观经济环境是指一个国家的人口数量及其增长趋势、国民生产总值、国民收入及其变化情况，以及国民经济发展水平和发展速度。经济发展的水平直接决定和制约着体育发展的程度和规模。例如，人口数量的增加，潜在的体育人口数量和体育参与人群也会随之增加；财政收入的增长，会加大政府和社会对体育的投入；经济体制的变化，会影响商业体育和职业体育的基础和规模。

微观经济环境是指消费者收入水平、消费偏好、就业程度、余暇时间等因素。这些因素直接影响着体育市场的繁荣与人们对体育的参与和关注程度。例如，人均可支配收入的增加，为人们进行体育消费奠定了物质基础；余暇时间的增多，为人们参与体育创造了客观条件。经济的繁荣，也会为体育组织管理带来新的内容和挑战。

4. 文化环境

文化环境包括一个国家或地区的居民的教育程度、文化水平、宗教信仰、风俗习惯、价值观念和审美观点等。教育程度和文化水平会影响人们对体育的认识和需求层次；宗教活动和风俗习惯会影响某些体育活动的开展或部分人群对体育活动的参与；价值观念会影响人们对体育组织目标、开展活动及组织存在本身的认可程度；审美观点影响体育管理者在组织和开展活动时的活动内容和活动方式的选择[1]。

文化环境对一个国家的体育组织管理也具有重大影响,不同的社会和文化代表着不同的生活模式和思维习惯,不同的价值观念和管理理念,其组织管理过程中也推崇不同的管理原理、体制机制、管理方法和行为模式。

第四节　体育组织管理的变革与发展

体育组织是不断演进和发展的,体育组织管理也是一直持续进行变革与发展的。

一、体育组织的变革

所谓体育组织变革是指运用行为科学和相关管理方法,对体育组织的权利结构、组织规模、沟通渠道、角色设定、组织与其他组织之间的关系,以及对组织成员的观念、态度和行为,成员之间的合作精神等进行有目的的、系统的调整和革新,以适应组织所处的内外环境、技术特征和组织任务等方面的变化,提高组织效能[2]。体育事业的发展离不开组织变革,内外部环境的变化、体育资源的不断整合与变动,都给体育事业带来了机遇与挑战,这就要求关注体育组织的变革。

(一) 体育组织变革的动因

1. 体育组织变革的内在动因

①组织目标的选择和修正。它决定着组织变革的方向。组织目标的选择有下面几种基本形态：组织既定目标已经实现或即将实现,需要寻求新的发展方向和目标；组织既定目标无法实现,需要及时地转轨变型,寻求新的发展方向；组织目标在实施过程中与组织环境互不适应,出现偏差,要求对原有目标进行修正。②组织结构的调整和改变。主要是指对组织结构中的权责体系、部门体系的调整。③组织职能的变化。组织职能和基本内容的变化也是组织变革的内在动因之一。④组织成员内在动机与需求的变化。组织个体成员的行为是组织运行有效性的基础,个体成员的行为又要以各自的需要为基础。一定的组织结构与组织管理总是与一定的成员的需要相适应。当个体成员的需要普遍发生变化时,组织结构也应发生相应的变化。

2. 组织变革的外在动因

①科学技术发展。现代科学技术的迅速发展,对组织结构、组织的管理层次与幅度、

---

[1] 刘勇. 新编体育管理学教程 [M]. 上海：复旦大学出版社, 2004：81.
[2] 徐子健. 管理学 [M]. 北京：对外经济贸易大学出版社, 2008：288.

组织的运行要素等都带来了巨大的变化，同时也对组织变革提出了新的要求。②组织环境的变动。现代组织所面临的外部环境要比以往任何时候都复杂多变，这是导致组织变革的重要原因。③管理现代化的需要。管理现代化要求组织对其行为作出有效的预测和决策，对组织要素和组织运行过程的各个环节进行合理的协调和组织，所有这一切都对组织提出了变革的要求。

（二）我国体育组织变革的特征

一般来说，一个组织在下列情况下应考虑变革：决策效率低或经常出现决策失误；组织沟通渠道阻塞，信息不灵，人际关系混乱，部门协调不力；组织职能难以正常发挥；缺乏创新等。改革开放以来，我国经济体制逐步由计划体制向市场体制转轨，市场机制、客观经济规律越来越被更多的人所认识和运用。在新形势下，体育组织也开始积极探索利用市场发展体育事业的新道路，体育改革的深度、力度不断加大，体育改革的范围不断扩大，出现了一系列新的变化。

1. 体育组织体系的变化

体育行政管理组织机构逐步精简，一方面行政机构缩小，行政管理人员更为精练高效；另一方面管办分离、政事分开。将大量事务性工作交给事业单位和社会团体，把工作重点逐步转移到宏观管理。随着运动项目管理体制改革，大批单项运动协会实体化，承担起本项目训练竞赛的管理职责。协会管理的组织体系不断得到健全和加强，不仅是在国家层面成立各项目协会，在省（区、市）、地（市），甚至县（市）分别成立各层次的协会组织。协会组织是各级各类运动项目的直接管理部门，各级业余与职业俱乐部将逐渐取代各级各类运动队，政府管理的主要职能是运用政策和经济手段进行调控。协会则按照市场规则和协会章程独立运作。随着训练体制的改革，各种形式的业余体育俱乐部和职业体育俱乐部纷纷建立起来。在体育社会化的改革进程中，各种体育社团在发展我国体育事业方面发挥越来越重要的作用。随着体育市场的培育和开发，一大批体育企业应运而生，成为我国体育事业的有益补充。这一系列变化，使我国体育组织体系逐步健全和完善。

2. 管理方式的变化

根据体育组织体系变革的需要，体育管理方式也开始由行政型向行政——社会结合型转变，由单一的集中型向集中与分散相结合转变。体育事业的管与办逐步分离，事业单位自主权扩大，增强了活力。体育社团的作用得到发挥，调动了各方面的积极性。

3. 经费来源渠道的变化

体育事业经费来源改变了过去单纯依靠政府财政拨款的格局，形成了政府、行业系统、社会团体、企业、个人共同投资和体育组织经营创收等多种经费来源渠道，充分利用社会力量，充分开发体育的经济功能，走体育产业化道路，弥补了体育经费的不足。

4. 运行机制的变化

改变了过去单一的计划机制，逐步将激励机制、风险机制、竞争机制等市场机制引入体育组织。完善奖励制度，全国性运动竞赛实行申办制、招标制，运动员实行转会制，根据市场供求确定体育劳务商品价格，经济实体承包制、租赁制等，极大地调动了各方面的积极性，增强了体育组织的生机和活力，增强了体育事业自我造血的能力。

> **案例 5-3** 中国篮球协会实体化改革及初步成效[1]
>
> 中国篮球协会（简称中国篮协）在2007年举行换届会议，在这10年间，中国篮球经历过北京2008年奥运会的巅峰时刻，又在遭遇男篮仅获亚洲第五的低谷中积蓄力量、重新出发。2019年9月在中国的8座城市成功举办男篮世界杯；CBA（中国男篮职业联赛）在多年磨砺中实现了品牌价值的飞跃，联赛改革也随着CBA公司成立取得阶段性成果，给中国篮球提供了新的发展机遇。同时，必须承认，中国篮球目前存在单纯依赖行政手段、普及和提高篮球项目运动水平正遭遇瓶颈、协会与国家体育总局篮球运动管理中心关系模糊、协会的法律权利边界不清晰、社会和市场力量参与度不足、篮球资源利用效率不高、青训体系不牢，以及国家队在国际大赛成绩不理想、校园篮球与职业篮球之间有沟壑、群众篮球公共体育服务薄弱、社会型赛事举办力度不足等问题。面对诸多问题，提高协会自身的管理效能，推行协会实体化改革已是大势所趋。
>
> 2015年国家颁布《行业协会商会与行政机关脱钩总体方案》，自此拉开了中国篮球协会"管办分离"的序幕。2017年中国篮球协会举行换届大会，姚明出任中国篮球协会主席，同年国家体育总局下达《关于篮球改革试点有关事项的通知》文件，中国篮协和国家体育总局篮球运动管理中心正式脱离，协会实体化自此开始。2017年至今，中国篮协通过自身组织机构的内部革新和外部分项改革，分别从机构部门设置、管理职能范围、人事调整、职业联赛、青少年培养、教练员和裁判员培养、三人篮球和小篮球运动的推广等方面进行了大刀阔斧的改革，使协会的实体化进程向纵深发展。
>
> **问题** 协会实体化的目的是什么？协会实体化改革会给中国体育带来哪些变化？

二、体育组织的发展

所谓体育组织发展是指为使体育组织能够不断适应环境的变化，而进行的各种与更

---

[1] 刘武军，颜海波，杨红丹. 组织变革理论视角下中国篮球协会实体化发展研究 [J]. 南京体育学院学报，2020 (7): 55-64.

新组织结构、改进组织效能等有关的活动过程。正如任何事物都有其发生和发展的过程一样，体育组织本身也有其产生、发展的过程。组织的发展对于组织本身无疑是非常必要的，它将使组织不断适应内外环境的变化，从而更有效地实现组织的目标。

（一）体育组织发展对管理者的要求

任何体育组织的变革及发展须经由管理者的认同、设计并实施各种推进举措，因此，对于体育管理者来说，体育组织的变革与发展将对其提出更高的要求。一般而言，在组织变革中，一个合格的体育管理者需要具备以下能力。

1. 不断创新的能力

未来体育组织的发展所面临的环境日益复杂且更加不确定，循规蹈矩式的常规管理已经不能有效解决组织发展的根本问题。体育组织的管理者必须具备创新的意识及能力，主动实施变革，迎接挑战。

2. 超强的适应能力

体育组织将面临激烈的竞争，体育组织的管理者必须拥有发现未来的能力、战略性的思考和行动，以敏锐的观察力时刻面对未来，观测和预测未来，从而获得组织发展的优先权和主动权。

3. 掌握和运用信息的能力

信息是管理的媒介，它关系到管理的实施和效果。体育管理者必须有获取正确信息的意识及能力，并通过合理的方式正确运用，发挥信息的功能。

4. 科学决策的能力

组织的发展始终处于动态的环境变化中，管理者必须对各种信息变化做出及时反应，并通过有效方式，作出科学的决策。

5. 终身学习的能力

面对复杂多变的环境，传统的"控制型组织"应积极向"学习型组织"转变，学习是组织成员对环境、竞争对手和组织本身的各种情况的分析、探索和交流的过程。它与传统的学习含义不同，不仅指知识、信息的获取，更重要的是指不断提高自身能力以对变化的环境做出有效的应变。为此，管理者必须不断学习。

6. 发展人际关系的能力

管理的核心是"人"，管理者必须善于沟通，学会处理各种人际关系。这不仅有助于组织文化的建立，还有利于在与其他组织的互动交往中赢得良好的外部环境。

（二）我国体育组织管理发展的基本要求与条件

1. 建立适应社会主义市场经济的体育组织体系

科学合理的体育体制是建立良性循环的运行机制的基础。推进体育组织结构的变革，建立与社会主义市场经济相适应的、符合现代体育运动规律和体育社会化、产业化需要的体育组织体系，形成有效的宏观调控机制和社会参与机制，是深化体育体制改革的关键。要进一步改革行政管理体制，实行政事分开，转变职能，使体育行政部门切实把工作的重点真正转移到宏观调控上来；要积极、稳妥地推动运动项目管理体制改革，加快单项协会实体化步伐，使其逐步成为责权利相统一、全面负责本项目管理的实体，建立起具有中国特色的协会制；体育俱乐部是体育社会化有效的组织形式，要大力发展各种类型的体育俱乐部，通过这种组织形式，把国家支持、社会资助、自我经营有机结合起来；体育商业性服务可以满足部分体育爱好者的体育需求，是公益性体育服务的有益补充，要鼓励社会兴办体育经营组织，部分有条件的体育事业单位可以逐步转变为自收自支的经营组织；现有体育事业单位要调整内部机构设置，加强管理，拓宽服务面，广开经费来源渠道，增强自我发展能力。

2. 稳定和增加政府对体育组织的经费投入

合理调整投入的方向和结构，发挥政府体育资金的导向作用。政府财政经费的资助是体育组织主要的、稳定的经费来源。政府给予必要的资助，保障体育组织基本工作条件，对于体育工作的开展十分重要。因此，各级政府要把体育经费列入年度财政预算，确定对体育组织拨款的基数，建立完善《全民健身计划》和《奥运争光计划》的专项资金，并随着国民经济的发展和财政收入的提高对体育事业增加投入。除政府经费投入外，要明确要求行业系统、学校、企事业单位对下属体育组织给予必要的资助。同时，要搞好政府体育经费投入结构调整，对不同的体育组织、体育活动，政府的经费资助要有所区别，有所倾斜，使政府拨款政策有明显的导向性。

3. 鼓励社会各界对体育组织的赞助

为鼓励社会力量资助体育事业，纳税人通过体育行政管理部门或批准成立的非营利性的公益性组织，对各级运动队、体育技术学院、体育运动学校、业余体校、体育学院、公共体育场馆、体育科研所、体育博物馆，以及我国承办的国际体育比赛、全国和省市综合性运动会和单项比赛等体育事业的捐赠，应给予税费优惠政策。

4. 对体育组织实行财税优惠政策

为鼓励体育组织通过开展体育经营活动，筹集资金发展体育事业，提高自我生存和发展能力，国家对非营利性的体育组织开展体育业务活动及其辅助活动取得的收入应免征所得税,对所办企业,实行退税政策。对于省以上运动队进口训练、竞赛使用的专用器材设备、服装等缴纳进口税,国家根据税单给予退税或专款补助。

5. 通过多种方式为体育组织筹集资金

建立稳定的体育彩票发行制度,扩大彩票的集资能力。鼓励创建体育组织基金会,为体育事业的发展提供更多的资金。

6. 加强体育市场的培育与管理

体育市场的培育和发展是体育组织经济运行机制的改变的必要的社会条件。体育组织人力、物力、财力等体育资源在一定程度上需要通过体育市场来实现。目前,在我国体育市场只是初步发育,需要政府在政策上予以扶持,为体育市场的发展提供宽松的环境;同时,要制定体育市场的发展规划,保证体育市场的发展与国家整体经济运行政策的配合与协调;加强体育市场法制建设,要尽快制定"体育市场管理条例",规范体育市场的开业标准和从业条件,保障体育市场经济秩序合理和有序,使体育市场的管理有法可依。

主要议题

1. 组织结构的设计与再造对体育组织来说至关重要,代表了该组织的管理水平,也影响着组织绩效。要探讨组织结构与组织绩效之间的关系,是体育组织管理中的一个重要议题。

2. 与其他组织相比,体育组织在组织结构设计、组织目标设定、组织文化塑造、组织变革与发展等方面有其独特性,在对体育组织管理进行分析研究时,不能简单照搬一般组织管理的相关理论,也要充分考虑体育组织的特性。

3. 体育组织变革的动因,组织的商业化趋势,在市场竞争压力日益加剧的今天,业余体育组织应该摒弃原有的业余思维模式,引入更具竞争性的商业化和职业化思维使其组织继续生存和发展下去。

延伸阅读

[1] 王斌,马红宇. 体育组织行为学 [M]. 武汉:华中师范大学出版社,2010.

[2] 彭昕. 中国体育自治构建论 [M]. 北京:科学出版社,2020.

[3] 伯尼·帕克豪斯. 体育管理学:基础与应用 [M]. 秦椿林,等,译. 北京:清华大学出版社,2003.

[4] 刘兵. 新编体育管理学教程(第二版)[M]. 上海:复旦大学出版社,2017.

[5] 周三多,贾定良. 管理学:原理与方法(第七版)[M]. 上海:复旦大学出版社,2021.

实践篇

第六章　体育管理体制改革与创新

第七章　我国职业体育发展困境与改革路径

第八章　体育社会组织的政府培育与自身发展

第九章　青少年体育组织建设与思考

第十章　农村体育社会组织现实审思与发展路径

第十一章　网络体育组织的勃兴与思考

第十二章　国外体育组织建设历程、现状与启示

第六章
体育管理体制改革与创新

> ❖ **内容摘要：** 体育管理体制的历史变革是在国家行政管理体制、经济体制变革与体育发展状况相统一的状态下调整推行的，并在较长的历史发展时期，形成了在不同内外部环境下各具特色的体育管理体制阶段。目前，我国体育管理体制改革难点主要在于改革共识尚未形成，机构设置与权责界限仍要明确，实际运行还需增效，法规保障仍需健全。攻克改革难点、实现改革突破，是实现我国体育管理体制改革目标的关键。

第一节 体育管理体制改革的背景

体育强国战略目标提出后，进行体育管理体制改革，建立与全面建成小康社会相适应的体育发展新机制成为新时期我国体育事业发展的重要任务。当前，我国正处于结构调整和社会转型的关键时期，我国行政管理体制、经济体制改革力度不断加大，为体育管理体制的发展提供了新的方向指导，同时，随着我国体育事业发展日益成熟和完善，体育事业自身发展规律也对体育管理体制提出了改革的要求。

一、我国行政管理体制改革

国家行政管理体制决定了体育管理体制改革的方向和目标。在中华人民共和国成立之初，我国政治形势内忧外患，经济形势也不容乐观，国内各个行业千疮百孔、百废待兴。面对严峻的国内外形势，"全国一盘棋，集中力量办大事"成为全国上下的共识，权力高度集中于国家行政机关。在这种背景下，国家发展重心在于重振经济，体育并不是发展的重点，其主要依附于政治，发展方向和管理体制均需满足国家政治需求，政府在体育管理体制中起主导作用。随着我国政治体制和行政管理体制大刀阔斧的改革，以"举国体制"为代表的体育管理体制已不再适应国家政治体制的需要，政府简政放权、国家治理体系治理能力的现代化等国家权力的下放也引导着体育管理体制的改革。

(一) 深入推进"放管服"改革

1. "放管服"改革的提出

2013年3月,第十二届全国人民代表大会第一次会议批准通过《国务院机构改革和职能转变方案》,提出转变政府职能,继续简政放权,极大地推动了政府由"全能型"向"服务型"转变,这是国家首次提出简政放权。此后,政府简政放权有序推进,2015年7月,李克强总理在国务院常务会议上强调了加大简政放权的改革力度。2016年5月,李克强总理在《政府工作报告》中提出持续推进简政放权、放管结合、优化服务,不断提高政府效能,明确了"放管服"改革的内容。2020年5月,《2020年国务院政府工作报告》中强调深化"放管服"改革,激发市场主体活力。2021年4月,国务院办公厅印发《关于服务"六稳""六保"进一步做好"放管服"改革有关工作的意见》,提出进一步深化"放管服"改革,更好服务"六稳""六保"工作,持续推动经济社会健康发展。

2. "放管服"改革背景下的体育管理体制改革

在过去的体育管理体制下,管理权力高度集中导致行政效率低下;权责不清导致多头管理及各层级、各组织之间推诿、扯皮等情况时有发生;体育管理相关的法律法规不健全导致体育管理的法制化水平较低;资金投入、保障体系不完善和社会化程度较低导致社会力量办体育的积极性不高[1]。过去的体育管理体制数十年的发展历程证明了高度集权的管理模式及政府在体育管理中的过度参与,均会阻碍体育部门和机构的正常运作。

当前,在深入推进"放管服"改革,建设服务型政府的背景下,体育管理体制也逐步从政府行政垄断向社会化、科学化转变。1998年,国家体育运动委员会改组成为国家体育总局,并对其原有职能做了调整,迈出了体育管理体制管办分离的第一步,同时也进一步规范了国家行政机构的设置。此后,体育行政管理部门将权力下放至体育协会,由各体育协会发展项目运动,体育行政管理部门转而负责创新方式方法,对体育协会的权力运用、资金使用情况进行监管,为体育协会优化服务,以及提供必要的帮扶。最终形成了由政府主导、依托社会力量的体育管理体制,从而提高体育管理的效率,提升体育管理与服务的质量和效果。

(二) 从"管理"到"治理"的跨越

1. 国家治理体系和治理能力现代化的提出

2013年11月,党的十八届三中全会首次提出国家治理体系和治理能力现代化,十九大报告将其明确作为全面深化改革的总目标,也是完善中国特色社会主义制度的必然要

---

[1] 谢英. 21世纪初我国竞技体育管理体制与运行机制研究[J]. 西安体育学院学报, 2002 (4): 11-14.

求。2019年10月,党的十九届四中全会审议通过《中共中央关于坚持和完善中国特色社会主义制度、推进国家治理体系和治理能力现代化若干重大问题的决定》,提出了国家治理体系和治理能力现代化的阶段目标,并做出了进一步部署。国家治理体系和治理能力是一个相互协调、有机联系的统一体,包含政治、经济、社会等各个领域。体育管理体制改革是当前国家全面深化改革的重要内容,体育治理体系和治理能力现代化建设也是当前国家治理体系和治理能力建设的重要组成部分。

2. 国家治理体系和治理能力现代化背景下的体育管理体制改革

"体育管理"和"体育治理"虽然是两个不同的概念,但其目标是相同的,均是为了体育工作的良性运转。"体育管理"是指由单一的政府主体主导体育事业的发展,其特征是一元化。"体育治理"是由政府主体和社会组织等多个主体对体育领域的公共事务进行协同式管理,其特征是多元化[1]。在"体育管理"体制下,政府拥有全权管理并支配体育事务的权力,以至于我国体育事业"管办合一、政事合一"等问题层出不穷。例如,在我国的足球联赛中,中国足球协会同时扮演着管理者与举办者的角色,操控着从运营到管理的全过程,导致监管缺位、执法不严,既降低了各俱乐部参与的积极性,又容易滋生腐败等问题。

国家治理体系和治理能力现代化的改革目标提出后,"体育治理"一词逐渐被引入体育管理体制中,2019年8月,国务院办公厅印发《体育强国建设纲要》,提出到2035年实现体育治理体系和治理能力现代化。"体育治理"强调"以人民为中心"的体育价值观念和"共建共治共享"的体育管理理念,为体育管理体制改革指明了方向。它既厘清了政府、市场和社会在管理体育事务中的关系,明确了各主体的责任、权利与义务,使政府、市场和社会在体育管理中相互配合,相辅相成,形成高效的体育管理体制,又有利于国家治理体系和治理能力现代化的建设和完善。

(三) 由"人治"向"法治"转变

1. 依法治国方略的提出

"法治兴则国兴,法治强则国强"。法律是治理国家的准绳,法治则是社会运行的基本框架。1996年,《国民经济和社会发展九五计划和2010年远景目标》提出要初步建立社会主义法治国家。1997年10月,中共十五大报告首次明确提出"建立社会主义法治国家"的目标。2002年11月,党的十六大正式提出了依法治国的基本方略。不断推进依法治国方略,走中国特色社会主义法治道路,是我党在总结国内外法制实践和治国理政宝贵经验后得出的重要结论,是建设社会主义法治国家的唯一正确道路。

---

[1] 莫铭. 新时代体育治理体系和治理能力现代化建设的价值内涵与战略思考 [J]. 辽宁体育科技, 2022 (1): 41-47.

2. 依法治国方略背景下的体育管理体制改革

中华人民共和国成立初期,体育法治建设依赖于1949年《中国人民政治协商会议共同纲领》和1954年《中华人民共和国宪法》等文件中部分有关体育的规定,体育领域行之有效的专门性文件缺失,体育法制建设进程缓慢,水平较低[1]。对于体育领域出现的问题和矛盾,往往依靠政府部门的行政手段加以解决,体育管理中"人治"色彩浓厚,导致在很长一段时间内,群众体育和体育产业发展迟滞,体育法治建设进程与国家体育目标设置不匹配,甚至远远滞后于国家体育目标和体育管理体制改革[2]。

在依法治国方略的引领下,体育领域出台的法律逐渐增多,覆盖面日趋完备。1995年8月,《中华人民共和国体育法》的颁布,大大加快了体育法治建设的进程,同时也标志着中国体育彻底打破了过去无法可依的局面,填补了体育领域法律的空白,中国体育管理工作从"以人治体"迈入了"以法治体"的新阶段。2009年8月,国务院颁布《全民健身条例》,首次运用法律条例保障公民参加全民健身活动权利,我国的群众体育工作迈上新的台阶。党的十八大以来,全面依法治国更加深入至体育领域,体育法治建设进程进一步加快,2014年10月,国务院发布《关于加快发展体育产业促进体育消费的若干意见》,这是我国首部体育产业领域的政策文件。此后,在体育领域逐步确立起了以《中华人民共和国体育法》为主,以竞技体育、群众体育、体育产业等方面各项法律法规为补充的较为全面的中国体育法治管理体系。

二、我国经济体制改革

国家经济发展状况也在一定程度上影响着体育管理体制改革的进程,因为体育不仅具有政治性,也有经济性。在我国经济体制改革过程中,体育逐步由政治功能向经济功能转变,体育产业在国民经济中的作用也越来越突出。体育管理体制改革理应与国家经济发展程度和阶段相匹配,在市场经济体制改革的背景下,原有体育管理体制与市场经济转型的矛盾逐步加深,体育管理体制改革已成为发展的必然趋势。改革开放以来,我国体育产业化的进程大大加快,体育产业管理体制也经历了从无到有的跨越式发展。1992年,建设社会主义市场经济体制的目标提出后,要求体育管理体制改革只有与社会主义市场经济的经济关系、经济结构、经济运行方式相匹配,才能在正确的道路上不断改革和优化。

---

[1] 于善旭. 新中国60年:体育法治在探索中加快前行 [J]. 天津体育学院学报,2009(5):369-374.

[2] 马德浩. 从管理到治理:新时代体育治理体系与治理能力现代化建设的四个主要转变 [J]. 武汉体育学院学报,2018(7):5-11,55.

(一) 改革开放促进体育产业化的进程

1. 改革开放的提出

1978年,党的十一届三中全会召开,宣布我国进入了对内改革、对外开放的新时代。此后,我国开始进行经济体制改革的探索,虽然此时公有制经济仍在国民经济中起绝对主导作用,但各行业已慢慢摆脱计划经济的束缚,对非公有制经济和外资经济形式开始摸索。改革开放推动了社会主义经济、政治和其他方面体制的自我完善和发展,改革开放40多年的历史和实践证明,它是符合国际发展形势和时代特征的正确道路和必然选择。

2. 改革开放背景下的体育管理体制改革

改革开放以前,体育事业发展的资金全部来自国家拨款,一方面,国家财政拨款的规模在一定程度上制约了体育事业发展的规模;另一方面,体育发展的重心和目标全部依靠国家行政机构的需要,体育本身的经济功能也受到了一定制约,甚至逐渐与社会经济发展及其他领域的发展脱节[1]。随着体育事业的快速发展,体育发展所需要的资金为国家财政带来了沉重的负担,另外,体育管理体制重竞技和"唯金牌论"的思想观念,抑制了体育产业化的进程,导致了体育事业长期的畸形发展[2]。

改革开放为我国体育事业发展创造了新的机遇,体育产业化开始萌芽。1984年,洛杉矶奥运会上彼得·尤伯罗斯运用"私营模式"和成功的财务管理方式,为世界各国带来了商业化的体育运作模式,也让我国开始注重体育本身的经济价值。此后,发达国家先进的体育管理理念传入我国,我国逐渐开始了体育市场化的探索,部分国有企业、民营企业和个体商户以此开始了与体育有关的生产经营活动。1985年,《国民生产总值计算方案(试行)》的出台,标志着我国正式开展国内生产总值(GDP)核算,也正是此方案应用三次产业分类法,明确把体育产业划分至第三产业的范畴[3]。自此,体育产业化在我国作为一个正式的命题被各部门广泛接受。同年,国家体委提出了体育社会化的改革方向,改变了过去体育融资由国家财政拨款为主的模式,拓宽了体育融资渠道,吸收社会各方投资。

随着改革开放进程的不断深入,原有的体育管理体制已不再适应此时各领域深化改革的时代背景。1992年,红山口会议的召开,明确把足球体制改革作为体育体制改革的突破口,从此中国足球走向了职业化改革和市场化的道路。1993年,国家体委充分认识到体育产业自身的活力,在《关于培育体育市场加快体育产业化进程的意见》中进一步提出要改革现有的体育管理体制,明确了体育产业化的具体措施,进一步推进体育事业

---

[1] 韦华.30年来我国体育产业的发展及其相关理论研究[J].广州体育学院学报,2012(5):13-17.
[2] 贺晓雄.当前体育管理体制改革初探[J].兰州教育学院学报,2014(3):102-103.
[3] 姜中阳,王永年.推进我国体育产业化进程的思考[J].财贸研究,1994(1):80.

单位向产业化过渡,为我国体育产业化提供了政策支持。1995年,上海市的体育产业已粗具规模,产业总值突破1亿元。随着体育产业化进程的加快,大部分体育部门已经脱离了财政的支持,有了自主生存和创收的能力。

虽然在改革开放后较长的一段时间内,我国的体育产业还处于萌芽阶段,尚未脱离体育事业的发展,而是依附于体育事业作为体育事业的补充,但其对体育管理体制改革具有深远的影响。作为体育管理体制的一个子系统,我国体育产业管理体制在此时开始萌芽,管理框架逐步确立,使得体育管理体制摆脱了计划经济体制下的思想束缚和国家财政拨款对其束缚,转而向社会和市场筹集体育发展资金,逐步向市场经济管理体制转变,体育管理体制摆脱了过去"国家包办、管得太多、管得太死"局面,体育产业活力得到释放,体育管理体制的效率得到提高。

(二) 市场经济体制推动体育管理机构设置合理化

1. 社会主义市场经济体制改革的提出

1984年,党的十二届三中全会讨论通过了《中共中央关于经济体制改革的决定》,成为我国经济体制改革的重要突破口。1992年1月,邓小平同志在南方谈话中纠正了人们"市场经济就等于资本主义"的错误观念,破除了人们进行经济体制改革的思想障碍。同年10月,在中共十四大上,江泽民在《加快改革开放和现代化建设步伐,夺取有中国特色社会主义事业的更大胜利》的报告中将建立社会主义市场经济体制作为我国经济体制改革的目标,这是社会主义国家制度与"市场经济"的首次有机结合[1]。1993年,党的十四届三中全会通过的《中共中央关于建立社会主义市场经济体制若干问题的决定》,对社会主义市场经济体制改革的目标和原则做出了更加详细的规定,标志着我国社会主义市场经济体制改革实现了一次重大飞跃。

2. 社会主义市场经济体制改革背景下的体育管理体制改革

在计划经济体制下,国家体委作为体育管理的最高行政机关,统筹我国体育事业的发展方向,各省、自治区、直辖市也均建立了其下属地方机构,受到国家指令的统一调配。此时期的体育管理体制组织方式带有深刻的计划经济的烙印,存在着一定缺陷。受到管理主体单一化、政府统筹包办的影响,体育管理机构的行政效率较低,体育事业内部发展不均衡等问题逐渐显现。

1992年11月,国家体委在广东中山召开了体育管理体制改革史上具有重要转折意义的"中山会议",会议指出,计划经济下的单一管理主体的体育管理机制已不适应社会主义市场经济体制的发展,体育管理亟须建立起一套由国家调控、依托社会、独立发展的

---

[1] 江泽民. 加快改革开放和现代化建设步伐夺取有中国特色社会主义事业的更大胜利——在中国共产党第十四次全国代表大会上的报告 [J]. 求实, 1992 (11): 1-16.

管理体制，调整和完善体育管理体制的机构设置。1993年，《国家体委关于深化体育改革的意见》中提出建立具有中国特色的协会制，不断完善组织机构，对各个运动项目实施专业化的管理。随后，各省、自治区、直辖市也开始随国家体委进行自上而下的管理体制改革，至1997年，全国已经成立了20个体育运动管理中心。1998年，我国体育管理体制机构进一步改革和调整，国家体委改组为国家体育总局。随着我国体育管理体制机构的日趋完善，我国体育事业也开始迅猛发展。

社会主义市场经济体制改革背景下的体育管理体制，政府的身份由"管理者"转变为"调控者"，体育行政人员的数量减少，转而由体育事业单位发挥管理效能，充分调动社会及群众性体育组织在体育管理中的作用，从而使过去体育事业发展适应体育管理机构的局面转为当前由体育管理机构迎合体育事业发展的需求[1]。

三、体育自身发展的要求

除了受到国内政治大环境和经济发展阶段的影响外，体育自身也对体育管理体制提出了改革的要求，体育自身的完善和发展为体育管理体制改革提供了直接动力。随着我国经济发展水平的不断提高，与国外体育交流日益密切，我国体育事业发展也逐渐走向成熟，体育功能不断拓展。尤其是在成功申办北京2008年奥运会后，我国体育事业迎来了飞速发展的机遇。此时，我国体育基础设施日益完善，社会各界对开展体育活动、体育投资的热情空前高涨，为体育事业的发展营造了良好的社会环境。体育精神和体育运动在大众层面得到广泛传播，人们参与体育运动的热情被进一步激发，人们对体育的需求日益增多，体育也不再只是"少数人"的运动。此外，北京奥运会的成功举办极大地提升了我国体育经营管理水平，通过学习国际体育管理的成功经验，锻炼和培养了大批体育管理人才。近年来，体育功能的拓展和完善，以及人们对体育需求的增加，对体育管理工作提出了更高的要求，体育管理体制也需不断进行自我完善和发展，在广度和深度上进行同步改革，才能适应体育事业自身迅速发展的要求[2]。

（一）中国竞技体育发展的问题对体制改革的要求

1995年，国家体委发布的《奥运争光计划》中明确提出了竞技体育管理体制的发展目标。在"奥运争光"的目标背景下，中国代表团在北京2008年奥运会上成绩斐然，取得了举世瞩目的成就，并成功跻身于世界体育大国之林，改变了过去西方体育强国眼中"东亚病夫"形象。但在金牌榜首的荣耀背后，也暴露出"举国体制"下的一系列问题，例如，体育运动项目发展的不均衡，我国获得的金牌多集中于乒乓球、跳水、举重、射

---

[1] 毕世明. 关于我国政府体育机构改革的设想 [J]. 体育与科学, 2007 (3): 6-8.
[2] 易剑东. 中国体育体制改革的逻辑基点与价值取向 [J]. 体育学刊, 2011 (1): 14-25.

击等传统优势体育项目，但大部分项目在我国民间属于"冷门"项目，大众化水平不高，竞技体育的社会影响较小[1]。在北京 2008 年奥运会之前，我国有 15 个项目获得过金牌，仅占奥运会所设 28 个大项的 53%。"举国体制"下，我国"三大球"、田径和游泳等职业化程度较高的项目水平难以得到提升，与西方体育大国之间还存在着较大的差距。另外，"举国体制"在关注运动员成绩的同时，却忽视了对运动员相关权益的保障，运动员的商业价值得不到有效开发，部分运动员为了训练忽视了文化教育的学习，为了争取国家荣誉而伤病缠身，在退役时却得不到妥善安置，只得从事一些简单的体力劳动，面临着"退役即失业"的难题。与此同时，体育后备人才培养萎缩、体育市场滞后，以及职业联赛中的"赌假黑"等问题也长期伴随着我国竞技体育的发展。

由此可见，在"举国体制"下，我国的竞技体育管理体制还存在着一些错误的指导观念，不符合现代的体育运动规律，"唯金牌论"在一定程度上忽视了非金牌获得者的付出和努力。2006 年，国家体育总局发布的《体育事业"十一五"规划》提出提高竞技体育综合实力，深化体育改革，建立科学化、法制化的体育管理体制。2011 年，国家体育总局再次发布《2011—2020 年奥运争光计划纲要》，提出推进竞技体育体制改革，探索中国特色的职业体育发展道路，此后，我国足球联赛、篮球联赛火爆市场和良好的发展前景，证明了举国体制与职业化、市场化并行是我国竞技体育管理体制改革的正确方向。2021 年，国家体育总局发布《"十四五"体育发展规划》，突出强调了引入社会力量、开放办体育的指导思想，创新竞技体育管理体制机制，为竞技体育管理体制改革开辟了新思路。

（二）中国群众体育发展滞后对体制改革的呼声

群众体育关乎全体国民的身体素质和健康状况，然而在过去相当长的一段时间内，中国群众体育的发展整体呈现低水平和不均衡的状况。一方面，我国体育管理保持着"重竞技，轻群众"的思想，群众体育和竞技体育的发展严重失调。管理者对于群众体育发展所需的基础设施、体育场馆提供不足，公共体育设施向公众开放程度不高，导致发展群众体育的物质基础薄弱，中国群众体育的发展水平较低，严重滞后于竞技体育的发展。另一方面，随着居民物质生活水平的提高和对身体健康的重视程度提升，体育健身意识不断增强。然而无论是当前体育活动所需的资源条件还是物质基础，都无法满足群众日益增长的体育需求。另外，群众体育发展不均衡也导致了群众体育发展相对滞后。主要表现在东西部地区、城乡之间、发达地区和欠发达地区之间公共体育设施投入差距较大，导致在西部地区，乡村基层和欠发达地区，人民的体育权益无法得到保障，供需矛盾突出[2]。这些问题的出现，亟须体育管理思想、管理方式和管理体制做出改变。

---

[1] 阙志城. 论我国竞技体育管理体制的转型 [D]. 天津：天津科技大学，2014：39.
[2] 刘文明，徐君伟，杨忠令. 我国群众体育均衡发展的理论探究 [J]. 体育文化导刊，2016 (9)：28-32，49.

1995年，国务院颁布《全民健身计划纲要》，标志着国家层面对群众体育高度重视，这对现有的群众体育管理体制提出了改革的要求，同时需要建立与全民健身计划相适应的组织管理体系和管理队伍。2009年，国务院发布《全民健身条例》，从法律层面保障居民的健身权益，并明确规定国务院体育主管部门、体育类社会团体等群众性体育组织等各自的职责。2016年，由国务院牵头成立了全民健身工作部际联席会议制度，各地方也成立了全民健身领导协调机制。截至2021年1月，我国登记入库的群众体育组织已达90万个，为群众体育工作提供公共服务。这些举措有效地提升群众体育管理的管理能力和管理水平，提高群众体育管理的系统化、科学化水平，推动了我国群众体育发展[1]。

(三) 中国体育产业发展的局限对体制改革的需求

自1992年以来，我国体育产业在社会主义市场经济体制的推动下乘势而上，迎来了良好的发展环境和发展机遇，作为第三产业中的"绿色产业"和"无烟产业"，体育产业对拉动国民经济增长、提供就业岗位和转变经济结构等方面的作用越来越突出。截至2020年，我国体育产业总规模已突破3万亿元，成为社会经济发展的新热点。但在体育产业取得了长足进步的同时，也存在着一定的局限性，制约了体育产业的发展潜力。首先，我国体育产业起步较晚，体育产业规模与西方体育强国相比还存在着一定差距，根据相关数据，目前我国体育产业增加值占GDP的比重刚突破1%，而其他体育强国已经达到了10%以上。其次，体育产业结构不合理，体育制造业占比较高，体育服务业的优势不明显，体育制造业吸纳就业的人数远远高于体育服务业，同时，就产品结构来看，体育核心产品的比重也远不及体育相关产品[2]。这也反映出过去体育管理体制存在的一些问题，如体育产业管理机构设置不合理，管理体系不健全，中央与地方的体育产业管理机构责任不明晰、关联度不大、管理内容混乱，体育产业管理缺乏统一的标准，因此体育产业管理体制缺乏科学性和规范性[3]。

为了落实国家《关于加快发展第三产业的决定》，推进体育产业走向市场，国家体委于1993年发布的《关于培育体育市场加快体育产业化进程的意见》中指出，体育产业化是体育的发展方向和必由之路。1995年，全国体委主任会议提出要进一步发展体育经济，充分挖掘体育的经济功能。随后，国家体委发布了《体育产业发展纲要》，进一步阐明了体育产业的意义，体育产业发展进程明显加快。直至2014年，国务院颁布《关于加快发展体育产业促进体育消费的若干意见》，这是体育产业的又一次飞跃，同时也对体育管理体制改革提出了新的要求。

---

[1] 王学彬，郑家鲲. 新中国成立70周年我国群众体育发展：成就、经验、问题与展望 [J]. 体育科学，2019 (9)：31-40，88.
[2] 任波，黄海燕. 中国体育产业结构的现实审视、内在诉求与供给侧优化 [J]. 成都体育学院学报，2021 (2)：109-115.
[3] 王敬涛. 新时代体育产业管理体制的现存困境与优化路径 [J]. 辽宁广播电视大学学报，2020 (2)：93-97.

案例 6-1　挪威冰雪运动发展背后的管理体制

2022年2月4日，第24届冬季奥林匹克运动会（北京冬奥会）开幕。历经7个大项，15个分项，109个小项的比拼，挪威凭借16金、8银、13铜的优异成绩成为此次冬奥会奖牌榜第一。而我国则以9金、4银、2铜的成绩排在第三名。此次北京冬奥会，我国冰雪运动项目成绩取得新突破，一举赶超瑞典、荷兰等北欧强国，但挪威在冰雪运动领域的领先地位仍不可撼动。挪威作为传统冰雪运动强国，是冬季奥运会历史上获得奖牌数较多、影响力较大的国家之一，在速度型、耐力型及技巧型冬季运动项目中领先优势明显、后备人才充足。

挪威冰雪运动成绩的取得，得益于其体育管理体制的科学性、系统性及高效性。挪威公共体育政策主要由文化部的体育政策司负责，挪威体育运转则由文化部体育政策司官员和挪威奥林匹克委员会和残奥会，以及体育联合会合作主导。在此组织架构下，通过大型国家志愿组织主导体育事业发展，政府大力投资和提供设施的运作模式，挪威冰雪运动发展得到了国家彩票公益金的稳定财政支持，挪威冰雪运动体育设施数量稳步增长。在冰雪运动人才培养中，挪威体育社团发挥了巨大的群众体育推广作用，社区俱乐部与志愿教练员共同发力，综合培养和选拔冰雪运动人才。在强大体育管理体制支撑下，挪威在体育科学研究、教练员培养等方面同样形成了成熟的运作机制[1]。因此，依托悠久的冰雪文化传统和深厚的群众基础，凭借完备的后备人才培养体系、冰雪运动科研体系和完善的体育法律体系，挪威冰雪运动的发展保持领先[2]。

北京冬奥会的成功举办，为我国冰雪运动带来了生机与活力，冰雪运动氛围空前高涨。如何借助此次机遇，汲取他国先进经验，促进我国冰雪运动竞技实力、群众基础、产业能力的全面发展，需要进一步思考。

问题

1. 根据案例总结，挪威冰雪运动管理体制的特征有哪些？
2. 结合所学知识分析，我国冰雪运动发展的现状如何？问题有哪些？
3. 你认为我国管理体制的改革可以从挪威冰雪运动管理体制中得到哪些借鉴？

---

[1] 余荣芳，吴贻刚，王爱文. 挪威冰雪项目发展经验及对我国备战2022年北京冬奥会的启示[J]. 体育科学，2020（12）：17-25.
[2] 徐剑，胡庆山. 镜鉴与反思：挪威冰雪运动强国发展的因素及其启示[C]//中国体育科学学会. 第十一届全国体育科学大会论文摘要汇编. 2019：506-508.

第二节 体育管理体制改革的历程

马克思曾指出"历史进程是受内在的一般规律支配的",列宁也曾强调"解决社会科学问题"与其"基本历史联系"间的重要关系[1]。体育管理体制的历史变革是在国家社会经济体系变革与体育发展状况相统一的状态下调整推行的,在较长的历史发展中,在不同内外部环境下各具特色的体育管理体制阶段。

一、体育管理体制改革历程

我国体育管理体制受诸因素影响呈现显著的阶段性。依据国家社会经济发展背景、体育管理体制发展需求、民族文化与民族精神继承与弘扬背景等,将我国体育管理体制阶段分为1949—1978年曲折发展阶段、1979—1992年复苏与调整阶段、1993—2008年改革与法规化阶段、2009年至今推进与创新发展阶段。为更好地深入探索4个阶段的发展特性,在每个阶段性改革过程中,分别围绕当下体育管理体制的概述、体制演进的政治性与管理主体、体制改革成效展开了阐述。

(一) 1949—1978年曲折发展阶段

1. 阶段管理体制概述

1949年中国共产党的领导中国人民取得了新民主主义革命的胜利,建立了中华人民共和国,国家政权与管理体制发生了根本性变革。这一年对于中国和所有的中国人而言,是开天辟地的一年,我们建立了新生且有活力的人民政权,将新中国欣欣向荣的面貌展现给全世界,但封建主义思想依旧存在,政治、经济、文体等各项社会事业受长期的战争和动荡而严重滞后。因此,在中华人民共和国成立后,党和国家的主要任务放在阶级斗争与发展经济上,这时候的人民群众对于体育活动的需求微乎其微,还处于满足生存发展需求的初级阶段,体育并没有走入大众视野。同年10月,团中央领导建立了全国首个体育管理组织,即中华全国体育总会筹备委员会,主席由教育部部长马叙伦兼任。随后,与中央军委组建了中央国防体育俱乐部。这两个部门的成立标志着"体育"开始融入国家建设方案的总规程之中,开始从国家层面整体规划中国体育的发展道路[2]。

由于新中国发展体育的经验不足,在对苏联模式的学习和借鉴下,于1952年正式成立了"中央人民政府体育运动委员会",由贺龙担任主任。1954年,在政务院改名的背景下,"中央人民政府体育运动委员会"改为"中华人民共和国体育运动委员会",简称国

---

[1] 黎澍.马克思恩格斯列宁斯大林论历史科学[M].北京:人民出版社.1980:345.
[2] 易剑东,任慧涛.中国体育发展方式历史沿革研究[J].北京体育大学学报,2014(11):1-8.

家体委,由国务院统一管理。同时下设"中央国防体育俱乐部""中华全国体育总会",负责全国体育事业的发展。到 20 世纪 50 年代末,初步形成了全国范围内的体育管理体制,领导班子由国家体委、地方体委、中华全国体育总会、地方分会、单项运动协会、行业体育协会、地方体育协会和国防体育协会组成。1958—1960 年,受"大跃进"影响,体育事业发展也普遍带有浮夸风和形式主义色彩,如 1958 年在全国体育工作会议上提出的"在 10 年或更短的时间内,在主要运动项目上,赶超世界先进水平的奋斗目标",体育管理体制改革由此在不切实目标的指引下经历了许多困难。除此之外,在随后的"文革"动乱时期,国家体委实行军事管制,各类竞赛队伍被解散,行业体育协会也被削减,体育管理体制改革进入停滞期。

2. 阶段管理体制演进分析

(1) 政治性基础分析

阶段性管理体制的演进必须要有合法性的政策基础作为支撑,用于指导与引领时代背景下的体育事业发展,以避免出现行政部门职责错乱、体育管理体制系统无法正常运转等问题。1949 年 9 月,中国人民政治协商会议第一次全体会议上提出了有关我国体育事业发展的第一条令,即"国家提倡国民体育"。随后,在中华人民共和国成立不到 20 天,就召开了全国体育工作者代表大会,确立了当下中国体育事业"可服务于人民健康、社会主义建设及国防"的重要地位[1]。1964 年《全国体委党组关于 1964 年全国体育工作会议的报告》中指出要加快建立健全基层体育组织。以上政策条例的出台,毫无疑问为体育管理体制改革奠定了合法性基础,推动了体育管理体制的改革发展。

(2) 管理主体分析

在中华人民共和国成立之初,党和人民政府的工作重心围绕恢复经济、稳定民心等方面展开。这时的体育事业影响力较小,体育工作主要由以青年团为代表的社会力量来推进,围绕着促进国家发展而制定战略。体育专业管理组织相继成立,朱德兼任了中华全国体育总会筹委会主席;贺龙担任了中央人民政府体育运动委员会主任一职,任职期间,贺龙提出要加快建立健全各级体育运动委员会,以及工会、共青团、教育部门的体育机构[2]。于是,在国家体委的号召和要求下,各级行政组织、军队、教育系统等纷纷建立了体育组织。这时,一个紧跟党的政策方针、由国家体委统一领导、各部门具体执行、分工合作、高度集中的体育管理体制基本建立,形成了多部门合力发展体育事业的体育管理格局,新中国的体育事业也在此体育管理体制的引领下,步入了有目标、有计划的发展轨道。

---

[1] 崔乐泉. 中国共产党体育实践的百年历程与经验启示 [J]. 首都体育学院学报,2021 (2):117-126.
[2] 贺龙. 在总路线的照耀下,为开展群众性的体育运动而奋斗(摘录)[M]//国家体委政策研究室. 体育运动文件汇编(1949—1981). 北京:人民体育出版社;1982:9-14.

3. 阶段管理体制成效分析

1948—1978 年，尽管这一时期新中国体育事业也遭遇了许多曲折与困境，但在中国共产党"体育为人民服务，为国防和国民服务"这一发展纲领的坚强指导下，我国体育管理体制仍取得了一定进展，形成了立足于当时中国国情的阶段性管理体制，即基于党的政策方针，由中华全国体育总会牵头，探索中国体育事业的发展路径，负责全国性体育活动的开展，以及全国各级体育组织体系的建立。这一体育管理体制更多具有高度集中的政治性色彩、严格的军事化管理与计划经济下的体育组织被削减等特征。除此之外，在体育外交、体育彰显国力、体育强化国民自信等因素的考量下，当时国家体委多关注于体育管理体制中的竞技体育部分。如在 1965 年第 28 届世界乒乓球锦标赛上，中国乒乓球队获得了 5 项冠军、4 项亚军，充分彰显社会主义制度下体育管理体制的强大力量，以及国家对竞技体育的高度重视。

(二) 1979—1992 年复苏与调整阶段

1. 阶段管理体制概述

这一阶段的体育管理体制以扫除"文化大革命"带来的社会影响为开端，以 1992 年邓小平同志南方谈话为止，展开了新一轮体育管理体制的恢复性探索。受社会生产力还未恢复等诸多因素影响，我国体育事业管理采取了"举国体制"。换句话说，从旧有的集权管理为主转变为吸引社会力量介入。国家体委也对内部管理机构进行分设细化，成立了训练竞赛六司，汇集全国的人力、物力资源为体育事业恢复与发展保驾护航。此外，国际奥委会重新授予了中国参加奥运会的合法席位，为新时期中国体育事业的复苏与调整搭建了与世界联系的渠道。中国开始通过大量投入财政经费、加强运动员管理等途径优先部署竞技体育管理体制。在改革开放后体育举国体制的影响下，我国体育事业在较短时间内得到了多方面的发展，竞技体育管理体制较为健全，在此引领下的体育竞技、运动技术等都取得了突破性的成就。但依旧带有计划经济色彩，体育管理体制在群众等体育细分领域支撑力不够，社会各方面对体育事业的认识也停留于竞技体育上。

2. 阶段管理体制演进分析

(1) 政治性基础分析

1979 年，国际奥委会通过《名古屋决议》，决定恢复中国在国际奥委会的合法席位，我国与国际性体育组织重新建立起联系。国家体委绘制了以竞技体育为重点的管理格局，提出了举全国之力提高奥运会重点项目成绩的目标[1]。1982 年，国家体委初步对内设管

---

[1] 国家体育总局. 改革开放 30 年的中国体育 [M]. 北京：人民体育出版社，2008：7.

理机构进行重新设置，将改革开放后采用的运动、球类、群体等分部门管理发展为"六司分治"管理模式。1983年，在国家体委向国务院报送的《关于进一步开创体育新局面的请示》中，出于发展竞技体育的目的，首次提到了"体育强国"。因此，体育管理活动重点在竞技体育方面，且在"举国体制"的作用下取得了重大突破。1986年是我国体育体制和管理体制改革历程上具有起点性意义的一年。《国家体委关于体育体制改革的决定（草案）》中提出要"推动体育社会化、科学化，促进体育事业的全面发展"[1]，这必然离不开体育管理体制的改革。1989年，国家体委《关于1989年全国体委主任会议情况向国务院的报告》提出要深化体育改革，其基本思路便是体委转变职能，政事分开，改变以往国家体委部门大包大揽的局面[2]。"六司分治"的管理模式也在中国参加奥运会所获取的卓越成就中得到印证与认可。

（2）管理主体分析

十年动乱使我国体育管理和体育管理组织受到重创。在"文化大革命"结束后，恢复体育管理体制、正常运转中华全国体育总会与地方各级分会、调动社会力量办体育是体育事业重启的首要内容。1982年，国家体委又在此基础上，讨论研究出"六司分治"的管理模式，即形成了以一、二、三、四、五司和综合司为一体的运动训练管理模式，管理体制的重点是发展竞技体育。1983年，国家体委指出要发动社会力量办体育，体育是全民的活动，不能只靠体委来办。于是，在接下来的10余年，"国家办体育"与"社会办体育"逐渐开始结合，社会力量参与体育事业的积极性也空前高涨，体育开始成为人民群众文化生活中的重要部分。

3. 阶段管理体制成效分析

在"国家办体育"与"社会办体育"的合力管理模式下，我国群众体育与竞技体育都取得了不同程度的进展。尤其是在1986年提出的"推动体育社会化、科学化"与"促进体育事业全面发展"指导思想下，体育管理体制不止拘束于竞技体育方面，群众体育观也开始发生变化，参与体育活动的积极性有所提高，国家也在大力完善群众体育基础设施建设。在竞技体育管理方面，自1979年中国恢复奥运会参赛权以来，国家体委愈加关注我国竞技体育的发展，其于1982年设立的"六司"管理体制内容基本围绕运动训练展开，国家体育管理事业的重点继续向竞技体育偏移。在体育管理根本任务是夺取奥运会金牌的号召下，我国在此后参加的几次奥运会上表现强劲，充分展现了中国运动员的体育风采，证明"六司分治"与"举国体制"具有管理体育事业的优越性。

---

[1] 叶林，樊玉瑶. 中国体育管理体制：沿革、现状与未来 [J]. 甘肃行政学院学报，2018（2）：41-50，126-127.
[2] 国家体委. 中国体育年鉴1949—1991精华本下册 [M]. 北京：人民体育出版社，1993：131.

(三) 1993—2008 年改革与法规化阶段

1. 阶段管理体制概述

由于上一阶段的体育管理体制是在计划经济背景下做出的修改，还存在体育管理组织政事不分、对竞技体育的误解、对群众体育的轻视等问题，不适用于邓小平南方谈话、党的十四大后提出的市场经济模式。同时，按照体育事业内部发展需求，传统的体育管理体制已经无法满足现代体育事业的发展。因此，1993 年出台的《国家体委关于深化体育改革的意见》便指出要改变计划经济体制下依靠国家和政府开展体育事业的集权倾向，引导体育管理体制进行社会主义市场经济下的改革。这是国家体委对完善新形势下体育管理体制做出的社会性尝试。自此文件出台后，我国以竞技体育管理体制为改革切入点，推行足球职业化改革，确立了转变体育管理体制，面向市场、走向市场、以产业化为方向的改革发展道路[1]。这对我国体育相关部门简政放权、吸引社会力量办体育、体育项目协会化改革等都具有显著促进作用。

2. 阶段管理体制演进分析

（1）政治性基础分析

在中国推行市场经济，反思计划经济下体育管理体制弊端的过程中，国家体委深感仅凭借国家力量来办体育，体育事业的发展具有局限性且缺乏社会活力。于是，在 1993 年制定的《国家体委关于深化体育改革的意见》指出要改变高度集中的体育管理体制，推行国家办与社会办相结合，集中办与分散办相结合的管理办法。该文件提出的体育事业社会化、市场化发展至今都具有借鉴意义。但在当时国民体育观主要局限在竞技体育的状态下，推行体育事业社会化发展具有较大阻力。这时任职 20 世纪最后一届国家体委主任的伍绍祖，开启了体育事业管办分离的第一步。将国家体委"六司分治"改为项目管理中心负责制，许多由政府部门主管的运动训练项目交由事业单位发展，较大的缩减了体育管理中的行政力量，赋予其项目主办单位自主权。随后，《中华人民共和国体育法》正式实施，我国体育事业的发展有法可依，且从法律强制力角度推动了体育部门的行政改革。同年，出台了《奥运争光计划纲要》和《全民健身计划纲要》，提出了群众体育与竞技体育要齐头并进的总方针，但由于竞技体育成效快、社会影响力大，国家体育部门和体育协会发展竞技体育的积极性更强，群众体育受经济水平落后、基础设施不完善等因素影响，其在体育事业的管理过程中依旧不受重视，学校体育、体育产业等其他分支的管理体系发展更为弱小。

---

[1] 国家体育总局. 改革开放 30 年的中国体育 [M]. 北京：人民体育出版社，2008：7.

（2）管理主体分析

1993年，国家体委主任伍绍祖提出要深化体育改革，反思计划经济下由国家高度集中办体育的弊端，推行体育行政部门简政放权。伍绍祖在多重困难下，首先对竞技体育认证过的"六司分治"制度进行改革，推行运动项目管理中心负责制，由六司负责变为由事业单位来管理运动训练项目。足球职业化便是"管理中心+单项协会"的首次尝试，不仅仅吸引了群众参与体育，还激发了运动项目本身的发展潜力，带动了相关体育产业的发展。1998年，国务院讨论通过了《国务院机构设置和调整国务院议事协调机构方案》，将体育行政部门名称确定为"国家体育总局"，内设"九司一厅"，属于国务院直属机构。

3. 阶段管理体制成效分析

在1993—2008年改革与法治化进程中，体育管理体制完成了项目管理中心负责制改革，推行了以足球运动为先的项目职业化发展尝试，大大激活了体育市场活力，以及群众参与体育的积极性。

（四）2009年至今推进与创新发展阶段

1. 阶段管理体制概述

该阶段的划分依据是北京奥运会上中国健儿的出色表现，以及奥运会后人民群众高涨的体育活动参与需求。尤其是北京奥运会后，我国经济社会的快速发展，促使体育管理体制进行全新的变革，以适应社会主义市场经济体制，转型升级走中国特色社会主义体育事业发展道路。在后奥运时代，人民群众对于竞技体育的理解不仅仅浮于"夺取奥运金牌"的表面。国民在每一次国内外大型赛事中，都能体会到体育运动背后所蕴含的中国精神，以及中国特色体育管理体制下强烈的民族自豪感。大家开始关注职业体育的发展，有自己喜爱的运动项目，并自发成立了球迷组织。参与高尔夫、网球等高端体育项目的人越来越多，人们对于体育竞赛、体育旅游、体育培训等体育消费活动的需求也愈加多样化。体育界反复在实践中检验1993年所制定的体育管理体制能否与较为成熟的社会主义市场经济体制相适应。2016年，国家体育总局局长苟仲文提出要继续将足球改革作为切入点，推行管办分离、撤销编制，由中国足球协会全权负责。同时建立足球改革发展部际联席会议制度，让中国足球职业联赛和青训体系中的社会资本参与份额提高。此外，对项目管理中心推行"扁平化管理"，缩减行政权力，取消总教练负责制。在"十四五"时期，体育事业在新发展格局的作用愈加凸显，党的十九届五中全会提出的体育强国远景目标振奋人心。有关"到2030年，体育整体发展质量和效益显著提升，形成政府主导有力、社会充满活力、市场规范有序、人民积极参与、与基本实现社会主义现代化相适应的体育发展格局"的阶段性目标正在指引着体育管理体制展开创造性、建设性的改革，如在竞技体育方面，引入国家队竞争机制，通过国家队大数据管理系统来提高运动员管理的规范化、科学化水平，同时支持高校组建高水平运动队。可以预见，未来的体育管理体制将服务于体育事业高度协调发展，政府行政干预会更加高效，市场化水平更高，社会化倾向会更加明显，社团管理制度将更加自由灵活。

2. 阶段管理体制演进分析

（1）政治性基础分析

在"实现竞技体育和群众体育的协调发展，进一步推动我国由体育大国向体育强国迈进"这一总目标下，我国体育事业和体育管理体制亟待向更科学、更完善的程度转变。因此，国家就如何发展体育产业与群众体育下达了一系列的指导意见。在国务院2014年发布的第46号文件中，再次就体育管理体制改革中"转变政府职能，推行政社分开、政企分开、管办分离"的核心内容进行了强调[1]。在这一阶段，体育管理体制得到了全面的深化改革与创新，体育事业和体育产业管理体制在国家大方向指引下、社会力量的推动下，取得了迅猛发展。中国足球协会等单项协会管理也进入了体制改革深水区，实现了制度层面的"脱钩"。2017年，在党的十九大报告中明确了习近平总书记关于中国特色社会主义进入新的历史发展阶段的准确判断。体育管理体制在新的时代背景下，也应当承载着党和人民的期盼、中国精神的传递者的重要使命而奋勇向前。改革围绕创新政府购买体育服务、单项协会管理体制、聘用专业人才管理指挥、国家队管理体制改革等方面展开。

（2）管理主体分析

2008年后，中国经济结构转型升级快，体育管理体制改革与创新的脚步亦随之加速。自国务院46号文件对全面深化体育改革作出的重要部署之后，我国体育事业的管理主体早已不是政府主导型，而是服务型政府与社会组织的高效组合。这包括最早实现职业化尝试的国足，也经历了体育管理模式的深度改革，由中国足球协会负责管理协调以及从青少年中选拔后备人才，在管理主体上，社会化性质更为凸显。此外，羽毛球等多项运动训练项目也开始实行"扁平化"管理，其核心目的是为简化行政权力，激发运动项目社会活力。除此之外，国家队也授权地方开办省队，为国家队的发展壮大，以及未来夺得国家集体荣誉而挖掘储备人才。

3. 阶段管理体制成效分析

北京奥运会的举办让更多的中国人感受到体育的魅力并爱上体育运动。而人民群众所喜闻乐见的文化便是体育事业发展的风向标。体育管理体制在群众的期待中不断地创

---

[1] 中华人民共和国中央人民政府. 国务院关于加快发展体育产业促进体育消费的若干意见[EB/OL]. (2014-10-20) [2021-11-01]. http://www.gov.cn/zhengce/content/2014-10/20/content_9152.htm.

新发展，中国足球协会"脱钩"改革取得成效，校园足球也得到发展，更多的社会资本能够进入单项运动项目中，体育管理体制在政府引导、市场主导抑或是"小政府、大社会"的模式下实现了高效的推进与创新。

二、体育管理体制改革的规律及其内在逻辑

（一）以国家权力结构为主线展开

权力是人与人之间建立联系的象征之一，其内部具有结构属性。基于系统论的角度，权力结构是国家总的政治系统，对其他子系统具有输出与规制作用[1]。不同的国家权力结构具有不同的权力行为主体，中国权力结构主要由党、政、军、法、经五个方面构成。国家权力结构决定着体育管理体制结构，我国体育管理体制的改革围绕着国家权力结构而展开。在中华人民共和国成立后，我国由新民主主义社会向社会主义社会过渡的过程中，国家权力结构始终处于主导地位，在体育事业的领导、管理、发展等方面具有绝对的话语权，体育管理体制也会围绕国家权力结构的转移而不断完善。如在中华人民共和国成立后至计划经济时期，国家在国家权力结构中发挥决定性作用，这一阶段的体育管理工作由国家主导，具有准政府性和高度集中性。在改革开放后，市场经济体制形成时期，旧有的国家权力结构不能承受住市场的考验，社会力量开始介入，体育管理体制也随之带有社会性、市场性，体育社会组织在部分体育运动项目上具有自主权。

（二）社会体制转型是主要推动力

根据自组织理论，体育管理系统属于社会系统中的重要子系统，当社会系统要素为适应社会矛盾转移而发生变化，体育管理系统也会随之改变。也就是说，体育管理体制改革是基于社会体制中内在结构的转变而做出的转变。自中华人民共和国成立以来，我国经历了三次明显的内部结构转型。其一，新中国政治体制建立后，我国主要推行全能型政府管理模式，体育管理体制在此基础上采用"举国体制"；其二，改革开放后，我国进入社会主义市场经济体制探索阶段，全能型政府不再能适应社会主旋律，体育管理体制改革开始将社会资本与政府部门力量相结合；其三，在市场经济体制逐渐成熟、中国特色社会主义实践取得突破性进展的今天，社会参与活力被最大限度释放，服务型政府成为主流，逐渐形成集政府、市场和社会于一体的现代化治理格局，体育管理体制改革更侧重于凸显社会性、科学性、产业性。从以上三次社会体制改革历程来看，体育管理体制也带有明显的社会性特征，抑或是说体育管理体制孵化于社会体制，且服务于社会体制转型中政治、经济结构的互动性需求。

---

[1] 温军. 国家权力结构与检察制度关系探析 [J]. 贵州社会科学, 2018（5）：10-16.

（三）传统观念的改变会成为改革的有效助力

体育管理体制的曲折改革之路与我国传统等级观念的相对稳定性存在联系[1]。要建设适应社会发展的体育管理体制，必然要破除传统观念所造成的滞后性。此处所论述的传统观念包括国家政治观念与群众参与观念两个部分。前者传统国家政治观主要指我国古代君主为巩固统治而建立"君—臣—士—民"社会等级秩序，这种传统等级观念一直延续并应用于新中国成立后体育管理体制的设立。体育管理体制在改革开放之前的较长一段时间里，都具有明显的"集权"色彩。后者群众参与观，深受传统政治观念影响下的群众对于政治参与的意识过于淡薄，自主表达体育参与的意识并不强烈，在"举国体制"发展竞技体育的模式下，群众参与体育的意愿更是被掩盖，无法实现体育管理体制改革中向群众体育领域倾斜的目标，一定程度上形成并加剧了竞技体育"一家独大"的局面。结合以上方面对比来看，当今政府的简政放权，以及人民群众不断高涨的体育参与需求，都有效地加速体育管理体制的改革，共同为中国特色社会主义体育事业的发展提供动力。

（四）体育自身发展程度密切相关

体育管理体制是引导体育事业统筹发展的必然要求。然而，包括群众体育、竞技体育、体育产业等相关事业的发展也是倒逼体育管理体制进行自我革新的内驱力。体育管理体制与体育事业之间存在一种矛盾关系，二者在不断地磨合协调中，共同促进体育系统的优化转型，服务于国家建设需要，以及人民群众不断发展升级的体育运动需求[2]。我国的体育管理体制已有50余年的改革史，以改革开放作为划分界限的管理体制特征最为明显。改革开放前，我国经济实力较弱，国际话语权不强，体育活动一贯由国家主导筹备，具有计划经济体制下国家统一配置资源的行政色彩，大众对于体育事业的理解局限在竞技体育、集中力量培养发展奥运会金牌项目上，"举国体制"下的群众体育、学校体育等发展滞后。改革开放后，我国推行市场经济体制改革，人民群众的生活条件较以往有了改善，闲暇时间参与体育的热情也大幅提高，政府包办体育的方式已经难以适应市场经济环境下人民群众进一步提高的体育参与需求，且旧有计划经济下体育管理体制难以承担起包括竞技体育、群众体育等多项体育事业的资源消耗。急需推动体育事业向社会化、产业化、职业化等方向发展，建立起符合市场经济规律的现代体育运行机制。自党的十八大以来，探索发展中国特色社会主义体育事业道路便是体育事业高度发展对于体育管理体制改革的新要求。如何激发体育事业的政治外交、经济建设、文化传承等

---

[1] 蔡联群，罗鹏部. 传统等级观念对当代中国政治文明建设的负面影响 [J]. 长白学刊，2004（1）：42-45.
[2] 许玉亭. 简析体育管理体制改革的动力 [J]. 运动，2013（6）：147-148.

功能活力,是体育管理体制未来改革创新的主要方向。

案例 6-2 国内首次实行体育项目部省共建

2017 年,国家体育总局与浙江省人民政府在杭州签署共建中国(浙江)国家游泳队合作协议,将以浙江为基础发展培养国家游泳队。这是中国体育史上首次实行体育项目的部省共建。这一举措的基本逻辑是,以浙江的游泳为基础,面向全国招生,招生的人员包括教练员、运动员、科研和管理(人员),也包括全世界(范围内)科研和教练人才招聘。在运动员培养模式上,将采取共同培养、双积分的形式。将原来由国家体育总局出资建设国家队,变成国家、地方共同出资培养。在部省共建的模式下,我国体育游泳项目管理机制更为灵活,既有利于提高教练员、运动员待遇,也可以增强团队凝聚力。

问题
1. 我国首次体育部省共建项目签约到浙江省的必要性与可行性分析。
2. 探讨部省共建会对中国游泳项目以及体育事业发展产生的深远影响。
3. 在首次体育游泳项目部省共建中,延伸出未来体育管理体制改革的发展方向。

第三节 体育管理体制改革的难点

理顺体育管理体制改革关系,实现体育管理体制改革突破的关键在于明确并解决改革进程中的难点。我国体育事业的发展全面融入经济社会发展大局中。新时代,步入实现中华民族伟大复兴梦、全面建成社会主义现代化国家新的历史征程,我国体育管理体制改革需要摆脱落后于经济社会发展的现实困境,在观念认知、机构设置、权责划分、运行机制和法律法规等方面总结经验教训、精准改革难点,推动体育管理体制改革新实践,以管理体制革新盘活体育发展全局,并最终实现以均衡、充分、共享为目标的体育管理体制新局面。

一、体育管理体制的改革共识尚未形成

(一)体育管理体制改革的现实意义认知不清

实现体育管理体制改革目标,需要明确体育管理体制的重要地位。首先,体育管理体制的改革不是单纯体育领域内部的变革,而是国家行政体制改革、国家治理体系和治理能力提升中的重要组成部分。对体育管理体制进行优化与重构,将会赋予我国体育发

展新的生机与活力，是满足人民需求，构建现代化社会的重要方面，直接关系到我国行政效率与治理能力的提升。其次，进行体育管理体制改革是新时代我国体育事业、体育产业发展的唯一出路，体育管理体制改革若不提上日程，我国体育发展停滞不前、矛盾突出的现状就无法得到根本改善。因此，实施体育管理体制改革，要充分明确体育管理体制改革的现实意义，以大局意识、全局观念，统筹协调体育发展与社会进步。

（二）体育管理体制改革的现实境况复杂、改革思想激进

传统优势项目发展后劲不足、国际体育纠纷势头渐起、"三大球"运动竞争力减弱、全民健身有待深化、体育产业体量待增、体育后备人才较少，我国体育管理体制的改革面临更加复杂的局面和艰巨的任务。此外，足球事业发展、职业体育运作成为大众关注焦点，加之新冠肺炎疫情冲击与经济下行压力制约，我国体育发展的矛盾问题、利益冲突日益尖锐。面对复杂的现实境况，改革思想激进成为我国体育管理体制改革的问题之一。违背客观规律、抛弃战略定力，急于实现短期突破的举措只会导致长期发展问题的进一步积累，甚至会出现更加复杂局面的恶性循环。面对错综复杂的经济与社会形势，我们必须坚定改革的信心，但也必须丢掉"一蹴而就"的幻想，充分认识到体育管理体制改革的艰巨性和长期性[1]。

（三）体育管理体制改革的人民体育导向模糊、理论创新实效不足

新时代体育管理体制改革需以人民需求为导向并最终落实到人民体育中去。2022年1月25日习近平总书记曾在北京钓鱼台国宾馆会见国际奥委会主席巴赫时表示，我并不在意这一次中国运动员拿几块金牌奖牌，我更在意它给我们今后注入的动力与活力。当前，我国体育事业与体育产业的发展呈现明显的不均衡、不全面特征。"体育红利"并未深入带动欠发达地区的体育发展与人民体质增强。"带动三亿人上冰雪"的最终目的在于将体育的动力与活力带给更广大的人民群众，而不是少数群体。因此，如何通过体育管理体制改革实现体育发展均衡、体育基础扩大的目标是当前深化改革的难点之一。

此外，从实践视角来看，行政主导的竞技体育模式仍然是我国体育"争金夺银"的主要力量，群众体育领域的主要供给者仍未改变，职业体育领域畸形的市场化运作已偏离目标，如何发挥制度优势，激发市场活力，妥善划分政府与市场在体育管理领域的角色是没有先例、没有模板的。这需要我国体育管理体制改革一边实践，一边进行理论创新与模式探索。

---

[1] 郑汉山. 中国体育管理体制改革研究综述 [J]. 武汉体育学院学报，2012（11）：12-16.

二、体育管理体制的机构设置有待优化，权责界限仍要明确

(一) "条块关系"结构制约革新

"条块关系"结构是我国行政体制的基础结构。在体育领域内，"条状关系"是指由国家体育总局—地方体育局构成的条状管理结构，可扩展至各运动项目协会；"块状关系"是指横向水平范围内不同职能的政府机关结构，如山东省人民政府—山东省体育局。在实践中，体育管理行为的落实受到"条块关系"的制约，需要协同和联合不同级别、不同职能机构落实政策，以致效率低下、落实不准的问题随之而来。机构设置问题是体育管理体制改革的核心问题之一，优化和创新体育管理机构设置，明确不同机构定位，是由上至下进行体育管理体制改革的第一步[1]。

从宏观层面来看，国家体育总局、中国奥委会、中华全国体育总会三位一体的机构、职能、人员构架需要转变，应呈现由目前的"一驾马车"界限不清，到"三驾马车"各司其职的转变趋势[2]。国家体育总局领导、规划、协调、帮扶与监管的作用发挥不充分，并与中国奥委会、中华全国体育总会权限划分不清，各运动项目协会"脱钩"不完全，行政元素只增不减，成为我国体育管理体制改革的难点之一。

从微观层面来看，体育管理效能由上至下逐层衰减，在群众体育领域、体育产业领域尤为明显。由"条块关系"结构出发，政策性体育发展目标的落实由基层体育管理机构——体育局承担，而我国县区一级体育局响应国家行政机关改革举措，与教育局合并形成教体局，体育产业归口部门、群众体育归口部门设置不清，形成基层体育管理的"真空地带"。故虽"条块关系"结构机体完全，内部分管部门与岗位却模糊不清。同时，将我国体育管理组织机构进行深度剖析，国家和地方各单项运动项目管理协会应是承担运动项目普及与提高、运动产业规模增长的"中枢神经"。

(二) 运动项目协会定位不准

中国足球改革的核心即是通过国家和地方各级足球协会角色的强化，推广足球运动，促进足球运动市场化，继而推进我国足球竞技水平的全面提升。目前，作为我国单项运动项目管理协会的代表，中国足球协会在提高足球竞技水平、搞好足球产业、普及足球运动三个方面的目标取向十分不清晰，在职业足球市场化发展进程遇阻的情况下，足球竞技水平与人民期待不符，足球运动人口数量显著落后，职业足球改革困难前所未有。这背后体现我国运动项目协会（包括一些尚未改革完成的运动项目管理中心）机构设置

---

[1] 叶林，陈昀轩，樊玉瑶. 中国体育管理体制改革的困境与出路——基于足球改革的调查 [J]. 中国行政管理，2019（9）：50-55.
[2] 杨桦. 体育改革：成就、问题与突破 [J]. 体育科学，2019（1）：5-11.

不合理，自我造血能力不足，对自治体制不适应的客观问题，从而导致竞技水平、项目基础与产业运作全方位的发展滞后。对此我们更应该思考的是，运动项目管理协会在推动项目产业发展方面如何发挥更大的作用。

(三) 政府职能转变与市场监管的新思考

一直以来，政府简政放权、激发市场活力是我国体育管理体制改革的任务主线之一，并以此构建二元管理体制。所谓二元体育管理体制，即竞技体育更多坚持举国体制，大众体育则实行"结合型体制"。这样体制，既符合目前中国在推进现代化进程中需要政府发挥更大作用的国情，又符合社会主义市场经济条件下转变政府职能的要求；既有利于竞技体育保持荣光、再创辉煌，又有利于大众体育的发展[1]。

在此背景下，北京2022年冬奥会中国代表队所取得的辉煌成绩印证了二元管理体制中竞技举国体制的长远优势，再一次展示了我国的体育大国的形象，振奋了民族精神。但"结合型体制"暴露的问题也引起了对我国体育管理体制改革的新思考。2021年5月，在第4届黄河石林山地马拉松百公里越野赛中，因天气突变，赛事组织保障应对不力而酿成了一起重大安全事故。近年来，马拉松赛事的主办方与承办方多为体育、旅游部门与项目协会，但实际的运营单位则多是相关的户外运动公司。鼓励社会主体承办和运营体育赛事，有利于赛事运作水平的提升，有利于体育赛事产业的发展，但此次安全事故的发生，表明了相关政府部门在赛事审批、赛事监管、应急保障方面权责不清的问题。

另一方面，男子职业足球运动是我国体育职业化程度最高的运动项目。在"金元足球"背景下，违背规律的高投入带来了短暂的市场繁荣，但留下的问题隐患却进一步加深了我国职业足球改革的矛盾。如职业足球领域中的"资本无序扩张"问题是不是市场化进程中政府管理部门规划不清、监管不力，以及急于求成问题的充分展现？面对市场经济中的资本盲目性弊端，政府的一味退出是不是有利于体育发展？结合型体育体制中政府与市场比例是否需要重新界定？尽管上述问题都需要进一步探讨并加以解决，但应该肯定的是，政府与市场结合，是更有利于体育发展的体育管理体制改革方向。

三、体育管理体制的实际运行还需增效

(一) 专业人才缺口问题较为突出

人员配备与组织建设是体育管理体制改革的重点内容之一。在我国体育事业与体育产业实际运行过程中，由上至下、由内到外，专业人才数量与质量缺口问题体现尤为明显。"脱钩"协会人员关系转变困难，在原有管理人员不愿意放弃事业编制、公务员编

---

[1] 吕树庭，商执娜. 北京奥运会后中国体育管理体制改革的思考 [J]. 武汉体育学院学报，2010 (7)：9-15.

制，现有机构不再保留"铁饭碗"的趋势下，专业管理人才的困境成了影响体育管理体制实际运行的因素之一。"管办分离、独立运作"又给各体育组织提出了与以往工作要求不同的市场化工作任务，即使在原有专业管理人员顺利转变工作关系的前提下，懂市场、会经营、能创收的人才素养是原有行政体制下管理人员所缺乏的。同时，基层社区体育指导人才与组织管理人才的不足，导致我国群众体育从基础层面便缺乏了运行的科学性、系统性，全民健身与健康中国战略实施的效果出现折扣。因此，由上至下，由单项运动发展到全民健身再到体育产业运营，专业人才的匮乏成为我国体育体制改革实效不明显的关键因素之一，从而直接导致了自我造血能力不足、政策落实力度逐级减弱、市场环境改善不明显的现实问题。

（二）国家队参赛备战模式有待探索

各项目国家队竞技成绩，是衡量我国体育公共事业成效的重要指标。从国家队层面来讲，获得更好成绩、实现人民期待、展现国家形象、提升国家影响力的基础目标是毫无疑问的。面对经济社会发展要求与体育管理体制改革目标，如何优化国家队参赛备战与体系建设，是我国体育改革进行理论与实践探索的主要任务；从问题导向出发，传统优势项目"领先身位"缩小，"三大球"运动成绩停滞不前，人民期待逐渐提升，是我国体育管理体制改革的现实背景。因此，国家队组织结构设置、国家队集训模式安排、国家队运动员纪律管理、规划工作与青训培养，疫情影响下国家队参赛保障体系等问题，是目前我国体育管理体制改革背景下，国家队体制改革的主要难点。

（三）信息公开与宣传引导效果不明显

我国体育宣传工作因重视不足，发展滞后，但其重要意义不言而喻，为市场主体提供信息与数据服务、为提升我国的体育形象创造条件、为人民群众解答体育发展的问题。首先，体育产业数据统计与发布工作，是引导市场主体规划调整经营行为的重要举措，有利于弥补市场机制弊端，促进体育产业发展，同时还为体育产业理论研究工作提供便利。其次，宣传和报道我国体育发展的突出成绩，有利于提升民族荣誉感，扩大国际影响力，使优秀竞技成绩发挥出更大的社会作用。同时，优秀体育文化艺术作品是体育宣传工作的重要补充，有利于新时代体育精神的弘扬和传播，助力社会精神文明建设。最后，面对发展高度与人民预期严重不符的现实困境，政务不公开、舆论引导不到位的问题暴露了我国体育管理运行机制的弊端，极易引起人民的不信任，进而导致社会公共问题。因此，我国体育管理体制的改革不应"闷头做事"。提升优秀体育文化、体育精神的传播力度，公开权力运行、安抚人民群众情绪，应成为运行机制改革的攻坚点。

四、体育管理体制的法规保障仍需健全

(一) 全民健身战略实施的法律保障不足

改革开放40年来,我国体育法治建设逐渐完善,法规体系逐渐成熟,体育法治大环境基本成型,但各分领域体育法治问题、空位仍十分明显。人民群众健身需求与不平衡不充分的体育健身服务供给之间的矛盾,进一步体现为我国全民健身战略实施的法律保障不足问题,需要进一步完善法制建设。从法治建设方面为全民健身战略落实提供支撑,需进一步推进公共体育设施开放、政府购买体育公共服务形成长效机制,明确责任、实施监督,探索形成落实细则与法规政策互补,政策资源与法律监督协同的体育法治环境。全民健身尚需以法治的方式发展各种机制,克服各种阻力,动员各种资源[1]。

(二) 竞技体育深化改革的法治力度不足

政府、市场、社会之间的角色界定与利益划分是我国体育管理体制改革的主线。在竞技体育层面,随着改革的逐渐深入及市场经济的逐渐扩展,运动员产权界定与纠纷问题引发关注。运动员自身、国家和省市培养主体、赞助商,以及其他利益相关者之间的产权分配争议,导致了以宁泽涛事件为代表的运动员产权界定问题。除产权问题外,运动员退役保障问题也是当前竞技体育层面法规政策的缺位领域。所以,运用法治思维构建运动员权利保护与界定体系,对于我国竞技体育深化改革发展至关重要。

(三) 体育社团发展的法律支持不强

体育协会、体育社团改革是目前体育改革的热点问题,也是难点问题。体育社团的发展离不开顶层设计的支持,具体体现为体育社团改革的外部法治化环境还有待改善,内部治理的法治化程度也有待提高。从外部环境看,应当重点通过发挥《中华人民共和国体育法》《社会团体登记管理条例》《政府采购法》《公共文化服务保障法》和税收相关法律的协同作用,保障体育社会团体生存发展所需经费来源,明确体育社团的市场经营权[2]。从内部治理来看,实现人民意志和社团自治的有效结合,应完善体育社团的法人治理模式,建立强制性规则和任意性规则相结合的体育社团内部治理机制。

(四) 体育产业运营的法律滞后

体育产业法治的相对滞后,已难以适应体育产业高质量发展的现实需求。在体育健

---

[1] 陈华荣. 实施全民健身国家战略的政策法规体系研究[J]. 体育科学, 2017 (4): 74-86.
[2] 王家宏, 赵毅. 改革开放40年我国体育法治的进展、难点与前瞻[J]. 上海体育学院学报, 2018 (5): 1-8, 14.

身娱乐业中，商业健身俱乐部、场馆的经营，很好地弥补了我国体育健身公共服务的供给不足，在一定程度上提升了体育消费。但面对虚假营销、捆绑销售，以及服务质量不高、安全卫生情况不达标准的问题，我国体育产业运营的相关法律政策尚未进行充分界定，监管不足、引导不力。

在体育竞赛表演业中，经济垄断问题，权益保障问题直接影响产业经营效益与市场运行环境，进一步激发市场活力，提升竞赛表演业产值，需要体育产业的外部法律保障机制的健全，摆脱法律保障落后产业实践的现状。对焦产业运营关键问题，实现体育法治先行，是我国体育产业管理体制改革的突破点，将有助于体育产业的要素创新、产业升级与结构优化。

深化体育改革是体育重获发展动力的唯一出路，其突破点是以转变政府职能为核心，转变体育发展方式为关键，简政放权为突破口的体育管理体制改革，这是体育改革的深水区。[1] 进入改革深水区，改革难点、障碍接踵而至。面对体育管理体制改革难点与内外部环境阻碍，乘风破浪、砥砺前行，大力推动体育强国建设，是人民赋予我们体育人的时代责任。

第四节　体育管理体制发展趋向

了解国内外体育管理体制趋向，有助于深层次明晰我国体育管理体制未来发展特点，明确我国体育管理体制改革路径。总结德国、俄罗斯、瑞典、美国等体育发达国家体育管理体制发展的特点，对比我国体育管理体制发展的特点，知晓我国与国外体育管理体制发展趋向的异同点，从而明确未来我国体育管理体制的发展方向，进而构建更合理、更有序、更具特色的体育管理体制。

一、国外体育管理体制发展趋向

（一）德国体育管理体制

1. 复式"3+4"分级管理

德国政府协助多渠道分层次管理体育，即"3+4"管理模式[2]（图6-1）。官方机构呈三级管理框架，其管理主体为国家、联邦州、城市地区，三个主体有着各自的职责；非官方机构则是四级管理框架，其管理领域为DOSB、商业体育场所、第三方提供者、媒体，四个领域均有着其对应主体，这个管理框架部门设置合理、职责清晰明确。

---

[1] 杨桦. 体育改革：成就、问题与突破 [J]. 体育科学，2019（1）：5-11.
[2] 刘波. 德国体育体制研究对进一步完善我国体育体制的启示 [J]. 北京体育大学学报，2011（11）：5-9，14.

第六章　体育管理体制改革与创新

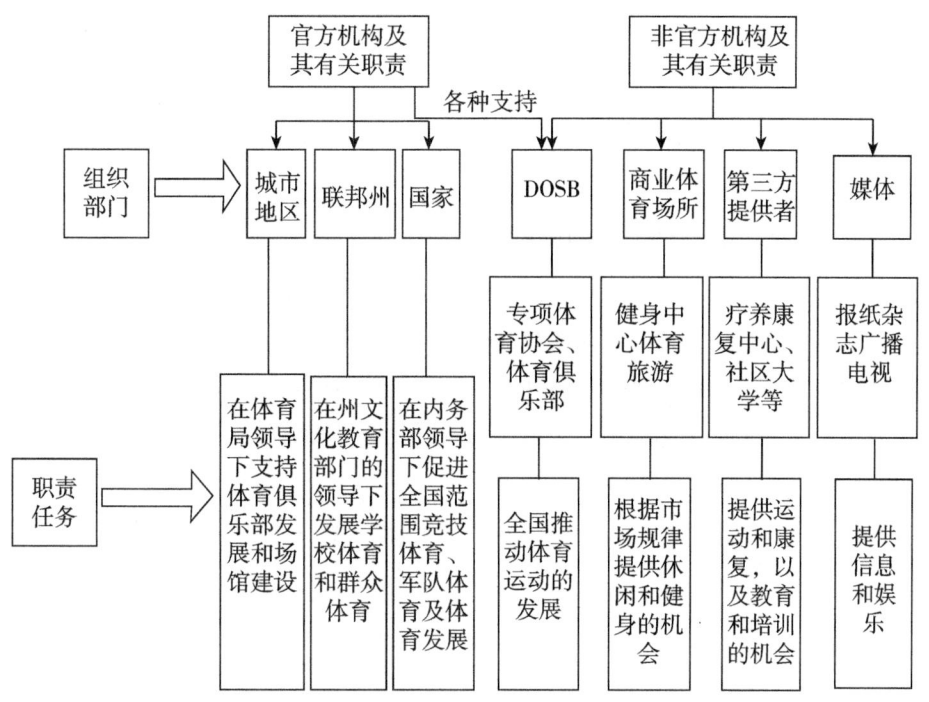

图 6-1　德国体育管理机构示意

2. 社会主导型，高度自治

德国是典型的以"俱乐部体制"为基础的社会主导型体制，体育管理的任务主要由各类体育社会组织（如体育类协会和俱乐部）来承担。体育社会组织具有高度的权威性、自治性，俱乐部的存在和良好运作是德国群众体育发展的根本要素，而德国的群众体育也凸显了俱乐部机制优势。体育俱乐部接受体育管理部门和专项协会的指导与资助，拥有组织开展体育活动的充分自主权。同时，各体育俱乐部之间经常密切协作，形成相应的联盟，共议大事、开展各种活动。因此，体育活动精彩纷呈、各具特色。德国体育组织众多、覆盖面广，具有强大的生命力，因此能够有力地联系、发动、团结社会各界人士踊跃参加体育活动，发挥体育组织在群众体育发展中的桥梁和纽带作用。

3. 实行四级培训体制和严格的准入制

硕士教练员由科隆教练员学院实施培训，A、B、C 三级教练员由各单项协会完成。C 级教练设有 120 课时的课程，有两年 C 级教练经历可考取 B 级教练员；B 级为 60 课时，有 3~4 年 B 级教练经历可考取 A 级；A 级为 90 课时。硕士教练员必须是 A 级教练员，在高水平队伍执教一年以上，经国家单项协会推荐，进入体育学院学习并通过考核获取学位证书，获得学位证书的教练员将纳入国家的福利保障体系。以上各级别教练员在执教过程中，根据不同时期规定须参加继续培训，方可继续执教[1]。

(二) 俄罗斯体育管理体制

1. 俄罗斯总统下属体育运动委员会

体育运动委员会是俄总统的咨询机构，任务是向国家元首通报体育运动领域的发展状况，保障总统与体育运动组织、机构及体育界人士的交流，为总统提供体育事务相关建议，协调俄联邦政府管理部门与体育相关的社会组织、机构之间的关系，对体育政策的实施进行监督，应对突发和难点问题。俄罗斯联邦和地方政府根据不同层次体育发展计划，扶持体育运动组织发展，兴建体育场馆设施，是体育发展资金来源的绝对主力（图6-2）。

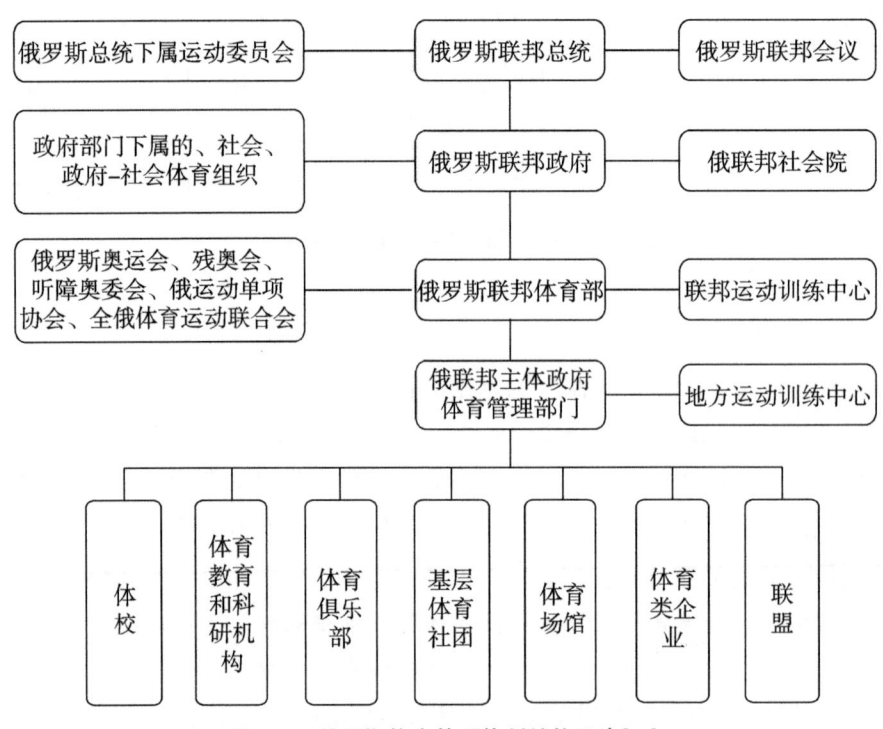

图6-2　俄罗斯体育管理体制结构示意[2]

2. 政府把控全局，体育社会组织参与

政府收回竞技体育管理权，探索适合自身发展阶段的体育管理模式。通过《俄罗斯联邦2006—2015年体育运动发展计划纲要》和《俄罗斯联邦2020年前体育发展战略》这两大体育规划及新《劳动与卫国制度》的实施，利用国家体育发展战略规划推动体育

---

[1] 鲁毅. 德国体育管理体制及其对我国体育发展的启示 [J]. 广州体育学院学报, 2016 (4): 1-4.
[2] 常利华. 俄罗斯体育管理体制及其对我国的启示 [J]. 体育文化导刊, 2016 (11): 30-35.

发展，大力发展大众体育所需硬件和软件基础，量化指标的设计有利于计划的实施和监督，体育成为国家强国战略的重要组成部分。俄罗斯虽在政治体制上进行了激进式改革，但仍苏联集权型政体的影响，强调政府在公共服务上发挥主导作用，所以其在竞技体育发展上设置了专门的政府管理部门。体育发展整体上朝着重视政府与体育社会组织合作管理的趋势演进，其不仅有助于减轻政府的竞技体育管理负担和财政压力，进而使政府有足够的精力对竞技体育发展进行宏观调控；也可以有效地避免由于"市场失灵"而可能产生的竞技体育过度商业化的弊端，进而保证竞技体育发展能够更好地发挥其在增进国家认同与社会融合上的公共效益；更为重要的是借助体育社会组织自治性、公益性与相对独立性的特点提升整个社会对竞技体育发展的认同感与支持度。

3. 国家政策拉动

2005年9月15日俄罗斯联邦体育署颁布了由其制定的《俄罗斯联邦2006—2015年体育运动发展计划纲要》。2009年6月再度推出《俄罗斯联邦2020年前体育发展战略》。苏联准备劳动与卫国制度自1931年起实行，1991年废止。2014年俄罗斯总统普京发布总统令，宣布正式恢复苏联时期的"劳动与卫国制度"（简称劳卫制）。苏联的劳卫制吸引大多数民众定期参与体育运动，俄罗斯恢复这一制度旨在大力推进民众养成健身习惯，形成健康的生活方式。新版劳卫制于2014年9月1日开始实施。新劳卫制将6岁以上的公民分为11个年龄段，明确规定了各年龄段的运动达标标准。劳卫制实施由联邦财政和联邦主体财政共同出资。

(三) 瑞典体育管理体制

1. 体育组织自成体系，完全独立于政府机构

瑞典的体育组织自成体系，完全独立于政府机构，高度自治，属于非营利性组织，自行确定组织的目标、方针、原则。瑞典体育组织重视与相关机构建立和发展良好的合作伙伴关系。俱乐部实行自愿的会员制度，具有独立性、永久性、动力性，地域十分广泛。俱乐部一般按社区组建，根据社区特点包括几个不同的项目，每个项目都是独立的。体育组织不从事经营活动，属于特殊公益组织，但基本能够做到收支平衡。

2. 政府辅助推动，不直接参与管理

瑞典体育由内政部非政府组织和青年政策处负责，但不直接管理，而是通过划拨经费等手段对体育进行管理。政府重视政策的制订和实施、多渠道地筹集体育经费、推动体育组织尤其是体育俱乐部的发展、重视信息资料的收集整理、完善体育体制和保障体系。随着社会的发展，体育在社会生活中的地位和作用越来越突出，体育的多元功能得到更充分的发挥。瑞典体育组织是自下而上成立，自成体系，独立运作，同时瑞典政府内政部设有管理体育的部门，而且政府对体育的介入有增强的趋势。尽管不同国家对体

育有不同的价值取向,但发展体育是社会的共同要求。瑞典的法规政策在促进体育发展中有着重要的作用,合理的政策调动了各方面的积极性,较好地配置体育资源,加大了对体育的投入,促进体育更快、更好地发展。在瑞典体育经费中,政府拨款占有相当大的比例。建立健全以俱乐部为基础的体育组织网络,加强体育组织与其他组织的协调与合作,瑞典体育联合会和政府、奥委会都有很好的合作关系。体育组织充分利用瑞典大众体育运动和志愿者运动的优良传统,广泛动员一切社会力量支持体育活动的开展。

3. 多渠道筹集体育资金

多渠道筹集体育资金,加强对体育经费的控制。瑞典体育经费来源渠道多元化,除政府积极投入外,体育组织还从市场获得大量经费。在运作方式上,并不是由体育组织从事经营,而是牢牢抓住与体育密切相关的博彩、赞助、门票、会员费、电视转播等收入。体育组织对经费严格管理,收支清楚。

(四) 美国体育管理体制

1. "四位一体"标准化

随着时代不断演变,为适应工业化发展的需求,改进产品和服务的适用性,防止贸易壁垒,促进技术合作,美国的体育管理体制也在不断优化,逐步形成了"技术驱动,法律保障,协同治理,自愿原则"四位一体的标准化的体育管理体制。技术驱动,即美国政府坚信只有技术专利化、专利标准化、标准国际化,才能巩固技术创新,最大化技术创新的收益;法律保障,美国的标准化立法工作起源于《美国贸易协定法案(1979年)》,随之颁布了《国家技术转让与促进法案》(NTTAA)、《联邦参与和采用自愿一致标准及合格评定活动的通告》(OMB 通告 A-119) 和《美国国家标准战略》(NSS),不断完善现有政策,强化法律保障;协同治理,即独立定标、政府参与、民间主导三方共同合作;自愿原则,以市场需求为导向、由产业界自主按需制定标准是美国市场经济发展的强大技术保障[1]。

2. 政府宏观调控,市场和社会组织主导

美国受其多元主义民主政体的影响,强调社会组织、市场组织在公共服务上发挥更大作用,所以在体育发展上并没有设置明确的政府管理部门,美国体质和运动委员会(PCPFS)仅仅是一个促进群众体育发展的咨询机构[2],但这并不表明政府不参与体育的管理,相反,美国政府通过多种形式支持体育的发展。由于美国的社会组织的发育程度较高,美国体育社会组织介入体育管理体制的程度最高。因此,在体育管理体制方面,

---

[1] 刘辉,王益谊,付强. 美国自愿性标准体系评析 [J]. 中国标准化,2014 (3):83-86, 91.
[2] 金涛,王永顺,高升. 美国《业余体育法》解读与启示 [J]. 体育学刊,2014 (2):56-60.

政府在宏观上把控体育发展的方向,市场和社会组织主导体育事业的发展。

3. 以高校和俱乐部培养体育人才

1972年,美国颁布了《教育法修正案》,规定接受联邦公共资金的学校必须要符合以下三项标准之一:一是男、女运动员的比例要与在校注册学生的男、女比例基本相当;二是学校必须长期开展一项面向女学生的运动项目;三是学校必须有效地开展体育活动,以满足女学生的需求[1]。《教育修正案》的颁布有效地保障了女学生的体育参与权利,也很好地促进了美国女性竞技运动的开展。美国还通过免除运动员所获奖牌收入的所得税、给予运动员生活费、强化优秀运动员榜样作用等举措,吸引学生运动员代表美国参加奥运会等大型赛事[2]。而学校也愿意通过招收优秀学生运动员来扩大自身的知名度,以吸引优秀生源和获取更多社会捐助。正是基于学校源源不断地输出竞技体育人才,才使得美国的竞技体育发展长盛不衰。

二、国内体育管理体制发展趋势

1. 扁平化的国家管体育

我国的体育管理体制正从举国体制向垂直分化的国家与社会结合体制过渡,逐步实施水平分化的国家管体育的新方案。一方面,政府应当完成从划船者向掌舵者的角色转变,把更多的精力集中在竞技体育发展的宏观战略与政策制定上;另一方面,政府要加强与体育社会组织的合作管理,尤其是要重点改革国家体育总局、中华全国体育总会和中国奥委会三块牌子一套人马的现状,逐步推进中华全国体育总会和中国奥委会的实体化进程。随着市场经济的快速发展,体育的性质从事业向产业变换,政府在体育管理中的职能被淡化被分解,体育事业开始逐步走向扁平化管理,减少中间繁多的程序,提升了管理的效率,巩固了管理的质量,明确了管理的方向。这种扁平化的管理模式,充分发挥了中央政府在体育事业管理中的主要力量,释放了中央政府的压力,确保中央政府可以将全部的精力投入到如何促进我国由"体育大国"向"体育强国"的方向转变,同时也明确了地方政府在体育事业管理中的职能,确保地方政府可以将精力投入到全民体育事业的管理中,更好地促进人们健康运动、快乐休闲的全民体育风潮的开展。

2. 多元协作治理体系

随着体育事业的产业化趋势越来越明朗,我国体育管理的主体开始逐步向多元化的

---

[1] COVELL D. The Role of Corporate Sponsorships in Intercollegiate Athletics [J]. Sport Marketing Quarterly, 2001 (10): 245-247.
[2] 彭国强,杨国庆. 世界竞技体育强国备战奥运政策及对我国备战东京奥运会的启示 [J]. 体育科学, 2018 (10): 19-28.

趋势发展，社会团队开始参与体育事业的管理，并成为体育事业管理的执行者，政府部门退居幕后，成为体育事业方向的调控者、引导者。采用多中心治理的相关理念和具体的实行方法，推进政府与市场、社会及公众共同参与到国家治理现代化中，逐步建立多元共治的协作治理体系。多元化的管理模式，能够有效地协调管理主体之间的职能、提升管理效率和质量、促进体育事业的健康快速发展。在这种多元化的管理模式中，政府充分发挥宏观调控的职能，适时出台相应的政策，来促进体育事业的发展；而作为执行者的社会团队，在管理中，代行政府先前的职责，对体育事业的各项具体业务进行科学管理，有效运行。这种管理模式淡化了政府的行政干预力，但并没有淡化政府的作用，政府在体育事业的管理中，仍然发挥着"提纲契领"的职能，有效地督促与指导社会团队进行体育事业各项业务的专项管理，同时根据市场变化，适时给予一定的政策投入，或者帮助社会团队处理管理中的各类复杂又矛盾的关系，便于管理的实施，最终促进体育事业更好更快地发展。

3. "强政府+强社会"模式架构

"强政府+强社会"模式强调社会力量在治理中的作用，体育社会组织能做的事情，政府应该放手交给体育社会组织做。通过建立一套适合体育社会组织的法律法规，为体育社会组织的成长和发展营造健康的制度环境。要加快政府职责的转变和体育社会组织能力的提高，破除原先政府扮演强势和主导的角色，按照政社分开、权责明确、依法自治的原则建立体育社会组织。采用"强政府+强社会"模式，强化政府在宏观政策制定、全局方向把控上的作用，并培育强大的社会组织，把该由社会做的事交由社会完成，加强体育社会组织的治理主体作用和行动能力，由政府和社会力量共同推进我国的体育发展。

4. 法治化管理体系

随着国际贸易的发展，各国之间的经济、文化、体育交流活动越来越频繁，体育产业化和国际化趋势并重，体育领域理论创新，依法治体是大势所趋，国家致力于构建"政府引导、社会支持、群众参与、市场支撑"的法治化管理体系。1995年颁布《中华人民共和国体育法》，其对社会体育有一定阐述与规定，然而它的重点仍是在竞技体育方面[1]。随后，国家颁布了《2022年全国体育政策法规规划工作要点》《全民健身计划纲要》《反兴奋剂条例》《奥林匹克标志保护条例》《国家体委关于深化体育改革的意见》等一系列法规条例，其目的是明确法律条款里民众参与体育的权利和义务，划分体育领域触犯法规的职责，同时在执行层面上提高实际操作性，完善体育执法体系。法制是我国体育管理体制建设的基石，更是体育管理有效性的保障，国家坚持全面依法治体，保障体育事业的发展有法可依。

---

[1] 夏慈忠，黄晓灵. 依法治国方略背景下我国体育管理体制的发展[J]. 体育研究与教育，2016（1）：41-44.

5. 多种类投资渠道

随着改革开放市场经济深入实施，体育事业的投资方式也发生了巨大变化，逐渐向多元化转变。这种多元化的投资方法将推动日后奥运的发展。由市场经济的发展可以看出，我国未来的体育投资模式将有效地把政府资源与社会资源相结合，一方面，政府可以利用财政拨款直接投入或是通过基金的形式间接扶持体育事业；另一方面，竞技体育本身可以通过社会捐款、体育项目经营性收入及其他筹款方式向社会募集发展经费。针对普及率较低，但肩负国家荣誉的体育竞技项目，政府可以加大资金扶持或者通过商业经济模式募集发展资金。对于具有观赏性、市场潜力大的体育项目，政府给予政策鼓励，扶植体育项目产业化，挖掘其中的经济价值，把体育项目价值最大化，为体育事业发展提供新的资金投资源头。总之，市场经济背景下体育事业资金投入不仅要重视政府的引导作用，还要将体育项目本身的社会价值和经济价值挖掘出来，增加体育资金源头，完善体育资金投资结构。

6. 及时有效的评估和监督机制

在体育事业的管理中，完善的体育事业管理机制，能够促进体育事业的快速健康发展。伴随我国体育事业逐步从计划经济向市场经济的发展与转变，我国体育的各项管理机制也在不断地完善，并在完善的过程中越发体现市场经济的特色。在体育事业的管理中，首先应该构建完善的目标管理机制，根据体育事业自身的特点、性质、发展阶段等，制定体育事业的管理目标，根据管理目标来进行科学有效的管理，并在管理中要不断地细分目标、理清顺序，提升管理的质量。在体育事业的管理中，还应该构建完善的评估机制，政府部门在宏观调控中，要根据评估机制，并辅之以科学的监督机制，来促进体育事业的发展，及时审核社会团队在体育事业管理中存在的问题，确保体育事业健康快速地发展。

案例 6-3 我国职业足球"供给"与人民群众"需求"矛盾

2022年2月1日，大年初一，中国男子国家足球队在世界杯亚洲区预选赛的比赛中客场输给越南男子国家足球队，"中国足球"再次成为社会舆论焦点。在此之前，国家男足表现、归化球员使用、主教练言论问题已引起大众不满，负于越南的惨痛现实最终点燃了人民群众心中的怒火。

自1955年中国足协成立以来，中国足球体制改革经历了多个历史阶段：1979年国务院批准国家体委《关于提高我国足球技术水平若干措施》的请示报告，部署了足球发展重点城市，有效改变了我国足球运动落后的情况；1989年提出了中国足协和足管中心"管办分离"的方案，虽然改革未能成功，但在足协的实体化道路上迈下了坚实的一步；1992年的红山口会议提出要把中国足球推向市场经济轨道，确定了中国足球的职业改革方向[1]。在此之后，1994年，中国足球正式迎来了职业化时代。经历若干年发展，2009年中国足球又以"反赌扫黑"事件重回大众视野。2015年，《中国足球改革发展总体方案》将中国足球改革引入了一个新时代。2021年，《"十四五"体育发展规划》再次明确"三大球"振兴工程，再次部署职业足球改革，再次提出国家队成绩目标。

职业足球改革进程的历史车轮来到2022年，国家男足竞技水平的倒退趋势尚在继续、职业俱乐部与职业联赛运作困难空前、足球人口基础和后备人才现状不容乐观。"职业化"的足球事业与足球产业"供给"与人民群众"需求"矛盾已经到了不可调和的地步，我国职业足球究竟该何去何从？

问题

1. 通过了解我国足球运动改革历史，你对我国足球运动管理体制改革的目标是如何界定的？
2. 我们应如何看待中国足协在足球竞技水平、足球产业运营中的角色和职能？
3. 试从职业足球运动视角简要论述我国体育管理体制改革的趋势是什么。

主要议题

1. 体育管理体制改革背景及历程研究。一是认识当前体育管理体制改革面临的主要矛盾，寻求体育管理体制的逻辑起点；二是探索未来体育管理体制改革的价值取向。另外，体育管理体制改革历程研究。一是明确我国体育管理体制改革历经的四个阶段；二是基于阶段性分析总结体育管理体制改革的规律及其内在逻辑。

2. 体育管理体制改革的难点研究。一是我国体育管理体制的改革共识尚未形成；二是我国体育管理体制的机构设置有待优化，权责界限仍要明确；三是我国体育管理体制的实际运行还需增效；四是体育管理体制的法规保障仍需健全。

3. 国家体制对于体育管理体制趋向影响研究。中美两国是两种国家体制的代表国家，二者之间的体育管理体制趋向存在明显的异同点，体制对于国家体育管理体制的影响有待深入研究。

4. 中国体育管理体制改革趋向的路径研究。学者对于中国体育管理体制改革趋向已有较多研究，但进一步的实现路径略显薄弱。在有体育管理体制改革取向目标的前提下，如何实现目标的路径亟待挖掘。

---

[1] 叶林，陈昀轩，樊玉瑶. 中国体育管理体制改革的困境与出路——基于足球改革的调查 [J]. 中国行政管理，2019（9）：50-55.

延伸阅读

［1］郑汉山.中国体育管理体制改革研究综述［J］.武汉体育学院学报，2012（11）：12-16.

［2］叶林，陈昀轩，樊玉瑶.中国体育管理体制改革的困境与出路——基于足球改革的调查［J］.中国行政管理，2019（9）：50-55.

［3］杨桦.体育改革：成就、问题与突破［J］.体育科学，2019（1）：5-11.

［4］吕树庭，商执娜.北京奥运会后中国体育管理体制改革的思考［J］.武汉体育学院学报，2010（7）：9-15.

［5］陈华荣.实施全民健身国家战略的政策法规体系研究［J］.体育科学，2017（4）：74-86.

［6］王家宏，赵毅.改革开放40年我国体育法治的进展、难点与前瞻［J］.上海体育学院学报，2018（5）：1-8，14.

［7］黄海燕.推动体育产业成为国民经济支柱性产业的战略思考［J］.体育科学，2020（12）：3-16.

［8］马德浩.英国、美国、俄罗斯竞技体育管理体制演进趋势及其启示［J］.天津体育学院学报，2018（6）：516-521.

第七章 我国职业体育发展困境与改革路径

> ❖ **内容摘要**：中华人民共和国成立后，我国建立了高度集中的行政型专业竞技体育体制。20世纪80年代后，伴随我国社会结构的转型，竞技体育与群众体育间的利益格局也发生了深刻的变化。为解决新的矛盾与冲突，提高竞技体育的组织效率，20世纪80年代末，国家体委开始实施运动项目管理体制改革。自1994年起，足球、篮球、乒乓球、排球等项目相继实行了职业化改革。在此进程中，政府在竞技体育中的行政功能逐渐弱化，市场机制逐步健全，竞技体育的资源得到了重新配置。

第一节 我国职业体育的发展历程

我国体育的发展经历了专业竞技体育到职业体育的转变，这个转变是伴随着社会主义市场经济的发展。从计划经济转型到市场经济，势必推动着我国体育事业从福利体育向社会体育、职业体育转型。

一、中国专业竞技体育体制的建立

进入20世纪，国际体育交往越来越频繁，竞技体育在国际政治舞台上发挥的作用也日益受到各国的普遍重视。中华人民共和国成立后，党和政府高度重视竞技体育的发展。1952年，中国派代表团参加了在芬兰赫尔辛基举行的第15届奥运会。为了尽快提高竞技运动水平，我国借鉴了苏联的体育体制，建立了后来被人们称为"举国体制"的专业竞技体育体制。这种体制能够迅速地形成，得益于我国建立的社会主义公有制经济。举全国之力办体育，同时国家几乎垄断了全部重要的稀缺资源，形成了自主性极强的国家体育组织系统。

1950年起，中央和省市一级逐步设立了体育训练班，后改称体育工作队、体育学院运动系。这些单位的主要任务是提高体育运动水平。1952年2月，中共中央组织部和团中央联合发出《选拔各项运动选手集中培养的通知》，提出"中共中央已经批准在首都创办体育学院，集中全国各项体育活动最优秀的选手加以培养"。一些项目的国家队也相继建立，1951年组建了国家篮球队，1953年组建了国家田径队，1954年组建了国家乒乓球队、游泳队、羽毛球队，1955年组建了国家体操队，1956年组建了国家排球队。同时，组建了专门的体育管理机构。1952年11月15日，中央人民政府委员会第19次会议决定成立中央人民政府体育运动委员会，并任命贺龙为主任。1954年，在第一届全国人民代表大会第一次会议上，决定将中央人民政府体育运动委员会改为中华人民共和国体育运动委员会。1956年3月颁布的《体委组织简则》规定，国家体委在国务院领导下，负责统一领导和监督全国体育事业。随后，各省、市、自治区及其所属地、市、县也都建立了体委机构。

为了保证竞技体育的正常运行，并促使运动技术水平进一步提高，国家体委逐步建立了一套相应的组织管理制度。1956年4月，为了保证竞赛活动的正常进行，促进运动技术水平的提高，国家体委发布了《中华人民共和国运动竞赛制度的暂行规定（草案）》，正式确立了分级举行综合性运动会及举行单项全国锦标赛制度，同时规定篮球、足球也实行等级赛制度，并陆续制订、修订了一批运动规则。竞赛制度日趋完善，运动员、裁判员等级制度也逐步建立。从1956年4月起，国家体委陆续颁布了运动员、裁判员等级制度条例及各项目等级运动员标准。我国运动员的培养体制借鉴了苏联的经验。从1956年起开始在全国建立青、少年业余体育学校。青年业余体育学校招收通过《劳卫制》一级标准并具有一定发展前途的青年，年龄一般为17~23岁；少年业余体校招收13~17岁的在校学生，学制为3年；在此基础上建立了以高水平运动员为代表队的集训制度。

20世纪50年代，我国基本完成了专业竞技体育体制的组织制度、训练与竞赛制度的建设。中国专业竞技体育体制的特征是国家对竞技运动实行统包统揽，通过"组织一条龙、思想一盘棋、训练一贯制"的行政管理方式实现国家和政府所赋予的特定任务。当时提出的"国内练兵、一致对外"的口号，比较准确地反映了中国专业竞技体育体制的政治目标。在其后的"文化大革命"中，中国的竞技体育事业虽然也曾遭受到冲击，但中国与国际奥委会的斗争也日趋激烈，加之20世纪70年代取得"乒乓外交"的成功，竞技运动的政治任务得到了进一步的加强，政府在专业竞技体育中的领导权也更加集中。

二、社会转型与职业体育组织发展

20世纪80年代后，由于世界政治格局发生了变化及中国实行了对外开放政策，竞技运动在政治上的影响力逐渐减弱。伴随社会结构的转型，多年形成的平均主义分配格局被打破，我国体育事业进入了快速发展时期。竞技体育群体之间的利益对比关系不断发生变化，一些群体作为改革的最大受益者，同其他群体的利益差距逐渐明显化，且有日益扩大的势头，导致了中国专业竞技体育体制在纵向与横向上的矛盾，中国专业竞技体育体制依靠政治整合的力量已无法面对社会变革的冲击。体育作为社会的一个子系统，只有与社会变革相一致，才能形成良性的运行机制。至此，中国竞技体育才步履艰难地步入职业化道路。

1. 举国体制的困境

1988年我国在汉城奥运会上获得5枚金牌，体育界受到广泛批评，甚至被称为"兵败汉城"。这也使我国认识到，要想在体育上获得成功需要更大的投入。国家体委的《奥运争光计划纲要》提出，建立一支人数多达17000人的以争夺奥运金牌为目标的专业运动员队伍，专职教练员人数达到4900人。该计划还提出了具体的奋斗目标：在2000年第27届奥运会上，取得金牌名次在第二集团的领先地位，缩小与第一集团的差距[1]。伴随着国家投入的加大，此后我国的竞技体育成绩也稳步提高，1991—2001年获得冠军1008个，是前40年的2.06倍。雅典2004年奥运会我国获得了金牌第二的好成绩，北京2008年奥运会上我国更是以48枚金牌傲视群雄。

举国体制"集中力量办大事"的优势实现了我国在国际体育大赛中局部突破、局部领先的目标，但其本身存在的不能适应中国市场经济发展需要的弊端也渐渐地开始显现。如举国体制过度强化了政府的权力，垄断了几乎全部的体育资源，抑制了社会力量参与体育的积极性，阻塞了社会支持渠道；面面俱到的微观事务性管理削弱了宏观管理的职能。竞技体育的发展过分依赖政府，没有造血能力，丧失了自我完善和自我发展的机制；人治色彩浓重，计划经济运行痕迹残存；在实际运行过程中，过分强调竞技体育的政治效应导致体育开始走向异化；运动员片面化发展、锦标主义盛行，体育项目发展也严重失衡，国际大赛中金牌主要集中在一些投资小、见效快的个人项目，而投资大、见效慢的集体项目则发展缓慢，足球、篮球等具有广泛影响力的项目甚至呈下降趋势，引发社会各界不满。

2. 社会主义市场经济条件下体育的经济功能得到强化

1992年，党的十四大提出我国经济体制改革的总目标是建立社会主义市场经济体制，从此体育事业发展的政治环境和经济环境发生了巨大的变化。国家体委开始把发展体育产业、培育体育市场作为深化改革的一项重要内容。1993年，国家体委提出了《关于培育体育市场加快体育产业化进程的意见》，开始从产业的观念、市场的角度研究解决体育产业和体育事业的发展问题。《体育产业发展纲要（1995—2010年）》提出要"形成一批符合现代企业制度、产权明晰、开展经营、综合开发、效益显著、规模发展的股份制企业或企业集团"[2]。体育成为一种可以被视为国民经济新的增长点的朝阳产业。

3. 政府职能的转变

计划经济下的"无限权力"的政府享有各种特权和控制权，使政府规模、职能和行

---

[1] 中国奥委会. 1994—2000年奥运争光计划纲要 [EB/OL]. (2007-10-11) [2021-11-01]. http://www.olympic.cn/rule_code/code/2007/1011/26059.html.

[2] 国家体育总局. 体育产业发展纲要（1995—2010年）[EB/OL]. (2004-02-16) [2021-09-11]. https://www.sport.gov.cn/n315/n331/n403/n1957/c573999/content.html.

为方式都呈现无限扩张的趋势。政府的这种扩张超越了其应有的弥补和克服市场失灵的范围，抑制了市场经济的内在活力和正常发展，造成资源配置的扭曲。随着我国市场经济地位的最终确立，市场成为社会资源配置的主导。市场经济原则上要求分散决策以节约交易成本，生产者和消费者通过自愿交易来达到资源最优配置。体育发展目标和服务的市场化，以及体育发展与经济发展一体化的要求使政府职能由过去的直接办体育转变为间接的管体育，由过去的事无巨细一手包办转换为以制定政策法规、实行监督协调为主要职责的宏观调控，一些中微观的管理职能则委托给企业或行业协会。1995年颁布的《中华人民共和国体育法》第二十九条规定，全国性的单项体育协会对本项目的运动员实行注册管理；第三十一条规定，全国综合性运动会由国务院体育行政部门管理或者由国务院体育行政部门会同有关组织管理，全国单项体育竞赛由该项运动的全国性协会负责管理；第四十条规定，全国性的单项体育协会管理该项运动的普及与提高工作，代表中国参加相应的国际单项体育组织。通过法律授权，我国的单项体育协会取得了对该项目的管理权。

缩减体育管理机构成为我国政府职能改革的最终落脚点。1993—1997年，我国陆续成立了20个项目管理中心管理各项目，足球、篮球等项目的协会和管理中心都是"一套班子，两块牌子"，这在一定程度上促进了单项体育协会的实体化。1998年，国家体育运动委员会改组为国务院直属的国家体育总局，与中华全国体育总会"一个机构，两块牌子"。国家体育总局内设机构减少到9个，人员编制由381人减少为180人[1]。现阶段我国体育的管理仍由国家体育行政管理部门负责，但工作范围、管理方式同以往有所不同，主要趋势是政府职能与事业单位脱离。理论上政府不再直接管理运动训练和企事业，主要通过政策、法规等方式进行宏观管理。

在以上三个因素的影响下，我国开始进行体育职业化改革。1992年6月23日至27日，中国足球协会在北京西郊红山口（原八一体工大队所在地）召开工作会议，会议以改革为主题，决定把足球作为体育改革的突破口，确立了中国足球要走职业化道路的改革方向[2]，这对于体育而言是一个重大的制度创新。1993年，中国足球协会修改并通过了《中国足球十年发展规划（草案）》《中国足球协会章程（草案）》和《足球俱乐部章程（草案）》等文件，决定把1994年甲A联赛作为联赛的改革试点，促进球队实行俱乐部制并向职业化过渡。到1993年12月31日，全国11个足球发展重点城市都分别成立了职业足球俱乐部，几乎涵盖了参加1994年甲A、甲B联赛的24支球队。1994年，由烟草公司万宝路冠名的全国男子足球甲级队A组联赛（甲A联赛）正式开始，世界著名的体育中介公司IMG以1000万元获得了职业足球的商务开发权。中国足球职业联赛的初步成功带来了良好的示范作用，篮球、排球和乒乓球等项目分别在1995年、1996年和

---

[1] 韩丹. 概述我国体育运行机制和管理体制的演化 [J]. 哈尔滨体育学院学报, 1999 (1): 5-8.
[2] 伍绍祖. 中华人民共和国体育史 [M]. 北京: 北京书籍出版社, 1999: 366.

1998年实行职业联赛，现在有各种足球、篮球等职业体育俱乐部超过130家[1]。这些职业联赛广泛借鉴了欧美职业联赛的各种制度，包括按成绩进行升降级、主客场比赛、足球胜一场得3分、篮球分4节比赛等。协会从联赛中选拔运动员组成各级国家队参加国际比赛。

2004年，中国足球协会以英格兰足球超级联赛为范本，对足球俱乐部的软件（以历年成绩为主）和硬件（包括财务状况、球场和梯队建设等）做出严格的准入限制，甲A联赛也更名为中国足球协会超级联赛。职业篮球联赛也进行了类似的改革。

中国的体育职业化改革是在政府与市场的双重启动下产生的。目前，中国政府仍然掌握着大量的竞技体育资源，职业体育的发展对政府还有很强的依赖性。近年，各级体委建立的运动项目管理中心就是集管理与服务于一身的半政府、半社团性质的组织机构。中国职业体育还处于官办与民办相结合的双轨制[2]。

在我国，随着计划经济向市场经济的转型，政府正在逐步弱化体育行政干预，利用市场机制对体育资源进行重新配置，培育体育组织适应市场环境的能力。职业体育就是利用其商业价值培育自我生存与调节能力的一种手段。职业体育俱乐部与企业联姻并逐步向企业形式过渡，使职业体育俱乐部对政府的依赖性逐渐减弱。俱乐部经营者只有成为承担民事责任的主体，才能充分享有它的经营权，使职业体育组织步入依托社会、自我管理、自主经营、自负盈亏、自我发展的良性运行机制。尽管职业体育中还存在直接的行政干预，但职业体育改革以政府行为为导向，政府的权威性为职业体育的平稳发展奠定了基础。

案例7-1　中国足协"红山口会议"

1992年6月23日至27日，中国足协在北京西郊红山口（原八一体工大队所在地）召开工作会议，会议以改革为主题，决定把足球作为体育改革的突破口，确立了中国足球要走职业化道路的改革方向。会议讨论了中国足球工作报告及中国足协与地方足协实体化方案等问题。在足球究竟应否和能否实行职业化等问题上，与会代表产生了严重的分歧。中央政治局委员、国务委员李铁映同志接见了部分代表，并到会对足球改革做了重要讲话。李铁映的讲话精神主要包括足球体制改革争取一步到位，建立职业俱乐部体制，主要以转播权、广告、门票、彩票、转会费等养活自己；中国足协及各地足协要实体化，足协不要搞成权力机构，应是服务机构。会议认为，进一步加快完善中国足协实体化和地方足协逐步向实体化过渡，是足球体制的重大改革，是全面实施足球俱乐部体制的重要步骤。会议确定了以足协实体化

---

[1] 张林，戴健，陈融. 我国职业体育俱乐部的形成与发展 [J]. 成都体育学院学报，2001（1）：1-4.
[2] 张文健. 职业体育组织的演进与创新 [M]. 北京：北京体育大学出版社，2006：129.

和组建职业足球俱乐部为中心的足球改革构想。这就是中国足球史上具有划时代意义的"红山口会议"。

问题 "红山口会议"被媒体称为中国足球发展的遵义会议，为什么会有这样的评价？

第二节 我国职业体育面临的困境

我国的职业体育改革是在社会结构转型的背景下产生的，职业化改革的动力来自竞技体育组织为适应市场要求而进行的组织结构形态的创新。西方的职业体育道路是在自然发展的过程中不断完善起来的，西方职业体育组织创新多表现为渐进式，而中国的职业体育组织是从完善的专业竞技体育体制向职业体育体制的转轨过程中的产物，在职业化改革的过程中，我国职业体育组织的发展目标、制度规范、利益格局、行为方式、价值观念等都在发生着深刻的变迁。中国的职业体育组织在改革与创新过程中也遇到了前所未有的困境与挑战。

一、管理者缺乏体育经营管理理念

受计划经济体制的影响，我国体育事业长期被单纯地视为纯公益事业，从业者尤其是管理者缺乏经营管理的理念。改革开放以来，随着体育社会化和产业化改革方向的确立，尽管经营体育的观念有所萌发，但是与大力培育和发展体育产业的要求相比，观念滞后的问题依然十分突出。具体表现在三个方面：一是体育产业工作者仍没有从单位创收的思维方式和行为方式中摆脱出来。经营开发不计成本、不讲效率、不守信用的现象普遍存在。二是认为体育产业化只是极少部分运动项目的事，大部分运动项目缺乏职业化、市场化的空间。事实上，在市场经济条件下，没有不可以产业化、市场化的运动项目，只有不适合消费者需要的运动项目。体育产业化不是让消费者来自愿购买运动项目所提供的服务，而是运动项目自身要创造客户价值，要根据潜在消费者的需要策划、包装、营销运动项目，以满足目标市场上的消费者商品化需求的过程。三是金牌与市场对立观念根深蒂固，认为要金牌就不能市场化，市场化就会失去金牌。而在成熟的市场经济环境中，高水平是运动项目市场化的前提，高水平意味着运动项目品牌形象的树立，而在消费者主权时代，没有品牌形象的运动项目提供的服务，将很难得到消费者的青睐。近年来，中国职业足球出现的危机，以及球市的普遍下滑，很大程度上是因为这个项目竞技运动水平太低。拿不到好成绩，就难以树立运动项目的品牌形象，而没有良好的品牌形象，仅凭单纯的新闻炒作，是不可能维持足球市场的持续繁荣的[1]。

二、现行体育管理体制与运行机制不相适应

当代世界各国体育运动发展的普遍趋势是把体育作为一项产业，发展体育运动就是增加体育物质产品和服务产品的有效供给，满足国内居民多样化、多层次的体育需求。而我国现行的体育管理体制和运行机制虽然历经近30年的改革，仍然是围绕竞技体育和奥运争光计划来设置机构和配置资源的，而对人民群众日益增长的体育消费需求关照不够，这就造成发展体育事业与发展体育产业不相适应，体育事业的发展与繁荣不能反映为体育产业的发展与体育市场的繁荣。这种割裂体育事业与体育产业的天然联系的体制和制度安排，既不符合当今全球体育运动的发展趋势，也不利于体育事业的可持续发展，更是阻碍了体育产业和体育市场的培育与发展。应该说，从发展职业体育的角度看，我国现行的体育管理体制和运行机制存在制度性障碍。

三、体育经营管理人才缺乏

我国是计划经济向社会主义市场经济转型国家，在体育产业领域，体育商务人才匮乏现象尤其突出。中国体育在计划经济体制下运行多年，依靠财政拨款、运用行政手段管办体育是事业运行的基本特点，体育与经济的关系只是单向的供养关系，而没有表现出体育对经济的回馈作用。由于既没有经营体育的观念，也没有经营体育的实践，我国的体育人才主要是各类运动技术类人才，如运动员、教练员、裁判员等。改革开放以来，特别是我国明确提出大力发展体育产业以来，体育商务人才开始出现，但是，到目前为止，体育商务人才无论是数量还是质量都难以满足培育和发展体育产业的需要，尤其缺少既熟悉国际体育商务规则、又能充分适应现行中国体育管理体制的高层次体育经营人才。在职业体育领域，高层的经营管理人员或者来自专业体制退役的运动员，或者来自大众传媒、法律、商务领域管理人员，既缺乏联赛层面的经营管理人才，也缺乏俱乐部层面的职业经理人，同时还缺乏与职业体育商业运营相关的体育经纪人及体育媒介、体育广告、体育品牌运营等方面的人才。高层次体育经营管理人才的匮乏已经成为我国职业体育改革与发展的瓶颈之一。

四、职业体育俱乐部发育不成熟

职业俱乐部是职业体育最重要的市场主体，从当前我国已经开展职业联赛的运动项目看，俱乐部发育不成熟是当前制约我国职业体育规范、有序发展的一个重要原因。各

---

[1] 鲍明晓. 中国职业体育评述 [M]. 北京：人民体育出版社，2010：217.

类体育俱乐部企业素质低下，具体表现在三个方面：一是现有的体育俱乐部企业公司化程度低，很多所谓的"职业体育俱乐部"实际上并没有按照《公司法》在工商管理部门注册，获得企业法人资格，而是在民政部门注册，是社团法人，即使是在工商注册的那部分俱乐部，大多也是沿袭原有运动队管理的事业运行模式，能够按照现代企业制度规范组建和运营的真正意义上的职业体育俱乐部凤毛麟角。二是经营方式落后、经营内容单一，营销意识、品牌意识薄弱。现有各项目的俱乐部主要是为球队参加联赛服务的一个机构，能够有效开展俱乐部经营（俱乐部赞助商征集、主场门票和广告销售、球员转会交易、俱乐部标志产业开发和青少年培训等）的为数不多，而能够对俱乐部进行品牌管理的几乎没有。三是缺乏高素质的职业经理人和专业化的营销、推广、公关、法务方面的技术人才。当前我国职业体育俱乐部的总经理大多是有着运动背景从原来的体育行政部门中分流出来的体育官员，尽管他们对项目的训练和竞赛较为熟悉，但对如何经营和运转一个职业体育俱乐部却知之甚少。同时，由于俱乐部大多只有不到 10 人的编制，俱乐部的组织机构不健全和缺乏专业人才的现象也十分普遍。因此，我国现有的职业体育俱乐部发育不成熟也是制约职业体育进一步发展的因素之一。[1]

案例 7-2 中超多家俱乐部转让或退出

2022 年 1 月 25 日，《足球报》的一篇报道引起了不小的关注，报道的内容主要是一些球队想要退出或者转让的消息，这也让不少媒体和球迷议论了起来，也都在纷纷猜测是哪家俱乐部遇到了这样的困难。虽然无法确定爆料的具体对象，但是可以看出现在中国足球的确是遇到了寒冬，这个备战期是否像上赛季一样有球队退出解散都是未知数。

由报道内容来看，北方一家中超俱乐部已经不止一次提出退出了，甚至在 2020 赛季进行过程中还提过退出；另外一支球队早就传出退意，近期更是遭受了严重的资金困难；此外还有一家豪门俱乐部，原计划股权会交给另一家公司，但后者没有接手，这家俱乐部的原公司只能继续。而且同时曝出的消息还有，大量的中国俱乐部还存在着欠薪的行为。这也让中国足球的形势看起来非常严峻。

很多人都在探讨原因出在哪儿，到底是这些年中超联赛虚假繁荣欠下的债呢，还是中国足协新政让投资人打起退堂鼓？其实更多的原因在于最近十年中超联赛水涨船高带来的后遗症。中超联赛最疯狂的那几年，动辄每年的花费就是几十亿元，球员身价待遇也是直线飙升。虽然这样的局面只是个别土豪俱乐部的崛起以展示自己的财力，但是逼得其他球队不得不跟上他们的脚步，即使无法追赶，也得加大投入。这样就增加了不小的成本，让一些本来就精打细算过日子的俱乐部变得更加雪

---

[1] 鲍明晓. 中国职业体育评述 [M]. 北京：人民体育出版社，2010：219-220.

上加霜。加上中超这段"繁荣"的日子持续了不短的时间，热闹的背后是投资人沉重的经济负担。

如今中国足协誓要挤掉泡沫，各项政策层出不穷，对于投资人的利益也有一定的影响，随后积累多年的问题纷纷浮现，上赛季将近20支球队解散就是最好的例子。其实剩下的这些俱乐部过得也不好，他们还在坚持，只是能够坚持多久还是个未知数。这个冬天或许还会陆续有球队选择退出[1]。

问题 足球是中国最早走上职业化道路的运动项目，如今中超联赛遭遇寒冬，影响中国足球职业化改革的真正障碍是什么？

第三节 我国职业体育改革的路径

路径选择本质上是一个寻找有效推进我国职业体育改革与发展的方法问题。由于推进当下我国职业体育改革与发展的基础、条件、环境都是现实的、特定的，因此，从理论上讲，没有一种道路、模式和方法可供照搬照抄，中国的职业体育改革与发展只能靠自己，走自己的路。根据当前我国经济社会发展所能提供的支撑条件，体育事业发展的阶段特征，立足于利用和充分发挥后发优势。鲍明晓认为，"当前和今后一个时期，我国职业体育改革与发展的路径选择可概括为在发动机制上强调政府主导、政府统筹，在推进方式上强调循序渐进、以点带面，在动力保障上强调深化改革、扩大开放，在依托基点上强调与城市发展相融合"[2]。

一、在发动机制上强调政府主导、政府统筹

改革开放四十余年来，政府主导、引领开放是我国的经济社会发展取得举世瞩目巨大成就的重要原因。作为我国体育体制改革的桥头堡，职业体育在今后相当长的一个时期内，在我国体育事业发展中都占据着十分重要的战略地位。与此同时，我国的职业体育起步较晚，与世界水平有较大差距，各级政府必须加强对其支持、引导与监督，才能保证我国职业体育产业发展的正确方向。这既是现阶段我国政府主导型管理体制所决定的，也是职业体育的特殊战略地位所决定的。

要充分发挥政府在职业体育改革中的主导和统筹作用，就需要在各级体育行政部门中设置相应的机构或部门，同时明确发展职业体育的职能。协调其他各部委与体育行政部门的关系，在本部门职责范围内支持并强化对职业体育市场的监管。有意愿或已经与

---

[1] 陈永.烧钱时代结束！中国足球凛冬已至，连豪门也开始精打细算 [EB/OL].（2021-01-25）[2021-10-22]. https://www.163.com/dy/media/T1465988479372.html.
[2] 鲍明晓.中国职业体育述评 [M].北京：人民体育出版社，2010：234.

职业体育俱乐部有合作的城市政府应对职业体育俱乐部在税收、场馆建设与租赁、土地使用等方面给予优惠和扶持。

2015年3月15日，国务院办公厅印发《中国足球改革发展方案》，指出："体育总局应当加强对足球改革发展的政策研究和宏观指导。教育部应当履行好校园足球主管责任。各方面应当各司其职、各负其责、各尽其力、协同配合，共同推动足球改革发展""地方各级体育行政部门负责支持当地足球协会工作，推动本地区足球发展"。由此可见，以足球的职业化改革为风向标，探索中国特色职业体育的发展道路，政府的主导和统筹作用不可忽略。

二、推进方式上强调循序渐进、以点带面

改革是上层建筑不断适应经济基础，生产关系不断适应生产力发展要求的过程。当前，我国的职业体育改革的进程是由生产力发展水平决定的，其在推进方式上继承和沿用中国社会整体的改革办法，既是客观的也是必然的。

采取循序渐进、以点带面的推进方式是由职业体育生产力发展的渐进性所决定的。由于我国仍处在社会主义初级阶段，并不具备大规模发展职业体育的经济基础。国民人均可支配收入虽然有了较快的增长，但体育消费水平整体仍然偏低，体育消费结构不尽合理，体育参与水平和参与程度较低，体育产业在东西部地区发展不均衡，市场容量有限，因此还不能在体育全行业里大规模全面铺开地进行职业化改革，而只能采取与现阶段生产力发展水平相适应的体制、机制和路径来逐步推进。

职业体育改革是一项涉及面极广、牵涉众多利益群体的系统工程，改革触及的层次、幅度和速度对改革的成败有决定性影响。城市基础设施建设、居民可支配收入、体育消费水平和消费结构、体育人口数量与规模等都是对职业体育产生影响的重要因素，当前我国的职业体育的布局也主要集中在上述要素较为完备的中心城市和东部城市。从项目布局来看，则是以足球为突破口，相继在篮球、排球、乒乓球、羽毛球等世界上职业化程度较高的集体项目和国内优势项目中进行试点，抓住关键环节重点突破，取得经验后再逐步推广，循序渐进、由点到面地推进改革。

三、在动力保障上强调深化改革、扩大开放

改革是一切社会制度进步的基本方法，是人类历史进步的必由之路。要发展就必须有改革，发展与改革相生相伴、相依相存，发展没有止境，改革也没有止境。2014年10月20日，国务院颁布了《关于加快体育产业发展 促进体育消费的若干意见》（国发〔2014〕46号），指出，"推进职业体育改革"是当下创新体制机制的一项重要任务，要"拓宽职业体育发展渠道，鼓励具备条件的运动项目走职业化道路，支持教练员、运动员职业化发展。完善职业体育的政策制度体系，扩大职业体育社会参与，鼓励发展职业联

盟，逐步提高职业体育的成熟度和规范化水平。完善职业体育俱乐部的法人治理结构，加快现代企业制度建设。改进职业联赛决策机制，充分发挥俱乐部的市场主体作用"。因此，必须不断深化体育管理体制改革，推进管办分离和单项体育协会的实体化进程，为职业体育发展创造更多的生存空间。

同时，职业体育的发展需要高度开放的环境与全球化的资源流动，是一个高度国际化的产业集群，需要持续不断地坚持对外开放，充分汲取职业体育发达国家的先进经验，利用国际市场和资源，同国际体育组织和其他国家职业体育组织保持频繁往来与交流，竞争学习、合作共赢、持续开放、有序推进。因此，深化改革、扩大开放对体育我国职业体育改革来说是具有支撑作用的动力保障。

四、在依托基点上强调与城市发展相融合

职业体育的成长需要满足几个条件：现代化的大型体育场馆、便捷的交通运输网络、数量足够多的潜在观众、较高的人均消费水平、较大的市场容量和较高的市场集中度、有一定规模和影响力的媒体等。因此，职业体育往往在现代化程度较高的城市较为集中地出现。无论是全球范围内的职业巡回赛还是国内的职业联赛或联盟，举办地都是在满足上述条件的大中型城市。而很多城市也依托当地的职业赛事或职业俱乐部，形成了独具地域特色的体育产业集群与职业体育文化。如欧洲五大联赛中一些以足球文化而闻名四海的城市，曼彻斯特、利物浦、巴塞罗那、马德里、米兰、慕尼黑等，它们既是本国重要的工业城市或旅游胜地，也是全世界球迷心目中的足球圣殿。

城市化进程的不断加快为职业体育的改革与发展创造了条件，而职业体育也为塑造城市形象、提升城市品牌、丰富城市功能、提高城市品位、促进城市文明建设、形成良好城市氛围、提升市民的凝聚力和自豪感等发挥了重要价值。因此，依托城市发展，将职业体育改革与城市建设有机融合，是我国职业体育发展的一条重要实现路径。

案例7-3 李娜夺冠：让"单飞"再多一些

中国运动员李娜在法网女单公开赛中力压群芳夺冠，激发了国人对网球的空前热情。李娜此前表示，自己的成长离不开青少年时期举国体制的培养，国家体育总局网球运动管理中心主任孙晋芳对此表示认同，并认为中国运动员大多在传统的举国体制下成长，但当他们成长到一定阶段，翅膀长硬了的时候，应该放心让他们单飞。

在李娜身上，早期培养是有效果的，国家花钱，提供训练条件，对她奠定基础起了很大作用。更重要的是，改革释放了空间，放飞了运动员，因此才有了以李娜为首的网球金花今日的绽放。然而，李娜只是个案，而且除丁俊晖之外，迄今所有中国运动员的成功与国家培养都有不同程度的关联。国人关心李娜夺冠，关键不在

于一个含金量很高的冠军,而在于其夺冠的可复制性,网球职业化改革对其他领域的可复制性。

李娜夺冠之后,首先感谢了赞助商,因为没有赞助商,就没有她的团队,以及训练和比赛,也不会有最后的成功。"单飞"的真正价值是运动员"断奶"之彻底。"单飞"之后,运动员为自己负责,自己寻找教练,自己决定策略,不用国家养,也不需要国家干预。李娜夺冠告诉国人,中国运动员有这样的能力。

中国男足也经历了大刀阔斧的改革,但方向和路径不是像女子网球那样完全走向市场,改革得不彻底,使得它仍躲在行政的怀抱里,甚至靠垄断赚取利益。其结果是黑幕重重,足球水平江河日下,"伪职业化"断送了足球的健康发展。

李娜夺冠及其背后的改革成功,带来了一股清新的空气。今天我们期待的是让更多的领域和行业"单飞",让更多的国民"单飞"。

思考 李娜"单飞"的成功能否给其他运动员、项目提供可参考的经验?为什么同样是职业化,李娜可以成功,而中国足球至今还未真正迎来春天?

主要议题

1. 中国的职业体育体制改革是在"举国体制"的背景下进行的,如何协调和平衡两种不同体制之间的冲突和矛盾,探索一条适合中国自身体制特点、又符合当下国际体育趋势的道路,这关系着体育职业化改革的成败,也是当下学界关注的重要议题。

2. 随着中国社会主义市场经济的不断深入,部分专业化的竞技体育项目也开始进行了职业化改革的初步尝试,这种改革的探索会给中国竞技体育带来怎样的变化,也值得进一步观察和探讨。

3. 作为职业体育的后发者,中国的职业体育改革与发展需要厘清政府、市场、社会三者之间的关系,这是实现中国职业体育组织改革与发展的基础。

延伸阅读

[1] 鲍明晓. 中国职业体育评述 [M]. 北京:人民体育出版社,2010.

[2] 郑志强. 职业体育的组织形态与制度安排 [M]. 北京:中国财政经济出版社,2009.

[3] 杰·科克利. 体育社会学:议题与争议 [M]. 管兵,刘穗琴,刘仲翔,等,译. 北京:清华大学出版社,2003.

[4] 许永刚,孙民治. 中国竞技体育制度创新 [M]. 北京:人民体育出版社,2006.

[5] 熊晓正,夏思永,唐炎,等. 我国竞技体育发展模式的研究 [M]. 北京:人民体育出版社,2008.

第八章 体育社会组织的政府培育与自身发展

> ❖ **内容摘要**：高效率的体育公共管理体制是建设体育强国不可缺少的重要方面。国家政策层面对此也有系列表述。本部分界定体育社会组织的概念，梳理和总结国内外相关研究和相关理论基础；结合中国实际，分析体育社会组织培育的外部环境和内在动力；探讨政府对体育社会组织的培育路径；提出体育社会组织自身能力建设的途径。

第一节 体育社会组织的概念与相关理论基础

在社会科学中社会组织有广义和狭义之分。广义社会组织，是指人们从事共同活动的所有群体形式，包括氏族、家庭、政府、企业、军队、学校和社会团体等。狭义上的社会组织是指人们为特定的社会服务目的或实现共同的愿望自愿组成的独立于政府和企业之外，按照章程开展活动的非营利组织，或者指那些有服务公众的宗旨，不以营利为目的，组织自身具有合法的免税资格和提供捐赠人减免税的合法地位的组织[1]。国外体育社会组织在整个体育事业发展中扮演着决定性、主导性角色。随着我国市场经济的加速推进，以及体育社会化改革的不断深入，体育组织在我国体育事业发展中的角色也日渐突出。

一、体育社会组织的概念

在我国，根据民政部曾设有民间组织管理局（现更名为社会组织管理局）的事实，因此有普遍使用"民间组织"和"社会组织"的提法。2007 年，我国开始正式用"社会组织"代替"民间组织"。"民间组织"的"民间"是与"政府、官方"相对应的，反映了传统社会政治秩序中"官"与"民"相对应的角色关系，容易让人误解民间组织是与政府相对应甚至是相对立的。因此在新的形势下，党的十六届四中全会和党的十七大把

---

[1] 王名，等. 社会组织与社会治理 [M]. 北京：社会科学文献出版社，2015.

民间组织纳入了社会建设与管理、构建和谐社会的工作大局,对传统的提法进行修改,提出了社会组织这一称谓。

体育社会组织是目前我国通行的对体育非营利组织、民间体育组织、非政府体育组织、草根体育组织和体育志愿者组织的统一称谓。它是指从事各种体育运动、健身活动的组织[1]。结合本质属性和特有属性对体育社会组织做出如下定义:体育社会组织是指人们自愿组成,为实现特定的体育服务目的或共同的体育意愿,按照其章程从事各种体育运动和健身活动的非营利性、民间性社会组织。我国体育社会组织包括:体育社团(包括项目和人群协会)、体育民办非企业单位、体育基金会、自发性群众体育组织(包括健身活动站点、团队、网络组织和草根体育组织等)等以发展群众体育为目的的非营利性组织。其中包括在民政部门、工商部门注册登记的组织,也包括既不在民政部门也不在工商部门注册登记的组织(如一些草根体育组织)[2]。

二、相关研究述评与理论基础

(一)国内外研究现状与评述

全球化背景下,体育社会组织(体育非营利组织)在国家体育治理过程中发挥着不可或缺的作用。英国通过大力培育体育非营利组织,使得大众体育和精英体育获得了全面发展。美国多样化的体育非营利组织为美国职业体育的兴旺发达和竞技水平的全球领先打下坚实的基础。通过对国外文献的梳理,多年来全球在体育社会组织(体育非营利组织)研究领域也积累了丰硕成果。国内外这些研究主要集中在如下领域:①体育非营利组织的必要性和功能;②体育非营利组织的筹资机制;③体育非营利组织的发展战略和运行机制;④体育非营利组织的监管方式和法律地位;⑤体育非营利组织的社会责任;⑥体育非营利组织的社会形象和改革。

国外研究具有如下特点:①研究内容丰富,包括价值定位、发展战略、管理模式、社会责任、组织治理、商业运作、机制改革等多个方面;②研究对象多样,包括国际奥委会(IOC)及所属项目协会、大学竞技体育组织(美国大学竞技体育联合会,NCAA)、校外教育组织(男孩女孩俱乐部,Boys and Girls Club)、青少年体育组织(英国青少年体育基金,Youth Sport Trust)、宗教性质的体育组织(基督教青年会,YMCA)等;③研究视角新颖,以体育全球治理、现代公民社会构建、全球多元文明交互等视角审视全球体育非营利组织的价值;④研究理论基础扎实,系统地将政府治理理论、公共管理、公共服务、组织治理等理论应用于研究之中。

---

[1]根据定义,本书提到的体育社会组织和体育非营利组织含义相同,均指同一类体育组织。
[2]王凯珍,汪流,戴俭慧.体育社会组织建设与管理[M].北京:高等教育出版社,2016:11.

国内体育社会组织的研究也表现在多个方面：①基础理论研究：剖析了中国体育社团的概念、发展历程、发展现状、发展特征、社团改革。主要观点为"体育善治的本质特征就在于对体育的管理不是采用命令式的管理，而是政府与公民社会的合作管理，构成一种政府与体育社团的新型关系""善治体育实际是国家权力向社会的回归，是一个还权于体育社团组织的过程"[1]；②概念与性质研究：体育非营利组织是指以服务大众体育需求为宗旨、独立于政府部门之外、不以营利为目的的公益性组织，它具有组织性、私人性、自治性、非营利性、自愿性[2]；③价值定位研究：体育非营利组织是建设体育强国，促进我国体育事业深入发展的必然要求[3]；体育非营利组织是我国体育扩大社会参与的重要组织形式，是促进我国体育健康发展的重要因素[4]；④发展现状与改革研究：全国性体育社团仅具有自治社团或独立法人的外观，组织性质与实际运作逻辑存在明显背离；社团管理制度的"分级管理"原则，导致全国性体育社团与其会员联系薄弱；全国性体育社团的政府选择，使其面临社会合法性危机[5]；"政府监管失灵"和"不完全市场失效"是我国体育非营利组织在公共体育服务供给中面临的主要外部困境；自治意识和自治能力的提升是其内部治理的共性问题[6]。这些研究从不同侧面对构建我国体育非营利组织理论体系做出积极贡献。我国学者卢元镇等人在体育管理体制改革、体育公共服务体系构建等方面的深入研究为我国体育社会组织的研究提供了重要理论启示[7]。

（二）相关理论基础

1. 新公共管理理论

新公共管理作为一种新的管理模式，其理论基础与以往的行政理论有着很大的区别。新公共管理以现代经济学、私营企业管理理论与方法作为自己的理论基础。首先，新公共管理从现代经济学中获得诸多理论依据，如从"理性人"（人的理性都是为自己的利益，都希望以最小的付出获得最大利益）的假定中获得绩效管理的依据；从公共选择和交易成本理论中获得政府应以市场或顾客为导向，提高服务效率、质量和有效性的依据；从成本—效益分析中获得对政府绩效目标进行界定、测量和评估的依据等。其次，新公共管理又从私营管理方法中汲取营养。新公共行政管理认为，私营部门许多管理方式和

---

[1] 黄亚玲. 论中国体育社团：国家与社会关系转变下的体育社团改革 [M]. 北京：北京体育大学出版社，2004：25.
[2] 魏来，石春健. 体育非营利组织的界定 [J]. 体育学刊，2005（3）：129-131.
[3] 王铮. 我国农民工体育的窘境与出路 [J]. 沈阳体育学院学报，2011（6）：73-75.
[4] 陶运三. 体育非营利组织研究的多维理论视角析评 [J]. 天津体育学院学报，2010（2）：178-182.
[5] 王凯珍，汪流，黄亚玲，等. 全国性体育社团改革与发展研究——基于学理层面的思考 [J]. 天津体育学院学报，2010（1）：6-9.
[6] 李安娜. 我国体育非营利组织的理论问题与发展路径 [J]. 体育文化导刊，2013（8）：9-12.
[7] 卢元镇. 论中国体育社团 [J]. 北京体育大学学报，1996（1）：1-7.

手段都可为公共部门所借用。如私营部门的组织形式能灵活地适应环境，而不是韦伯所说的僵化的科层制；对产出和结果的高度重视，而不是只管投入，不重产出；人事管理上实现灵活的合同雇佣制和绩效工资制，而不是一经录用，永久任职等等。总之，新公共管理认为，那些已经和正在为私营部门所成功地运用着的管理方法，如绩效管理、目标管理、组织发展、人力资源开发等并非为私营部门所独有，其完全可以运用到公有部门的管理中。新公共管理理论是经济学理论为其理论基础，提倡将市场原则用于公共管理和公共政策，与开发市场和精简政府相联系，改变了传统公共行政学的研究主题和理论基础[1]。

新公共管理主张政府在公共行政中应该只是制定政策而不是执行政策，政府应该把管理和具体操作分开。用戴维·奥斯本等人的话说，就是政府的角色应是"掌舵"而不是"划桨"。他们认为传统政府低效的一个重要原因就是忙于划桨而忘了掌舵，做了许多做不了、做不好、舍本求末的事情[2]。正如彼得·德鲁克在其名著《不连续的时代》中所写到的，"任何想要把治理和实干大规模地联系在一起的做法只会严重削弱决策的能力。任何想要决策机构去亲自实干的做法也意味着干蠢事[3]。"至于掌舵的主要途径，新公共管理认为要通过重新塑造市场，不停地向私人部门施加各种可行和有利的影响让其"划桨"的方式来进行。因此，应用企业家精神去改造政府，并且能够把企业经营管理的一些成功方法移植到政府中来，使政府这类公共组织能像私人企业一样，提高效率。其中最重要的一点就是以顾客为中心，即强调服务提供者应对他们的顾客负责，在提供服务过程中不断进行革新，寻求减少成本和增进质量的方法，聆听顾客的呼声，授权顾客做出选择，把资源放在顾客手里让他们挑选。新公共管理的新观点包括[4]：公共管理中引入竞争机制；将企业化的管理方式引入公共部门；营造"顾客导向"的行政文化；实施明确的绩效目标控制等。

2. 新公共服务理论

登哈特夫妇（2004）在民主社会的公民权理论、社区和市民社会的模型、组织人本主义和组织对话的基础上，提出了新公共服务的七大原则[5]：①服务而非掌舵；②公共利益是目标而非副产品；③战略地思考，民主地行动；④服务于公民而不是顾客；⑤责任并不是单一的；⑥重视人而不只是生产率；⑦超越企业家身份，重视公民权和公共事务。

新公共服务理论提出和建立了一种更加关注民主价值与公共利益，更加适合现代公

---

[1] 欧文·E. 休斯. 公共管理导论 [J]. 领导决策信息, 2002 (15): 4-15.
[2] 戴维·奥斯本, 特德·盖布勒. 改革政府: 企业家精神如何改革着公共部门 [M]. 周郭仁, 等, 译. 上海: 上海译文出版社, 2021: 3.
[3] 彼得·德鲁克. 不连续的时代 [M]. 吴家喜, 译. 北京: 机械工业出版社, 2020: 7.
[4] 莱恩. 新公共管理 [M]. 赵成根, 等, 译. 北京: 中国青年出版社, 2004: 1.
[5] 罗伯特·B. 登哈特, 珍妮·V. 登哈特. 新公共服务理论: 服务, 而不是掌舵（第三版）[M]. 北京: 中国人民大学出版社, 2016: 8.

共社会和公共管理实践需要的新的理论选择；它吸收了传统公共行政的合理内容，承认新公共管理理论对于改进当代公共管理实践所具有的重要价值，但摒弃了新公共管理理论特别是企业家政府理论的固有缺陷；它把效率和生产力置于民主、社区、公共利益等更广泛的框架体系中，对传统的公共行政理论和目前占主导地位的管理主义公共行政模式都具有某种替代作用。其有助于建立一种以公共协商对话和公共利益为基础的公共服务行政。

3. 政府失灵

政府失灵则是在克服市场失灵的过程中产生的[1]。布坎南将政府失灵的表现形式归纳为以下几种：一是公共政策的低效率。公共政策是用来矫正市场失灵的重要手段，但是制定公共政策的不确定性使得政府难以合理制定和有效实施公共政策，导致公共决策出现问题。二是政府机构的低效率。由于政府机构具有天然的垄断性，缺乏降低成本的有效激励，政策执行过程中往往浪费公共资源。同时公众对于信息的不对称又难以对政府实施有效的监督。三是政府的寻租。政府机构或官员通过各种合法或非法的努力，建立垄断地位，获取高额垄断利润。寻租的结果是政府腐败和浪费社会资源。四是政府的自我膨胀，包括政府机构和雇员的增加，以及行政开支的增长[2]。

4. 委托代理理论

委托代理理论是制度经济学契约理论的主要研究内容之一，委托代理关系是指一个或多个行为主体根据一种明示或隐含的契约，指定、雇用另一些行为主体为其服务，同时授予后者一定的决策权利，并根据后者提供的服务数量和质量对其支付相应的报酬。授权者就是委托人，被授权者就是代理人。

委托代理理论的主要观点认为：委托代理关系是随着生产力大发展和规模化大生产的出现而产生的。其原因一方面是生产力发展使得分工进一步细化，权利所有者由于知识、能力和精力等因素难以行使所有的权利；另一方面专业化分工产生了一大批具有专业知识的代理人，他们有精力、有能力代理行使好被委托的权利。但在委托代理的关系当中，由于委托人与代理人的效用函数不一样，委托人追求的是自己的财富更大，而代理人追求自己的工资津贴收入、奢侈消费和闲暇时间最大化，这必然导致两者的利益冲突。在缺乏有效制度安排下的代理人行为很可能最终损害委托人的利益。因此不管是在经济领域还是在社会领域，都普遍存在委托代理关系。

5. 协同治理理论

协同治理是一种治理安排，指一个或多个公共机构直接与非政府利益攸关方进行正

---

[1] 斯蒂格利茨. 政府为什么干预经济：政府在经济中国的角色 [M]. 郑秉文，译. 北京：中国物资出版社，1998：9.
[2] 詹姆斯·M. 布坎南. 自由、市场与国家：80年代的政治经济学 [M]. 平新乔，莫扶民，译. 上海：上海三联书店，1989：10.

式的、共识导向的和协商的集体决策，旨在制定或执行公共政策，或是管理公共项目或资产（Chris Ansell, Alison Gash, 2008）[1]。

协同治理是一种源于治理理论和协同学理论的治理策略，对于解决复杂的公共问题具有非常重要的理论和实践价值。协同治理在诸多领域的具体实践引起了国内外学术界的广泛关注，并成为近年来治理理论的研究前沿，也逐渐拓展到公共服务领域。协同治理作为一种基于治理理论和协同学理论的社会治理模式，倡导政府、社会组织、市场、个人等多元治理主体的相互协调和合作治理，能够最大限度地增进和维护公共利益。Donahue 最早使用"协同治理"一词，认为协同治理就是一种特定的公私协同方法[2]。O, Leary 等学者把"协同治理"界定为"控制私人部门、公共部门和公民团体合作伙伴关系的决策和行为过程的手段"[3]。Emerson 等人则认为协同治理就是来自公共或私人等多个部门的利益相关者，为了解决一个复杂的、涉及多方面的公共难题而协同工作，并制定相关政策的过程[4]。

第二节 体育社会组织培育的外部环境与内在动力

随着"体育强国""全民健身""健康中国"等战略的纵深推进和系列配套政策的陆续出台，以及国家体育治理逻辑的转型与创新，我国体育事业迎来一个又一个的春天。在中国积极从事体育活动的人口数量将持续增加，群众对体育的需求越来越旺盛，而政府无法满足群众日益增长的体育需求的矛盾情况下，中国社会体系中将会存在数量同样庞大且持续增长的体育社会组织。

一、体育社会组织发展的外部环境

（一）国家治理体系与治理能力现代化的政策背景

党的十八届三中全会指出，"全面深化改革的总目标是完善和发展中国特色的社会主义制度，推进国家治理体系和治理能力现代化"。这对于中国政治发展，乃至整个中国的社会主义现代化事业建设来说，具有重大而深远的理论和现实意义。在我国体育治理体系现代化建设中，体育社会组织承担着重要作用。在业余体育的培育及发展、青少年体

---

[1] Chris Ansell, Alison Gash. Collaborative Governance in Theory and Practice [J]. Journal of Public Administration Research and Theory, 2008 (4): 543-571.
[2] Donahue John. On collaborative governance [M]. Cambridge, MA: Harvard University, 2004.
[3] O'Leary R, Gerard C, Bingham B. Introduction to the Symposium on Collaborative Public Management [J]. Public Administration Review, 2006, 66: 6-9.
[4] Emerson K, Nabatchi T, Balogh S. An Integrative Framework for Collaborative Governance [J]. Journal of Public Administration Research & Theory, 2012 (1): 1-29.

育运动的普及和提高等方面都亟待体育社会组织的承接和介入。我国体育社会组织的培育、监管及治理能力现代化关系到我国竞技体育战略的落实、体育产业的培育、全民健身的深度推进，以及我国体育科技的现代化发展。

（二）体育强国的战略契机

2019年9月，为进一步明确体育强国建设的目标、任务及措施，充分发挥体育在建设社会主义现代化强国新征程中的重要作用，国务院办公厅印发《体育强国建设纲要》（以下简称《纲要》）。《纲要》提出体育强国建设的主要实现方式即九大重大工程，其中特别提出涉及体育社会组织建设的两大工程分别是体育志愿服务工程、体育社会组织建设工程。志愿性是非营利组织区别于政府、营利企业的重要标志。加强体育社会组织建设对于承担社会职能、提高我国体育治理的影响力和话语权等具有重要意义。培育和发展现代化的体育社会组织，对于构建我国现代体育治理模式，提高体育治理水平等无不具有重要意义。

（三）健康中国的国人梦想

2016年10月，党中央、国务院印发的《"健康中国2030"规划纲要》指出，"加强体医融合和非医疗健康干预""促进重点人群体育活动"，这体现党和国家高度重视体育与保健在健康中国建设中的重要功能。作为社会治理主体之一，我国体育社会组织在支持全民健身事业和参与群众体育治理上发挥着重要作用。健康类社会组织在近几年的发展速度也比较迅猛，其在提高人民健康水平，增强群众健康素质，实现可持续发展等方面取得了较大成绩。在健康中国背景下，体育社会组织和健康类社会组织的内涵和外延是相通的，是为全民健康提供保障的重要社会力量，其公益绩效的提升，能够为健康中国建设提供动力。

二、体育社会组织发展的内在动力

（一）体教融合的理念革新

为了解决青少年健康危机及促进青少年健康的多领域发展，2020年8月，经中央全面深化改革委员会第十三次会议审议通过，国家体育总局和教育部联合印发《关于深化体教融合　促进青少年健康发展的意见》（以下简称《意见》）。体教融合的产生经历了国家体育和教育治理体系和治理能力现代化的不断完善与发展过程。以青少年健康发展为目标的体教融合，充分彰显了中国特色社会主义制度在体育、教育、健康等各项事业中统一指挥、协同治理的优势，同时也体现了新时代"以人民为中心"的体育、教育、健康等领域的合作治理理念。新时代的体教融合理念成为国家青少年体育公共服务体系的基石。因此，在体教融合观念革新的背景下，体育社会组织尤其是青少年体育社会组织，将会迎来广阔的发展空间。

（二）体育治理的社会需求

政府与体育社会组织合作治理在体育社会组织方面的具体体现，是体育社会组织通过与政府合作，积极参与体育公共服务供给，促进自身发展，实现公共利益最大化的过程。政府需要一些社会组织成为自己的伙伴，专业化的体育社会组织是政府职能转变过程中的承接者，能够弥补政府"缺位"的问题。可以说，体育社会组织的发展，推动了人类社会的治理从管理到合作治理的重大转变。

从中国的实际情况来看，体育社会组织参与政府对公共事务的管理，是当前社会转型期的必然要求。培育和发展体育社会组织被视为建立政府与社会关系的重要途径。这些组织能够一定程度为公民提供精神寄托和服务支持，是政府公共服务的重要补充力量，甚至有增强社会凝聚力、缓解社会压力和社会矛盾的重要作用。政府购买体育公共服务能够培育和引导一批体育社会组织。引导社会力量参与体育公共服务的供给，形成"政府主导、部门协同、全社会参与"的大群体格局。

（三）体育社会组织自治能力提升的现实需要

体育社会组织内部治理能力水平的高低决定其服务生产效率。专业化的体育社会组织是政府职能转变过程中的承接者，能够弥补政府"缺位"的问题。但从现实情况来看，我国体育社会组织整体规模较小，组织内部管理不完善，在运营过程中存在着资金短缺、办公场所短缺、设备人才短缺、政府支持力度不够等各种发展上的局限。因此，体育社会组织的培育和发展离不开政府的支持和帮助，同时，体育社会组织还需要进行"自我修炼"，提升自身各方面的能力与水平，推进组织内部治理结构科学化，以承担体育事务自我管理和自我服务的功能，成为政府体育公共服务的重要补充力量。

第三节　政府对体育社会组织的培育路径

在市场经济条件下，科学的宏观调控加上有效的社会治理，是发挥社会主义市场经济体制优势的内在要求。国家治理中有序的社会参与能够有效地顺应公民政治参与热情，有效化解社会多元利益冲突，这是实现社会和谐的关键。政府培育体育社会组织，是指政府采取措施创造适宜的条件，通过一些手段解决其发展过程中的问题，使其成长和壮大，并按照政策的指引，在体育治理中发挥治理主体的作用。对于体育社会组织培育中的法律、资金、监管等一系列问题，应采取有针对性的措施并通过以下手段进行解决和完善。

一、健全体育社会组织发展的法律体系

我国高度重视社会组织法律体系的建设和完善。社会组织法治体制的价值在于保证宪法法律在社会组织法治化过程中的全面实施，党的十八届四中全会提出"全面推进依法治国，总体目标是建设中国特色社会主义法治体系，建设社会主义法治国家"的科学论断。党的十九届四中全会会议提出"坚持和完善党的领导制度体系，提高党科学执政、民主执政、依法执政水平""坚持和完善中国特色社会主义法治体系，提高党依法治国、依法执政能力"。法律法规的缺失是影响体育社会组织发展的核心问题，保证体育社会组织的各项工作得到法律支持与引导显得十分必要。

法律的生命在于实施。做好体育社会组织相关的行政法规的修订，把组织活动的程序、资金的来源等都纳入体育社会组织的管理范围，规范体育社会组织的行为。健全体育社会组织管理的法律法规体系，使体育社会组织的发展有法可依，逐步走上正轨，健全的法律法规为体育社会组织的培育提供良好的法律制度保障。

二、优化体育社会组织培育的资金支持环境

在现实中，资金短缺是体育社会组织发展面临的问题。纵观世界范围，社会组织的资金主要源于四个渠道，民间捐赠（包括个人和企业捐赠）、服务收费、财政补贴和国外援助，其中服务收费和财政补贴是世界各国社会组织最主要的资金来源。体育社会组织在发展中，应做到筹资的渠道多元化，资金来源形式多样化，采取财政资金扶持与自筹资金结合的方式，拓宽资金渠道，为其发展获得重要的资金保证。

（一）加大财政资金的支持力度

政府财政有强大的税收作保证，如果能够得到政府资金的支持，那么体育社会组织将有很大的发展空间。政府对社会组织的财政资助主要形式有转移支付、财政补贴和政府购买。我国政府涉及社会组织的转移支付主要是专项转移支付，根据政府支出责任划分，对属于地方政府责任范围内的事务，中央不再新设专款，新设立的专款应限于中央事权事项或虽不属于中央事权但带有全局性及外部溢出效应的事项。政府补贴的主要对象是能够提供具有纯公共物品或者公共服务的社会组织，比如健康教育、疾病控制、预防保健、妇幼保健、特困医疗救助、食品药品安全等。

政府购买体育公共服务，是体育社会组织获得政府资金支持的主要渠道。2013年9月，国务院办公厅印发了《关于政府向社会力量购买服务的指导意见》，对政府购买公共服务的各个方面进行了规范，这标志着国家开始全面推动政府购买公共服务。2014年11月，财政部和民政部联合出台了《关于支持和规范社会组织承接政府购买服务的通知》，

为支持社会组织承接政府购买服务提供指导意见。从发达国家的情况来看，进入比较成熟的市场经济发展阶段以后，公共财政在公共品和公共服务方面发挥的作用比较大，这是营造公共生活领域，引导各类民间组织按照国家意图活动的一种重要工具。一些发达国家普遍形成了通过合理安排公共财政，制定资助体育社会组织活动的相关条例，来对这些组织的活动方向和活动领域进行引导。

（二）实行税收优惠政策

政府可以通过制定相应的税收优惠政策来促进体育社会组织培育，在国内形成中国特色的社会主义税收体制。优惠的税收政策可以促进社会组织发展，实现社会组织管理的规范化，进而实现更大的社会效益。这需要一方面建立起税收保障制度，首先建立评价标准，对体育社会组织的免税资格予以确认；其次对公益性强、为社会事务贡献较大的组织给予税收优惠方面的支持，对于不符合要求的组织加以限制，以此为手段，鼓励体育社会组织的发展。另一方面，规范体育社会组织的财务制度，加强财务管理，制定惩罚性的税收制度，通过此项制度，限制体育社会组织不正当的活动和交易，鼓励其朝着社会性、公益性的方向发展。

三、明晰体育社会组织管理与监管的制度支撑

（一）体育社会组织的管理制度

我国社会组织的管理制度，正处于由"双重管理体制"向"直接登记和双重管理并行的管理体制"的阶段。2016年8月，中共中央办公厅、国务院办公厅印发《关于改革社会组织管理制度促进社会组织健康有序发展的意见》，为社会组织准入"松绑"。从整体上讲，国家对非营利组织的管理在登记领域取得较大进展，但是其他方面的改革创新仍然处于滞后发展阶段。"直接登记"制度只限于行业商会协会、科技、公益慈善和城乡社区服务四类特点组织，对体育社会组织的适用面比较窄，且直接登记后的管理、监督、培育和扶持都面临新的挑战。

（二）体育社会组织的监管体系

在监管方面，随着社会经济改革不断加快，创新社会组织监管方式成为我国社会建设的重要内容，并对社会组织监管提出调整要求。在监管方式上，由单一的政府监管向政府监管、社会监管、行业自律等全面监管转变。社会组织双重管理制度衍生出业务主管机关和登记机关，以及各类政府职能部门对社会组织的监管体制。党的十九大提出，"深化简政放权，创新监管方式，增强政府公信力和执行力，建设人民满意的服务型政府"。在监管环节上，建立科学的评价指标体系，依托第三方评价机构对体育社会组织进

行评价,并充分运用评价结果,使之成为政府减免税收等优惠政策的参考依据。在监管主体上,完善社会化的监督体系。采取政府部门引导,群众组织参与,政府公众监督,社会民众受益的模式,使政府和社会公众力量都参与到对体育社会组织的支持和管理中。逐步建立起面向公众的信息发布平台,将信息公开作为法定义务,与扶持政策挂钩,督促各类非营利组织公开透明地发布自身活动信息(如重大资产变动和财务信息,重大活动信息,接收和使用捐赠信息等)。

四、强化体育社会组织培育的人才队伍

人力资源缺乏是一些体育社会组织发展面临的普遍问题。体育社会组织进行人力资源管理的前提之一是完善人事制度,为员工提供工资福利、档案管理、晋升等方面的保障。这方面可参照企业或者事业单位建立适合组织内部发展和特点的人事制度,建立统一的人员评价体系和晋升规则。其二是创立人才培养体系,为提升专业化水平提供支付保障。注重对组织中不同层次人员的培训。具体表现:对于管理层,要规范其产生机制和民主监督机制,实行聘任制和培训上岗制度;对于工作人员层面,要逐步建立职业规范,建立专职人员资格认证制度,提高工作人员的待遇,使其朝专业化、职业化和年轻化发展;对于组织的成员层面,要通过各种活动,逐步选拔和培养各类群众积极分子和群众骨干。通过完善的人事制度,从社会中吸引优秀的人才和业务骨干,实现基层体育组织的可持续发展。

五、善用体育社会组织培育的信息技术工具支撑

可以从以下几个方面具体构建体育社会组织发展的信息技术工具支撑,第一,组织成员可通过相关部门开设的社情民意采集线上窗口或平台,加强与官方的联系沟通,提高政府与组织的合作效率,创造更多务实的共治成果,各类组织之间也可通过网络工具互相增进交流,如群聊、邮件和网帖等;第二,组织可运用存储工具保留成员的各种信息,包括基本信息、健康信息和需求信息等,可通过智能手机向成员发布通知、传播知识、线上培训和网络教育等;第三,组织可利用网络宣传工具,如微博、贴吧和美篇等大众应用发布推文对外宣传,同时表达自身需求、传播自身理念、完善自身形象和提高自身价值,必要时可建立网络工作小组,可通过信息技术工具线上进行会费缴纳、接受捐赠和资源寻求等;第四,宣传工作扎实到位后,一些体育社会组织可建立专门网络站点、入驻专业健身软件和开设专门公众号或小程序,形成线上组织与线下活动相结合的协同运行模式,促进组织高效运转;第五,经常关注网络舆情,通过网络知晓外界对组织的看法、态度和评价,如利用网络问卷、网络留言和网络问答获取信息,其可以作为组织进行日常管理、提升工作质量和规划未来发展的重要参考依据。

案例 8-1　湖北省《黄石市体育事业发展"十四五"规划》中关于体育社会组织培育的论述

1. 深化登记管理改革，稳妥实施体育社会组织直接登记管理制度，放宽体育社会组织注册资金、会员数、办公场所等登记条件，降低准入门槛，放宽对体育社会组织营业范围限制；贯彻落实好《关于改革社会组织管理制度促进社会组织健康有序发展的意见》《关于促进和规范社会体育俱乐部发展的意见》，不断强化体育社会组织的规范化发展；制订《关于实施体育社团社会化实体化发展的意见》，以非奥项目协会为试点，逐步推进项目协会实体化改革进程，鼓励项目协会合法拓展经费来源，逐步引导项目协会增强自身造血能力和社会竞争力；建立以项目为导向的政府购买体育公共服务机制，逐步扩大政府向体育社会组织购买服务的范围和规模，同等条件下，优先向体育社会组织购买公共服务项目；按照去行政化原则，推进体育社会组织政社分开，逐步实施"五分离、五规范"[1]。

2. 加强体育社会组织的扶持培育和监督管理，制定出台《黄石市体育社会组织评估资助办法》，切实推进全民健身组织的规范化建设。健全县（市）区体育总会和单项协会，重点加强体育社会组织建设，鼓励全民健身社会组织下层社区，积极参与承办社区各类线下线上全民健身赛事活动，带动居家健身，构建覆盖城乡、富有活力、就近就便的全民健身组织网络。加快项目协会实体化改革，不断创新项目协会管理体制和运行机制，激发内在活力和发展动力，提升服务能力。

3. 深化"放管服"改革，推动简政放权向纵深发展，进一步释放市场活力和社会创造力，同时加强事中事后监管和制度化建设，全面推进行政许可和权力事项公开透明运行。推行政社分开、政企分开、管办分离，将适合由体育社会组织提供的公共服务和开展的体育社会活动，交由体育社会组织承办。

4. 鼓励专业能力强、社会信誉好、组织运营水平高的各类体育社会组织，实行"揭榜挂帅"制度，引导市场主体之间形成良性竞争，促进群众体育需求和体育消费不断增长。推进全市性全民健身组织评估等级与政府购买服务、资金扶持、税收优惠等政策相挂钩，激励全民健身组织对照评估标准加强自身建设。教育、体育部门共同制定体育社会组织进校园的准入制度，推动体育社会组织参与学校体育发展长效机制。

---

[1] "五分离、五规范"具体指，机构分离，规范综合监管关系，协会依法直接登记，行政机关依法监管并提供服务；职能分离，规范行政委托和职责分工关系，剥离协会现有行政职能，鼓励行政机关向协会购买服务；资产财务分离，规范财产关系，协会取消财政直接拨款，腾退行政办公用房；人员管理分离，规范用人关系，行政机关不再推荐、安排在职或退（离）休公务员到协会兼职、任职；党建外事等事项分离，规范管理关系，全国性协会的党建工作分别由中央和国家机关工委、国资委党委领导，外事工作、人力资源服务等事项由协会住所地政府进行属地化管理。

问题

1. 总结湖北省黄石市体育社会组织的培育路径，以及各培育路径的着力点，思考多元化培育方式的好处。

2. 结合我国体育社会组织面临的问题，尝试提出其他可行的体育社会组织培育方式。

第四节 体育社会组织自身能力建设途径

社会组织活力是标志其生命状态的基本范畴，是有效性、自主性、回应性的统一[1]。我国各类体育社会组织在上述活力方面存在一定不足，部分原因如下：一是它们多数是由社会力量"自下而上"发起，缺乏充足的资源禀赋和先进的管理经验；二是资源要素的缺乏和管理经验的不足，使其容易选择依附政府或者面向市场，可能会形成与政府在资源方面的供养与依附关系；三是仍然存在一小部分体育社会组织难以与政府脱钩，以及并存上述两个原因，使其对于政府动员和市场利益有着更多的追求与回应，在提供多样化的体育公共服务，以及向政府表达群众体育需求方面的活力表现不佳。

培育体育社会组织需加强其自身治理能力的建设。本部分将从完善组织内部治理能力、参与体育治理、提升专业水平和服务能力，以及释放社会价值并坚定文化自信几个方面研究体育社会组织的治理能力建设，这也是系统地培育体育社会组织的重要构成。

一、完善组织内部治理能力

体育社会组织在政府的引导下有必要加强内部规范建设，建立相对民主的治理机制，这就需要体育社会组织以完善组织章程为核心的内部治理结构，建立健全完善民主参与、民主管理和民主监督的制度体系，形成平等协商，诚信自律的运行机制。除了完善组织的理事会制度，还要完善组织的财务制度、会议制度和内部监管制度等，防止组织权力滥用和组织成员行为的失当。充分利用体育社会组织地方性、项目性特点，将正式的制度和非正式的制度有效地整合在一起，减少组织运行中的摩擦与内耗，实现组织有序的发展。

二、参与体育治理

通过政府购买服务，构建起科学有效的体育社会组织治理体系。在组织和政府之间

---

[1] 苏曦凌. 激发社会组织活力的政府角色调整——基于国际比较的视域[J]. 政治学研究，2016（4）：81-90，127.

构建关系平等、边界清晰、功能互补的协同治理体系。发挥体育治理作用的同时，可将体育社会组织作为枢纽型的组织，连接政府部门与基层群众。地方政府对体育社会组织的结构、数量和区域布局等方面的问题进行战略分析和规划，外引内生，促进体育社会组织发展生态圈的形成，使之更好地适应当地经济社会发展需要和满足社区居民的实际体育需求。

三、提升专业水平和服务能力

我国不断深化社会组织管理体制改革，通过政策鼓励激发社会组织活力，目的在于推动其积极参与社会公共服务，实质上是与政府合作服务。参与合作的基本前提是专业水平和服务能力达到合作准入要求。因此，在体育社会组织自身能力建设方面，一是充实人才队伍，在发挥"传帮带"效用的同时，引进更多的专业社会体育指导员，完善章程结构治理[1]；二是要争取掌握特色明显且功能实用的运动专项、大众健身等群众体育服务项目，如组织群众运动竞赛或民族传统体育活动、监测群众体质健康状况、辅导老年人慢性病运动康复，以及服务其他弱势人群体育活动等。

四、释放社会价值并坚定文化自信

体育社会组织高质量培育发展的实质在于提供高质量的体育公共服务。从获取更广泛的合法身份，到提升专业水平和服务能力，再到政社互动改革合作机制，本质上是承认并释放体育社会组织巨大的社会价值，继而逐步实现与政府合作服务，达到社会体育"善治"的过程。蕴含于文化理念的体育治理逻辑无时无刻不在影响着体育治理的思考、决策和实践。用属于舶来品的法团主义或公民社会理论描述和规范政社关系，实质是缺乏文化自信的表现。新时代我国体育社会组织的高质量培育发展，以及政社合作关系的塑造与演进，一定是以人民为中心，致力于社会体育公共服务，共建共治共享体育治理逻辑的广泛实践，这不仅是一种价值释放，更是一种文化自信。

案例 8-2 **乡村振兴战略下农村体育组织——湖北省黄冈市罗田县基层体育社会组织发展实践**

罗田县隶属湖北省黄冈市，位于湖北省东北部，是一个八山一水一分田的山区、老区县和全国扶贫开发工作重点县，也是中国知名的板栗之乡、桑蚕之乡、甜柿之乡、茯苓之乡。罗田县辖凤山镇、骆驼坳镇、匡河镇、大河岸镇、九资河镇、胜利

---

[1] 陈丛刊，纪彦伶. 体育社会组织多元治理的现实困境与推进路径 [J]. 湖北体育科技，2019（12）：1035-1038，1053.

镇、河铺镇、三里畈镇、白庙河镇、大崎镇10镇和白莲河乡、平湖乡2乡。自乡村振兴战略实施以来，罗田县及其下属乡镇体育组织和全民健身事业，取得了快速的发展。

（一）农村基层体育社会组织建设不断完善

目前，罗田县及其下属乡镇基本形成了县级体育协会、乡镇文化站（文旅公共服务中心）、街道、社区、村体育俱乐部、广场舞健身队、晨晚锻炼点三级体育社团的层次结构。到目前为止，民政局注册管理的县级体育社团7个。发挥了宣传和组织作用，科学健身占领健身阵地，掌握意识形态话语权。全县共有社会体育指导员约1000名，占常住人口比例约2‰。

在乡村地区开展全民健身活动，因地制宜建设农民身边的体育场地设施、健全农民身边的体育健身组织、组织农民身边的体育赛事活动，不断提升农业农村人口参与体育锻炼的机会和意愿，不断提高农业农村人口体育健身的科学化水平，对提高农业农村人口的身体素质和健康素养、促进人的全面发展具有十分重要的现实价值和意义。

（二）农村公共体育服务资源供给持续增加

通过实施农民体育健身工程，村级全民健身场地基本实现全覆盖；县政府投资1.6亿元建设的县级体育中心正在建设中。这是一个高起点、高标准的体育场馆，将于2022年底竣工投入使用，并将承办黄冈市第6届全民运动会。建设实施新全民健身示范工程，九资河镇运动中心、九资河镇罗家畈村文体广场等建设项目竣工投入使用。改造县城东门体育公园，维修县灯光篮球场，支持社会力量建成红花尖滑雪场、甫薇山庄多功能运动场、大公体育健身游泳馆池、三里畈温泉山庄游泳池、问道一心跆拳道馆、元泉瑜伽健身房、朗骐健身房和段家山游泳池等一批健身场地场馆，政府投资建成县城"一河两岸"滨河健身步道、健身广场，社区实现"15分钟健身圈"。

2016—2020年，罗田县文化和旅游体育局挂网招标体育健身器材6次，招标合同金额3 268 550元。原罗田县体育局2016—2018年，完成413个行政村、52个社区、机关单位体育健身器材配发。共计378个全民健身路径、312副乒乓球台、116副篮球架。截至2020年5月，罗田县及其下属乡镇有939个体育场地。其中，室内体育场地32个，室外体育场地618个，足球场地2个，健身场地286个，冰雪场地1个。

（三）促进全民健身活动走向制度化常态化

罗田县及其下属乡镇通过相关的体育组织，以"五个人群"（在校学生、老年人、干部职工、农村和社区居民、妇女）活动为载体，开展了中小学生田径运动会、乒乓球羽毛球锦标赛、太极拳剑展示表演、干部职工篮球赛、"舞动罗田"农民广场舞健身活动，以及居民钓鱼、登山、骑行、广场舞、瑜伽健身等活动。2016年、2018年，由国家体育总局自行车击剑运动管理中心、湖北省体育局、黄冈市人民政府主办的挺进大别山·中国（黄冈罗田）自行车公路赛连续两届在罗田举行，活动安全、有序、高效，赢得了领导和群众的高度评价。县级体育精品赛事——干部职工篮球赛，2016—2020年从未间断举办。实现现场看球，掌上看球。从2016年开始，县政府每年8月8日主办"全民健身日"活动，崇尚体育、科学健身的思想深入人心，群众参与热情高，处处洋溢着文明、和谐、健康的浓厚体育健身氛围。2019年参加全市第5届运动会，罗田县代表团560人参加6个类别比赛，获得金牌38枚、银牌19枚、铜牌23枚。罗田县政府通过相关体育组织，积极开展全民健身活动，对提升农业农村人口的身体素质和健康水平、促进人口现代化，以及加快乡村振兴进程具有重要价值。

（四）联合青少年体育组织推进"体教融合"

罗田县政府坚持全面贯彻党的教育方针，把开足上好体育课，实施《国家学生体质健康标准》，全面推行国家体育锻炼标准制度，保证学生在校每天锻炼一小时等要求纳入年度目标管理考评体系。各级各类学校每周开展两至三次课外体育活动，每年召开一次田径运动会。到2020年底，全县确定了田径、篮球2个重点项目，乒乓球、跆拳道2个具有潜优势项目。截至2020年10月，完成青少年注册人员108名，获得参加省市体育竞赛运动员资格，其中，足球12名，篮球24名，跆拳道28名，体育舞蹈9名，乒乓球9名，田径26名。2020年全县158名运动员参加全市青少年田径、足球、篮球、乒乓球、体育舞蹈、跆拳道6个项目年度比赛，获得金牌11枚、银牌13枚、铜牌9枚。目前在市体校（市体育中学）集训9人。

（五）体彩基金收入带动区域体育产业发展

罗田县以体育彩票销售为主体，引导体育健身产业发展格局，取得了较好的经济效益和社会效益。2016—2020年累计发行电脑体育彩票和即开型体育彩票18766万元，募集体育彩票公益金1032万元，为罗田县体育事业的发展拓宽了资金来源渠道。获得湖北省体育局支持，2020年补助罗田县4个体育健身组织、新媒体市场主体引导资金、纾困资金100万元。

罗田县通过农村体育设施与农村体育场地融合开发助力当地农村城镇乡村体育产业转型振兴，能够真正有效实现以农村体育设施带动当地农村经济社会发展，助力城镇乡村产业振兴，既可以盘活当地的优势体育和自然资源，又能引来大批游客激活食宿购等"一条龙"服务，从而增加农村地区的收入与就业，体育产业发展逐渐成为乡村地区发展和经济发展的重要选择。

问题

1. 结合案例，从乡村振兴的角度，思考农村体育社会组织的功能和价值。

2. 利用暑假时间，走访县（市、区）和乡镇，实地考察农村体育活动开展情况，及当地体育社会组织的作用。

> **主要议题**
>
> 1. 体育社会组织治理研究。一是明确体育社会组织在体育治理中的价值和角色定位；二是系统性研究体育社会组织参与体育治理的路径和方式。
> 2. 不同类型体育社会组织的培育路径。从微观上看，需要研究不同类别的体育社会组织采取不同的培育方式，以及不同发展阶段的体育社会组织采取不同的培育方式的问题。
> 3. 政府向社会组织购买体育公共服务的相关问题。关于政府购买体育公共服务的议题，国内已有较多的研究，但何种方式最优及其相关的绩效评价体系建立尚待考虑。

延伸阅读

[1] 高跃，王家宏. 新中国成立以来我国体育社会组织治理范式转换的进路和特征——一个基于社会控制理论的分析框架［J］. 中国体育科技，2021，57（5）：86-91.

[2] 黄亚玲，郎玥，郭静. 深化改革背景下全国性单项体育协会治理机制研究［J］. 北京体育大学学报，2020，43（2）：19-34.

[3] 黄亚玲. 我国单项体育协会改革的软法之治［J］. 体育科学，2020，40（2）：15-23.

[4] 柳鸣毅，丁煌. 我国体教融合的顶层设计、政策指引与推进路径［J］. 上海体育学院学报，2020，44（10）：13-27.

[5] 任海. 中国体育治理逻辑的转型与创新［J］. 体育科学，2020，40（07）：3-13.

[6] 王凯珍、汪流、戴俭慧. 体育社会组织建设与管理［M］. 北京：高等教育出版社，2016.

[7] 王名等. 社会组织与社会治理［M］. 北京：社会科学文献出版社，2015：10.

[8] 杨桦. 中国体育治理体系和治理能力现代化的概念体系［J］. 北京体育大学学报，2015，38（8）：1-6.

[9] 张飙，刘亮，陈清. 我国体育社会组织的发展历程、功能嬗变与新时代的使命［J］. 武汉体育学院学报，2019，53（5）：11-17.

[10] 卢元镇. 论中国体育社团［J］. 北京体育大学学报，1996（1）：1-7.

第九章
青少年体育组织建设与思考

> ❖ **内容摘要**：青少年体育组织是体育社会组织的重要组成部分，更是青少年参与体育的重要载体。我国青少年体育组织伴随着青少年体育的发展而发展，本部分梳理近代以来我国青少年体育发展的历程，探讨我国青少年体育组织发展的阶段特征；立足我国国情，分析青少年体育组织建设存在的问题；针对问题，提出青少年体育组织建设应对策略。

第一节　青少年体育组织建设发展演进

青少年是国家和民族的希望，青少年体育是关乎国家进步、社会发展和青少年个体发展的重要内容。在西方社会，青少年体育组织是青少年参与体育运动的载体，是体育管理体系的组成部分，该类组织发挥着社会组织自治运转的特征。我国的青少年体育组织是指在民政部门登记注册的，以及在有关部门备案登记的各类组织，主要包括青少年体育俱乐部、青少年校外体育活动中心、青少年户外体育活动营地、社区青少年体育社会组织及青少年体育协会（联合会）等[1]，这些组织成为青少年体育公共服务的供给主体。

以青少年体育俱乐部为代表的我国青少年体育组织，伴随着我国青少年体育的发展而发展，经历了一个从无到有、逐渐壮大的过程。

一、我国青少年体育发展的历程

（一）新旧民主主义时期（1840—1949 年）

1840 年鸦片战争，西方列强用坚船利炮打开了中国的大门，使我国逐渐沦为半殖民地半封建社会，中华民族陷入了空前的危难，中国人民从此走上了一条探索救亡图存、

---

[1] 刘扶民，等．中国青少年体育发展报告［M］．北京：社会科学文献出版社，2018：10.

强国强种的抗争之路。在国家持续衰败状况下，中国青年的自我觉醒吹响了"我们不干谁干""华北大地，已经安放不得一张平静的书桌了""团结起来，振兴中华"等彰显青年精神力量的号角。1904年，清政府正式实施了《奏定学堂章程》，将"体操"纳入学校体育课程体系，结束了2000多年中国学校体育没有体育教育的历史。1917年4月1日，毛泽东在《新青年》发表《体育之研究》，针对青少年群体，提出"体育一道、配德育与智育，而德智皆寄于体，无体是无德智也"，旨在要求学校教育应"三育并重"，且体育以对德育、智育的促进作用应占据第一位置的思想[1]。当时的国民政府奉行"军国民体育"观念，加强童子军体育训练；为配合抗日需要，国民政府推行体育、军训、童子军训练三者相结合的战时体育方针[2]。我国近代学校的课外体育活动，最早出现在一些教会学校，各类运动会在近代课外体育活动中占据重要的地位，田径、球类项目通过运动会得以广泛传播。从辛亥革命到1923年，田径、球类逐渐成为中小学生主要的课外体育活动项目。

1927年以后中国出现了两种政权，两个统治区域。国民政府一度为了加强学校体育的管理，成立了学校体育的领导机构，先后颁布了不少学校体育法令，并于1940年公布了我国近代史上第一个比较全面的学校体育实施方案——《各级学校体育实施方案》，但是由于学校体育在实践中当时并未受到应有的重视，体育课被视为"小四门"，加上受师资、教学设备等条件的限制，制定的政策措施无法得以贯彻实施。与此同时，中国共产党领导下的革命根据地和解放区较为重视青少年体育的发展，围绕青少年体育要为革命军队培养军事力量这一目标，青少年体育工作体现鲜明的"军事化"色彩。1934年，湘赣苏区在《小学体育运动教学法》明确体育担负了锻炼强健的功能，帮助革命新生代参加民主革命斗争。延安时期，在陕甘宁边区实行的《边区国民教育实施办法》中，把军事训练、军事学习纳入日常教育。1943年，《陕甘宁边区战时教育方案》对青少年体育课中增设军事训练作出明确部署。在中央苏区、陕甘宁边区和各抗日根据地开展青少年和军队的体育运动，加强社会活动、实施教育教学，关怀广大人民群众和青少年的体育健康。

（二）社会主义初级探索时期（1949—1956年）

中华人民共和国成立之初，国家发展面临着诸多困难，不仅经济贫困、科技落后，而且国民整体的健康状况也不容乐观，青少年学生因为身体原因无法正常完成学业的情况时有发生。如何提高学生的健康水平，成为党和政府十分重视的问题。由于学校体育与青少年学生体质健康水平关系密切，1951年，中央人民政府政务院发布的《关于改善

---

[1] 中共中央文献研究室. 毛泽东早期文稿 [M]. 长沙：湖南出版社，1990：65-81.
[2] 吴小玮. 民国童子军的体育训练——兼论对儿童青少年体育活动的启示 [J]. 成都体育学院学报，2018（5）：120-126.

各级学校学生健康状况的决定》中,将"注意体育娱乐活动"作为提高学生健康水平的一项重要措施,并提出"学生每日体育、娱乐活动或生产劳动时间,除体育课及晨操或课间活动外,以 1~1.5 小时为原则"。1953 年,毛泽东同志向全国青年提出"身体好、学习好、工作好"的要求。随着国家制度不断完善,毛泽东、贺龙等主张形成多部门共推青少年体育促进健康工作格局,以此逐步完善体育在国家多部门和多领域的制度体系。1952 年,教育部设立了体育处,主管全国学校体育工作,国家体委群众体育司也设立了学校体育处。随后,各省、自治区、直辖市纷纷设立学校体育主管部门。在制度建设方面,1952 年,教育部和国家体委联合发布了《学校体育工作暂行规定》,确定了我国学校体育的基本目标是"促进学生身心健康,增强体质,并对学生进行道德品质的教育,使他们能够很好地完成学习任务,从事社会主义建设和保卫祖国"。同年,教育部制定的《各级各类学校教育计划》中明确规定,从小学一年级到大学二年级均开设体育必修课,每周 2 学时。

在课外体育活动方面,1951 年,由中华全国体育总会筹委会、教育部等 9 个部门联合下发《关于推行广播体操活动的联合通知》,并发布了新中国第一套广播体操,很快在全国掀起了做广播体操的热潮,广播体操成为学校课间体育活动的主要形式。1954 年,国家体委参照苏联模式并结合我国的国情,制定并发布了《准备劳动与卫国体育制度暂行条例和项目标准》(简称《劳卫制》),要求初中毕业生达到《劳卫制》少年级标准,高中毕业生达到一级标准。同时,中央人民政府体育运动委员会、教育部、全国学联等部门发出了《关于在中等以上学校中开展群众性体育运动的联合指示》,进一步推进学校体育课外活动的开展。中华人民共和国成立初期,青少年训练组织体系薄弱,1952 年 2 月,中共中央组织部和共青团中央联合印发《选拔各项运动选手集中培养的通知》,提出集中培训。1955 年在北京、天津、上海试办青少年业余体校,并在 1956 年发布《少年业余体育学校章程》和《青年业余体育学校章程》,进一步推进业余体育建设制度化。

(三) 动荡曲折的起伏阶段 (1957—1977 年)

1957—1977 年,学校体育发展受国家政治、经济的影响,经历了一段动荡曲折的发展过程。在这一阶段出现了劳动代替体育、青少年体育盲目追求《劳卫制》高指标、浮夸风盛行、脱离实际等严重违背体育教育发展规律的错误做法。1960 年,在中央提出的"调整、巩固、充实、提高"八字方针指导下,我国的学校教育与体育工作重新步入正轨。1959 年后,我国经历了连续三年自然灾害,经济和物质生活困难,学生健康状况每况愈下,体育课和课外体育活动被迫减少或停止,青少年体育发展遭受严重的挫折。在课外体育活动方面,1963 年许多学校开始恢复《劳卫制》的锻炼与测验。1964 年《青少年体育锻炼标准(草案)》发布,掀起了新一轮学生锻炼的热潮。到 1966 年,我国学校体育基本形成以"两课、两操、两活动"为框架的新格局。

（四）建设中国特色社会主义新时期（1978—1999年）

"文化大革命"结束以后，青少年体育工作需要进行全面的"拨乱反正"，1979年5月，全国学校体育卫生工作经验交流会确立了学生坚持"三好"的方针，即正确处理德、智、体三者之间的关系，摆正体育、卫生工作的位置。在制度建设方面，首先是加强了学校体育法制建设。1979年，国家教委、国家体委发布了《中、小学体育工作暂行规定（试行草案）》。1990年，经国务院批准，我国颁布了中华人民共和国成立以来最全面的体育行政法规——《学校体育工作条例》。其次是实施了学生体质健康监测制度。1979年，我国第一次开展了大规模（涉及16个省、自治区、直辖市）的学生体质调研。1985年，在全国范围开展了针对7~22岁青少年学生的体质调研，并在此基础上建立了定期开展学生体质健康调研制度。1991年、1995年，我国又进行了第三、第四次学生体质调研。为了能够经常性地监测学生体质，1999年，教育部发布了《全国学生体质健康监测网络工作方案（试行）》，并定于每两年进行一次学生体质监测工作，旨在建立与每五年一次的学生体质健康调研相衔接的监测网络。最后是实施初中毕业生升学体育考试制度。1987年、1992年国家教委分别颁布了《中学生体育合格标准的试行办法》和《小学生体育合格标准实施办法》。自1992年起，我国在全国9个省、自治区、直辖市试行初中毕业生升学体育考试制度，在试行经验的基础上，1998年在全国范围内推行。

在课外体育活动方面，1982年，教育部发布了《教育部关于保证中、小学生每天有一小时体育活动的通知》，部分学校开始尝试大课间体育活动。20世纪90年代后，我国推行素质教育，课外体育活动被进一步强调，大课间成为主要形式，活动内容除了传统的广播体操之外，健美操、韵律操、跑步、篮球、武术、毽球、跳绳、游戏等内容也普遍兴起。

为加强体育后备人才培养，国务院在转批国家体委《一九七八年全国体育工作会议纪要》中明确要求各地方按照"思想一盘棋、组织一条龙、训练一贯制"要求，落实将业余体校作为建设层层衔接训练网的基础[1]。各级体委也设置专门服务青少年体育工作的机构，在大中城市推进建立由基层运动队（中小学）、普通业余体校、重点业余体校和优秀运动队层层衔接的青训体系，为我国进入国际奥林匹克大家庭做好充分准备。1983年，教育部、国家体委印发了《体育传统项目学校试行办法》，推动了学校课外训练的发展。到1987年，全国体育传统项目学校发展到了2.6万所，学生近342万人。为了激励学校做好课外训练，国家教委还开展了体育后备人才试点中学评估工作和全国课外训练试点工作先进学校表彰。这一时期的学校竞赛活动十分活跃，从国家到省（自治区、直辖市）、市（区、县）、乡及校内的运动会已经基本形成制度。

---

[1] 柳鸣毅，但艳芳，张毅恒. 中国体育运动学校嬗变历程、现实问题与治理策略研究 [J]. 体育学研究，2020（3）：64-77.

(五) 深化改革的创新阶段 (2000—2012 年)

进入 21 世纪，全面推进素质教育成为深化教育改革的主旋律。《中共中央国务院关于深化教育改革全面推进素质教育的决定》明确指出，"健康体魄是青少年为祖国和人民服务的基本前提，是中华民族旺盛生命力的体现"，这为新时期青少年体育工作指明了方向。以提高学生健康水平为中心任务，学校体育各项建设获得了长足发展。

2002 年，中共中央、国务院印发《关于进一步加强和改进新时期体育工作的意见》，将体魄强健和体育后备人才培养作为青少年体育重要职责。2007 年，中共中央、国务院出台《关于加强青少年体育增强青少年体质的意见》，对加强青少年体育、增强青少年体质作出了具体规定，成为迄今为止我国发文规格最高的青少年体育政策文件，并陆续出台了"高水平体育后备人才基地""等级运动员高考加分""体育院校专业单招"等政策方针。

北京 2008 年奥运会后，在党中央建设体育强国的战略部署下，2010 年国家体育总局成立青少年体育司，地方体育部门也相继完善青少年体育管理职能，在加强青少年体育管理队伍建设和加大经费投入等方面促进青少年体育工作开展。从 2000 年开始，国家体育总局提出了发展青少年体育俱乐部的新思路和新想法，极大地提升了青少年体育工作在体育现代化建设中的地位。2000 年 5 月 18 日，国家体育总局决定在全国开展创办青少年体育俱乐部工作，经审核各省（区、市）体委（体育局）上报的创办青少年体育俱乐部试点工作实施方案后，确定了 17 个省市的 100 个单位创办第一批青少年体育俱乐部。这类组织由政府出台政策主导、专项经费资助而创建，标志着具有中国特色的青少年体育组织的诞生。国家体育总局群众体育司作为当时青少年体育俱乐部的主管单位，为了规范俱乐部的管理，提出了指导性的实施意见。按照国家体育总局文件要求，青少年体育俱乐部对周边学校及青少年学生，实行团体会员和个人会员制开展活动；俱乐部在寒暑假、节假日和双休日期间，积极组织青少年体育冬（夏）令营及各种体育培训、竞赛、交流活动，吸引周边区域学生参加体育活动；俱乐部可辐射周边地区有条件的学校，建立活动网点，并强调创建在学校的俱乐部要率先做好体育场馆设施向社会开放工作等。尽管在理论上定位为民办非企业性质的青少年体育俱乐部发展条件尚不成熟，但其能极大地满足青少年的体育需求，且能代表今后青少年体育俱乐部的发展诉求。

在课外体育活动方面，第一，实施阳光体育运动。2006 年，由教育部、国家体育总局和共青团中央共同启动了"全国亿万学生阳光体育运动"，从 2007 年开始，在全国各级各类学校广泛开展阳光体育运动。阳光体育运动对于增进青少年体质健康，保障青少年享受体育锻炼的权利起到了重要作用。第二，开展青少年校园足球活动。2009 年，国家体育总局和教育部联合下发了《关于开展全国青少年校园足球活动的通知》，并在北京召开了工作会议，标志着青少年校园足球活动的正式启动。第三，学生体质健康调研与监测制度。2000年，我国开展了第4次全国学生体质健康调研，并于2001年10月发布了调研结果。2002年，教育部、国家体育总局印发了《学生体质健康标准（试行方案）》及其《〈学生体质健康标准（试行方案）〉实施办法》，定于2004年新学年开始在全国各级各类学校全面实施。为配合学生体质健康标准的实施，教育部于2004年开始建设大型全国性学生体质健康测试数据信息系统——中国国家学生体质健康标准数据库，并于2005开始实施各级各类学校每年上报学生体质健康标准测试结果制度。

（六）进入新时代（2012年至今）

党的十八大以来，习近平总书记对体育工作做出的系列重要论述和指示，彰显了在以人民为中心的治国理政思想引领下，强化体育在青少年健康成长中的重要作用、在青少年教育体系中的核心地位、在青少年休闲生活中的积极效应及在青少年社会组织中的主要元素，体现了以习近平同志为核心的党中央对青少年体育事业的亲切关爱和高度重视，形成了青少年体育立体式发展格局[1]。

在制度建设上，这一时期，我国先后发布了多个有关青少年体育的高规格的政策文件与配套文件，逐步完善了各项配套政策措施。2020年8月31日，经中央全面深化改革委员会第十三次会议审议通过，国家体育总局和教育部联合印发《关于深化体教融合 促进青少年健康发展的意见》，提出了以破解体教融合实施困境等问题为导向的夯实学校体育工作基础、构建青少年体育赛事体系等8个方面的37条改革举措，旨在促进我国青少年体育、教育、健康等领域全面融合，实现青少年健康促进和体育后备人才培养的目标新指向。2020年10月15日，中共中央办公厅、国务院办公厅印发《关于全面加强和改进新时代学校体育工作的意见》和《关于全面加强和改进新时代学校美育工作的意见》中指出，主要目标是到2022年，配齐配强体育教师，开齐开足体育课，办学条件全面改善，学校体育工作制度机制更加健全，教学、训练、竞赛体系普遍建立，教育教学质量全面提高，育人成效显著增强，学生身体素质和综合素养明显提升。到2035年，多样化、现代化、高质量的学校体育体系基本形成。

2021年5月21日，中央全面深化改革委员会第十九次会议审议通过了《关于进一步减轻义务教育阶段学生作业负担和校外培训负担的意见》（以下简称"双减"政策），其中明确界定了"持续规范校外培训，有效减轻义务教育阶段学生过重作业负担和校外培训负担，提升学校课后服务水平，满足学生多样化需求"等内容。"双减"政策发布后，教育部及国家体育总局颁布相关政策16份，18个省份颁布相关文件44份，主要对学科

---

[1] 柳鸣毅，王梅，徐杰，等."健康中国2030"背景下中国青少年体育公共政策研究[J].体育科学，2018（2）：91-97.

类及非学科类培训进行了规范和治理[1]。"双减"政策措施一经推出，广大中小学生有望重新回归正常的学习与生活，重新拥有可支配的休闲时间。2015年，教育部印发《学校体育运动风险防控暂行办法》，从学校体育的风险管理职责、常规要求、事故处理等方面提出了具体措施；2014年，国务院召开了全国青少年校园足球工作电视电话会议，教育部正式牵头负责校园足球工作，并于2015年发布了《教育部等6部门关于加快发展青少年校园足球的实施意见》，提出校园足球的重点任务是提高校园足球普及水平。

在组织管理上，政府职责被进一步强化，各部门联动，全社会参与不断推进。2016年，国务院办公厅颁布《关于强化学校体育促进学生身心健康全面发展的意见》，明确提出"进一步加强青少年体育工作部际联席会议制度，强化国务院有关部门在加强青少年体育工作中的责任，按照职责分工，落实好深化学校体育改革的各项任务"，青少年体育工作部际联席制度受到重视。学校体育的社会性组织不断涌现，全国学校体育联盟（教学改革）、全国学校体育联盟（体育教育）两个组织分别于2013年、2014年成立，为促进全国高等体育院校（系）与中小学的直接联系发挥了平台作用，并通过召开会议、教学展演、学术研讨等多种形式促进了学校体育的发展。为了整合社会资源，形成全社会参与的学校体育发展格局，一些省（自治区、直辖市）还成立了非营利性的学校体育社团组织，如广东省、北京市分别于2015年和2018年成立了青少年体育联合会。2007年、2014年，教育部、国家体育总局在认真总结学生体质测试工作的基础上，根据形势需要，先后发布了2007年版和2014年版《国家学生体质健康标准》。以不同时期的学生体质健康标准为依据，2005年、2010年、2015年，我国又分别进行了第六、第七、第八次学生体质健康调研。

二、我国青少年体育组织发展的阶段特征

（一）社会制度变革促使青少年体育组织迅速发展

我国的社会转型，使人们的经济生活、社会生活、精神生活等领域都发生了巨大的变化。随着中国社会的日渐成熟，政府有可能把一部分权力和利益移交给社会。与此同时，随着社会化程度的不断提高，人们的体育价值观念在发生转变，体育需求呈现多元化趋势，这使得原有的单纯依靠政府发展群众体育的方式开始发生变化，政府与民众双方都转向社会领域寻求新的管理组织——体育组织。从1999年开始，社会组织的数量以每年30%的增长率递增，各种工商协会、行业组织和基金会增速迅猛[2]。随着人民生活

---

[1] 杨曼丽，张吾龙，胡德刚，等. "双减"政策下我国中小学课后延时体育服务的演进历程、机遇挑战及实现路径 [J]. 体育学研究，2022，36（2）：21-32.
[2] 柳鸣毅. 国外青少年体育组织培育政策监管研究 [M]. 北京：科学出版社，2018：3.

水平的提升，涉及扶贫开发、医疗卫生、教育培训、弱势保护、公共管理等领域的草根组织也开始逐步渗透至我国的城市社区。民办非企业单位兴起并被纳入我国政府着手实施以"统一登记、双重管理"为特征的规范化管理制度中，成为社会组织管理制度建立的标志性事件，青少年体育俱乐部作为民办非企业纳入国家民政部的社会组织管理体系中。

社会改革发展的大环境对体育社会组织发展起到了引导作用，同时也促使以青少年体育俱乐部为代表的青少年体育组织管理规范化。

（二）政府职能转变为青少年体育组织发展提供机遇

进入21世纪，中国从单一的计划经济体制向多元化的社会主义市场经济体制转化，从以政府选择为基础的传统社会向以社会选择为特征的现代社会转型过程中，中国体育必然由政府"集权制"管理向社团化发展转变。党的十八大以来，在我国政府推行职能转变的背景下，社会组织的活力得到激发，形成了政府主导、社会协同和公众参与的社会管理格局，推进其明确职责、发挥功能、依法自治。青少年体育组织创建是政府转变职能的重要体现，通过独立运行、自治管理，青少年体育组织将成为青少年参与体育运动的最基层机构，也便于发挥社会组织的职能和作用。

我国政府职能转变和社会治理创新与改革为青少年体育组织建设带来了新的机遇，实质上也为其提供了孕育发展的条件。党的十八届三中全会审议通过的《中共中央关于全面深化改革若干重大问题的决定》提出："强化体育课和课外锻炼，促进青少年身心健康、体魄强健。"很有力度地说明党中央已从国家强盛和民族振兴的角度来认识促进青少年身心健康的重大意义，强调以校内外青少年体育活动开展为抓手，同时将青少年体育作为增进学校、家庭和社会共同促进、密切配合的一项社会活动，具有较强的指导性和针对性。2014年，国家体育总局青少年体育司召开了全国业余训练工作会议，此次会议基于我国大力发展职业体育和全民健身的时代背景，打破由政府培养青少年单一模式，提倡越来越多的民营资本投入体育产业中，各种类型、不同层次、特色鲜明的青少年体育组织将承担起青少年后备人才培养的任务。青少年体育组织是改进青少年体育工作服务方式的重要载体，落地到社区、街道、体育场馆、活动中心等，更便于青少年参与活动，便于整合社会资源为青少年服务。

（三）体育改革催生青少年体育组织发展壮大

自党的十一届三中全会以来，我国体育体制在国内外大环境的影响下进行了全方位改革，这些改革措施对学校体育、竞技体育、大众体育等领域均产生了广泛的影响。1998年国务院机构改革，在推进社会公共事务管理职能包括体育管理职能的转变方面，迈出了实质性的步伐。从政府机构改革后国家体育总局的职能上看，已经转变或划出了一些具体的事务性职能，将工作重心放在宏观调控方面。中共中央、国务院《关于进一步加强和改进新时期体育工作的意见》中指出:"为适应社会主义市场经济的发展,深化我国体育管理体制改革势在必行。要明确政府和社会的事权划分,实行管办分离,把不应由政府行使的职能转移给事业单位、社会团体和中介组织。体育行政部门要把工作重点转移到贯彻国家方针、政策,研究制定体育行业政策和发展规划,依法加强行业管理和提供服务上来。"

在体育事业改革的背景下,2000年3月1日国家体育总局办公厅下发的《关于进行青少年体育俱乐部试点工作的通知》中决定通过使用体育彩票公益金,有计划、有步骤地在全国开展创办青少年体育俱乐部试点工作,文件指出青少年体育俱乐部的性质是试点单位利用自己所拥有的体育场馆、人才等社会体育资源,建立起来的一种新型的社会化青少年体育组织。《1999年度体育彩票公益金用于扶持创办青少年体育俱乐部实施方案》明确指出青少年体育俱乐部具有社会主义公益性特征,是国家倡导并引导发展的旨在广泛开展青少年日常体育活动的社会组织,它的主要任务是培养青少年体育兴趣、爱好和终身体育锻炼的习惯,增强青少年体质,并向其传授体育运动技能,发现和培养体育人才。

社会组织在我国体育事业发展中的地位逐渐提升,为完善青少年体育组织管理体制和运行体制提供条件,使得青少年体育组织能够按照社会组织的模式创建和运行。2020年4月,中央全面深化改革委员会第十三次会议审议通过了《关于深化体教融合促进青少年健康发展的意见》,这是继2007年中共中央、国务院《关于加强青少年体育增强青少年体质的意见》,2012年教育部、发展改革委、财政部、体育总局《关于进一步加强学校体育工作的若干意见》和2016年国务院办公厅《关于强化学校体育促进学生身心健康全面发展的意见》等一系列涉及学校体育和青少年身心健康的文件之后,对体育和教育两大系统提出的具体要求,将对我国的体育体制改革产生深远的影响。

(四) 青少年体质健康堪忧成为青少年体育组织创建诱因

近年来,我国青少年的体质测试结果仍然不尽如人意。《2014年国民体质健康监测公报》显示:在连续25年下滑之后,我国中小学生体质健康开始有明显好转,但高中生和大学生的体质健康水平还在下滑;近视率、视力不良率还在不断上升,而且农村学生视力不良率的上升速度已经超过了城市学生,这为新时代我国青少年体育的运行机制提出了明确的要求。

青少年体育组织作为专项经费投入、专项政策支持的国家级项目,在全社会关心青少年体质健康和生活教育环境的背景下,已成为我国青少年体育管理中的重要组成部分,其主要体现在如下方面:

①青少年体育组织多元化发展,成为新形势下青少年参与体育运动的主要阵地。青少年体育俱乐部作为培养兴趣、学习基本体育技能的组织,体育传统项目学校作为"体

教结合"培养学校体育人才的组织,国家体育总局挂牌的高水平后备人才基地作为直接为省市专业队和国家队输送人才的组织,各自发挥着自身的作用。

②青少年体育组织的创建已成为延伸学校体育教育和充实校外体育活动的平台。据国家体育总局青少年体育司统计,我国创建的青少年体育俱乐部中有59%主要依托于学校,因此,青少年体育俱乐部和传统项目学校成为学校组织体育活动的重要抓手,也是参加青少年体育赛事的主要组成部分。

③青少年体育组织管理制度和法规政策逐步完善,开展的活动逐步增多。在国家体育总局、教育部和团中央的高度重视下,青少年体育俱乐部、传统项目学校、高水平后备人才基地、青少年户外体育活动营地等在组织创建、评估考核、赛事组织、人员培训等方面逐步加大力度,其管理逐步规范。

2018年1月17日,国家体育总局等7部委联合制定《青少年体育活动促进计划》的发展目标之一是"青少年体育组织发展壮大。青少年体育组织类型不断丰富,规模不断扩大,布局更加均衡,服务与发展能力明显加强。国家示范性青少年体育俱乐部达到300家,各级青少年体育俱乐部达到1.2万家,每2万名青少年拥有1家青少年体育俱乐部。各级体育传统项目学校达到1.5万所。青少年体育组织覆盖乡镇(街道)、城市社区和具备条件的农村社区"。2019年国务院印发的《体育强国建设纲要》提出,"到2035年我国要形成社会组织健康发展与基本实现现代化相适应的体育发展新格局,并明确要求构建青少年体育社会组织管理和支持体系,促进青少年体育俱乐部等体育组织发展支持和培育发展社区体育组织"。

(五)教育的改革为青少年体育组织发展迎来了更大的空间

体育与教育存在密不可分的内在联系。教育的变革与发展将推动体育的改革与发展,尤其近年来,青少年体质持续下降,成为全社会关注的问题。2011年5月24日,教育部办公厅印发《教育部办公厅关于在义务教育阶段中小学实施"体育、艺术2+1项目"的通知》,文件中指出"决定在全国义务教育阶段学校实施""体育、艺术2+1项目",即通过学校组织的课内外体育、艺术教育的教学和活动,让每个学生至少学习掌握两项体育运动技能和一项艺术特长,为学生的终身发展奠定良好的基础。2020年10月13日,中共中央、国务院印发《深化新时代教育评价改革总体方案》提出:建立日常参与、体质监测和专项运动技能测试相结合的考查机制,将达到国家学生体质健康标准要求作为教育教学考核的重要内容,引导学生养成良好锻炼习惯和健康生活方式,锤炼坚强意志,培养合作精神。中小学校要客观记录学生日常体育参与情况和体质健康监测结果,定期向家长反馈。改进中考体育测试内容、方式和计分办法,形成激励学生加强体育锻炼的有效机制。加强大学生体育评价,探索在高等教育所有阶段开设体育课程。2021年中共中央办公厅、国务院办公厅印发的"双减"政策是教育部深化校外培训机构治理、促进学生健康成长的重大举措，意在减轻学生作业负担和减轻校外培训负担。当前，义务教育阶段最突出的问题是中小学课业负担太重，大量的校外课业负担更是严重挤压了中小学生的休闲时间。"双减"工作全面推进，取得了一定的成效，社团活动或体育锻炼等课后服务全面展开，课后服务内容不断丰富，学科类培训受到有效控制，非学科类的体育课和课外锻炼迎来了更大的发展空间。据央视财经报道，我国目前有37万家艺术类培训企业、66万家体育运动类培训企业，其中有3.3万余家属于新增企业。青少年体育俱乐部将蓬勃发展，体育校外培训更加壮大和规范，体育社会组织将为学校体育活动提供更多技术和专业指导，社区体育体现更多学校元素。学校体育将呈现政府、社会、社区、学校共同参与发展的格局。

第二节 青少年体育组织建设存在问题

青少年体育社会组织是青少年体育事业发展的重要载体。当前，在国家及地方各级政府的扶持下，各级各类青少年体育社会组织的规模不断扩大，结构不断优化，发展环境不断改善，但依然存在一些问题，并制约着青少年体育组织在青少年体育事业发展中发挥应有作用。

一、整体规模偏小，难以满足青少年体育工作发展的需要

截至2016年12月，全国31个省、自治区、直辖市和新疆生产建设兵团注册备案的包括俱乐部、营地、中心等在内的青少年体育社会组织总数为8217个[1]。到2018年底，全国共有3809家青少年体育俱乐部，共有243万余名在训青少年，而在欧洲国家，同年，英国约有15.1万个体育俱乐部，美国注册体育俱乐部达2万个以上，韩国体育俱乐部数量近10万个，德国9万家体育俱乐部接纳了全国1/3人口。相较之下，与3亿规模的青少年群体相比，我国现行青少年体育俱乐部的数量远不够，而且还普遍面临场地不足、经费不足、政策支持不足、与学校合作缺少路径等问题，发展活力不强，可持续性不高。

体育主管部门应尽快制定促进青少年体育社会组织发展的政策性文件，积极鼓励社会力量参与、创建各类青少年体育社会组织，完善相关服务标准体系，不断提高服务水平。

二、青少年体育组织结构不合理，基层组织缺位

目前，我国青少年体育社会组织的结构不合理，存在三方面的失衡。首先，民办青少年体育社会组织少于官办青少年体育社会组织。各地扶持创建的俱乐部、中心及营地

---

[1] 刘扶民，王立伟，曹卫. 中国青少年体育发展报告 [M]. 北京：社会科学文献出版社，2018：11.

等均以官办为主，这些组织往往依托各地学校、体校、基层政府、体育协会等政府或事业单位，而由民间发起成立的青少年体育社会组织极为少见。其次，低级别青少年体育社会组织少于高级别青少年体育社会组织，基础薄弱。青少年体育社会组织以国家体育总局创建的为主，其层级多为"国家级"，而由省、市、县创建的组织则相对较少。最后，实体化青少年体育社会组织少于非实体化青少年体育社会组织，由于多数青少年体育社会组织缺乏应有的法人治理结构、组织架构、运营能力等，实体化不足，因而出现发展乏力等现象。当前，各级各类草根型青少年体育社会组织严重缺乏，尤其是社区青少年体育社会组织普遍缺位，亟待加强对基层社区各类青少年体育社会组织的创建。

三、青少年体育组织独立运行能力较差，市场活力不足

能力建设是推动社会组织发展的重要条件，总体来说，我国青少年体育社会组织自我发展的能力不理想。无论是俱乐部还是中心及营地，发展能力普遍偏低。以国家政府主导为手段推进青少年体育组织建设的初衷是搭建青少年体育公共事业平台，但目前创建的青少年体育组织却难以完全独立自行运转，缺乏自我造血功能、生存能力偏低，且深入社区、学校和市场发挥组织的基础功能未能释放。

我国青少年体育组织处于探索期，其运行模式仍然在政府主导下，青少年体育社会组织还完全依托于政府命名后的财政拨款，资助来源渠道单一。从我国青少年体育组织基础建设来分析，青少年体育俱乐部、体育传统项目学校、高水平体育后备人才基地绝大多数是依托于中小学、体育学校、业余体校等教育资源而创建，其体育场馆设施主要依托于学校体育资源，组织管理人员和教练员均来源于学校管理干部和体育教师。换句话说，人、财、物均依托于国家财政资源和教育资源，这就导致我国青少年体育俱乐部至今还未能形成独立的运行模式，成为学校体育的"附产品"。体育传统项目学校和高水平体育后备人才基地仅是通过命名资助给予其财政支持，一系列配套优惠政策体现了国家对体育后备人才和体育特长生的关心，显然，我国青少年体育组织未能按照社会组织的运行模式合理动员、配置和整合社会资源为其服务，为其提供资助，为其可持续发展提供支持。

四、青少年体育组织治理能力不足，难以承接政府转移的职能

2013年11月《中共中央关于全面深化改革若干重大问题的决定》指出，要"正确处理政府和社会关系，加快实施政社分开，推进社会组织明确权责、依法自治、发挥作用"。当前相关部门对青少年社会组织的治理却还处于初级阶段。我国仍有部分体育社会组织与体育行政部门之间并没有真正实现"政社分开""管办分离"。在我国青少年体育组织建设的过程中，政府通过命名资助的方式管理青少年体育组织级别、档次、活动、

绩效等日常业务工作，这将导致青少年体育组织不能形成多元治理的结构，也直接导致青少年体育组织自我造血、动员社会、深入市场的能力不足。同时，青少年体育俱乐部、传统项目学校和高水平体育后备人才基地等组织还采用"两块牌子、一套班子"的运行模式，社会组织管理的政策法规未能产生效应，这些青少年体育组织也无法按照国家为社会组织创造的法律环境和政策支持自我运行。从青少年体育社会组织的内部治理而言，显然也未达到充分的自治。我国大多数青少年体育社会组织自身实力不够，还无力承接政府转移的部分职能。

五、青少年体育组织政策建设滞后，执行监督不力

任何组织的健康发展都离不开法规政策的规范。我国青少年体育社会组织大部分是非营利性的民办非企业单位，然而在扶持和规范其发展的税收优惠、财政资助、人事管理、社会保险等方面缺乏健全的政策规定。青少年体育社会组织在登记注册、业务开展、服务收费、税收减免、享受财政扶持等方面依然存在很多困难和障碍。例如，目前青少年体育俱乐部为了获得省级体育部门的命名资助和国家体育总局的国家级命名资助，必须到民政部门注册登记，但此后民政部门没有对其进行管理和监督。审批青少年体育俱乐部的民政部门应承担包括政治风险在内的一切责任，而对其命名资助的体育部门，一般对国家级命名资助的俱乐部给予连续三年的经费资助后，也没有继续进行管理和监督。另外，由于体育部门缺乏相应的法律依据和执法能力，与市场监管部门的联动机制有待建立健全，加上不少地区市县体育部门撤并控编，各地体育部门普遍对青少年体育培训市场缺乏足够的监管。总之，当下青少年体育社会组织处于缺政策、缺机制、缺管理、缺人才的状态。青少年体育社会组织发展环境亟待改善，也只有不断完善法规建设才能保障青少年体育社会组织健康快速地发展。

第三节 青少年体育组织建设应对策略

面向新时代青少年体育，如何有效提高青少年体质状况，提高青少年的体育参与度，促进青少年健康发展，是摆在决策者们面前的一个重要课题。而如何进一步促进青少年体育社会组织的发展，加强学校、社会、市场等多方协同就成为青少年健康促进的重要方策。

一、理顺体育行政部门与青少年体育社会组织的关系，实现政社分开

党的十九大提出，"打造共建共治共享的社会治理格局。加强社会治理制度建设，完善党委领导、政府负责、社会协同、公众参与、法治保障的社会治理体制，提高社会治

理社会化、法治化、智能化、专业化水平"。从社会管理走向社会治理，推进国家治理体系和治理能力现代化，使政府逐步从"管制型政府"转变为"服务型政府"，从"经济建设型政府"转变为"公共治理型政府"。根据体育社团和协会发展状况，体育行政部门逐步将具体事务的操作权转移给社团，体育行政部门的职能转变为向社会提供公共体育产品和服务的服务职能，运用经济、行政和法律等手段对社会体育团体实施宏观管理，保障体育社团发展的公平和自由竞争的环境，保障体育服务的消费者在多元的供给者之间选择的权利和用以选择的资源。做好青少年体育工作不能是体育部门一家的事，应该是政府、市场、社会共同的目标与责任，发挥全社会的主动性与创造性，不断增强市场配置资源的能力，让青少年体育事业充满活力。

对于体育相关行政部门，要认真落实中央文件精神，第一，体育行政部门要按照中央文件精神，真正实现政社分开，不再对青少年体育社会组织实施管理职能，在青少年体育社会组织中兼职的部门领导干部要尽快依照程序退出。第二，体育部门要顺应社会发展形势，转变管理理念，构建与青少年体育社会组织的新型合作伙伴关系。体育部门的工作重点应放在贯彻落实国家方针政策、研究制定适合青少年体育社会组织发展的行政规划与政策法规等宏观事务上，积极为青少年体育社会组织的健康发展创造充分的保障条件和良好的政策环境；而对于满足青少年体育需求的公共体育服务，只要青少年体育社会组织有能力提供，体育行政部门就尽可能地由其去承接，进而形成青少年公共体育服务多元化供给格局。

对于青少年体育社会组织来说，第一，确立自身的独立法人地位，摆脱对体育行政部门的依附关系，把自己放到与体育行政部门平等的位置上。第二，积极承接公共体育服务，为青少年提供满意的公共体育服务。第三，体育行政部门要明确其权力的范围和边界，以及行使权力的依据、流程和时限，各司其职，这样才能加快转变政府职能、真正建立"政社分开、权责明确、依法自治"的现代社会组织体制。

二、完善青少年体育社会组织政策环境

随着青少年体育改革力度的加大，相关政策、标准等必须及时跟进，提高政府治理体系和治理能力的现代化水平。2016年8月，中共中央办公厅、国务院办公厅印发了《关于改革社会组织管理制度促进社会组织健康有序发展的意见》（以下简称《意见》），首次明确社会组织是我国社会主义现代化建设的重要力量，应充分发挥社会组织服务国家、服务社会、服务群众、服务行业的作用。根据《意见》，要完善扶持社会组织发展的政策措施、依法做好社会组织登记审查、严格管理和监督、加强社会组织自身建设、加强党对社会组织工作的领导、抓好组织实施工作。

积极争取教育主管部门、地方政府和学校支持体育社会组织的相关政策的制定，通过建赛事、抓培训、搞集训、制定评估、奖励，出政策保障，如场地使用、税收优惠等，

来推进青少年体育社会组织的发展,为体育传统特色学校建立良好的生态环境。2020年6月11日,国家体育总局、教育部、公安部、民政部、人力资源和社会保障部、卫生健康委、应急部、市场监管总局八部委联合发布《关于促进和规范社会体育俱乐部发展的意见》,在这一文件指导下,相关政府部门需进一步制定出台或完善《青少年体育俱乐部等级标准》《青少年体育冬夏令营指南》《青少年体育社会组织服务学校课后延时的体育服务标准》《关于推进青少年体育规范的指导意见》等标准,优化发展政策环境,引领青少年体育社会组织更好、更健康地发展。

《上海市体育发展"十四五"规划》还强调要"培育青少年体育社会组织大力建设青少年体育俱乐部,创建青少年体育社会俱乐部星级标准评估制度。鼓励体育社会组织积极参与青少年体育技能培训、后备人才培养、赛事活动组织等,加强第三方评估和监管。引导体育社会组织为学校体育活动提供专业支持,制定体育社会组织进校标准,加强管理和评估考核。继续扶持市青少年体育协会发展,充分发挥其在制定行业规范、加强行业自律等方面的枢纽作用"。"当前,'双减'政策的落地使学生获得更多的课余时间,但这部分时间是继续维持静态还是倾向动态运动,有待观察。我们希望,文化课的'减'有利于体育的'加'。"上海体育学院的唐炎教授表示,有很多校长希望通过放学后的体育活动进一步促进学生健康、改善青少年体质,但受到师资、场地和体育资源的限制,难以发力。"我认为未来可以补充更多社会资源,让孩子在放学后进一步动起来,这就要探索引进青少年体育组织、体育俱乐部如何参与体育课后服务"[1]。

三、壮大并规范青少年体育社会组织队伍

我国青少年体育社会组织数量与质量难以满足青少年体育工作发展的需要,首先要增加青少年体育社会组织的数量,这可以从以下几个方面着手:第一,降低成立登记的门槛,简化登记的手续,为青少年体育社会组织队伍的壮大创造条件,同时增强青少年体育社会组织的自主性和独立性。第二,合理灵活地运用"备案制"。"备案制"对会员数量和注册资金的要求相对较低,能够为青少年体育社会组织的成立创造条件。同时,可以借鉴已有的"青少年体育社会组织孵化基地"的经验,对一些发展尚不成熟的青少年体育社会组织,降低准入门槛、简化登记程序,采取先发展备案,经培育扶持规范后,再去民政部门登记的方式,逐步壮大青少年体育社会组织队伍,以满足青少年不断增长的健身需求。其次,要推进实体化、专业化与市场化建设,这是青少年体育社会组织发展壮大的必经过程。它不仅要求体育社会组织配备专门人员、拥有固定场地,还要求各体育社会组织保证稳定的资金来源,举办有影响力的品牌赛事,实现"有人管事、有钱

---

[1] 上观新闻. 体教深度融合 俱乐部或参与课后体育务 [EB/OL]. (2021-09-17) [2021-11-11]. https://mp.weixin.qq.com/s/kj2_um1ToUFVSmJj33JLYw.

办事、有场地做事"。体育行政部门要顺应政府职能转变的要求，推进青少年体育社会组织实体化建设，通过发挥市场机制作用，把政府向青少年提供的服务事项按照一定方式和程序，交由具备条件的体育社会组织承担。青少年体育社会组织需要有专门的团队运营、专业的方案来发展。青少年体育社会组织形成品牌是为了赢得市场，通过市场的运作能力取得服务、吸引会员以达到青少年体育社会组织服务社会的多重目的。

四、加大对青少年体育社会组织的培育扶持力度

我国青少年体育社会组织，尤其是青少年体育俱乐部还不够壮大，远不能满足广大青少年的体育需求。2021年11月15日，国家体育总局印发《"十四五"体育发展规划》不仅明确提出培育青少年体育社会组织，还要"扶上马，送一程"，提出构建扶持、管理、服务和监督体系，引导青少年体育社会组织健康规范运营、安全有序发展的一揽子方案。针对当前我国青少年体育社会组织普遍"游离"在校园外，"进校园"的"最后一公里"经常出现壁垒梗阻，《"十四五"体育发展规划》则积极为社会力量"撑腰"，明确支持体育社会组织进校园，鼓励政府向体育社会组织购买中小学体育教学和教练服务[1]。通过政策规范引导体育社会组织，培育社会力量，盘活体教融合资源，助力青少年体育发展。

体育政府部门可以通过以下途径提升青少年体育社会组织的能力。一方面，政府通过购买、委托、资助、补贴等方式对青少年体育社会组织进行财政支持。针对实力不同的青少年体育社会组织，在财政支持的方式上应有所区别，自身实力较强的青少年体育社会组织（具备承接政府职能转移和购买服务资质的青少年体育社会组织），应遵循公开、公平、公正原则，引入适度竞争的机制，由体育行政部门通过购买公共体育服务进行支持；对于自身实力较为薄弱的，政府可通过委托、资助、补贴及奖励等方式引导其向青少年提供健身服务以达到扶持的目的。另一方面，运用税收政策对青少年体育社会组织给予一定优惠。各级体育行政部门应当主动与工商、税务等部门进行协商，为青少年体育社会组织的业务开展争取减税、免税等，确保青少年体育社会组织依法享受税收政策的优惠。另外，加强对青少年体育社会组织人才的培育扶持。政府要对青少年体育社会组织从业人员在技能培训、职业晋升及优秀人才待遇等方面给予相应的政策支持，不仅要调动从业人员的积极性和进取心，而且要留住人才。

对青少年体育社会组织的支持，仅靠政府一家力量毕竟有限，应积极引导社会资本进入，鼓励企业和企业家通过慈善捐赠等方式积极参与到体育公益事业中来，支持青少年体育社会组织发展。

---

[1] 肖林鹏. 体教融合引领新阶段青少年体育工作高质量发展——《"十四五"体育发展规划》青少年体育内容解读[EB/OL].（2021-11-02）[2021-11-12］. https://www.sport.gov.cn/n315/n331/n405/c23682059/content.html.

五、加强舆论引导,营造良好氛围

目前,全社会对青少年体育事业的支持、信任与理解的氛围需要改善,这就需要与时俱进,不断创新青少年体育的宣传引导方式,持续拓展宣传渠道和方法,通过官方网站、《中国体育报》《中国教育报》《青少年体育》杂志、微信公众号等媒体以青少年体育社会组织发展、学生课外体育活动开展、青少年足球等为主题,广泛开展有亮点特色的报道。国家体育总局官方网站作为体育类主流媒体,要大力开展青少年体育社会组织宣传工作,积极推进信息公开,加强正面舆论引导。国家体育总局主管的《青少年体育》等专业刊物,应广泛设立有关青少年体育社会组织的专题,如青少年体育社会组织相关知识普及、政府和高校专家访谈和优秀组织案例展示等,同时应进一步增加报道的数量,提高报道的质量。国家体育总局主管的《中国体育报》,其中青少年体育版应增加青少年体育社会组织板块,开展走基层青少年体育社会组织宣传采访活动,紧密结合青少年体育社会组织发展的最新态势,联合多家中央媒体进行采访报道,宣传优秀青少年体育社会组织的好做法、好经验。

案例 9-1 青少年体育俱乐部——厦门市健雄青少年体育俱乐部[1]

厦门市健雄青少年体育俱乐部是由国家体育总局正式批准成立,经厦门市民政局注册登记具有独立法人资格的国家级青少年体育俱乐部。这家俱乐部的成立代表着湖里区少年儿童业余体育学校一次更勇敢的探索——俱乐部式的体育人才培养模式,即借助俱乐部影响面广、专业教练队伍雄厚、场地设施齐全的优势来培养体育人才。

(1) 积极组织赛事。为了更好地促进俱乐部的发展,该俱乐部积极主动承接各级比赛,通过组织承办各类比赛,积累经验,不断提高俱乐部组织赛事的能力。2014年,该俱乐部主动承办的体育赛事有:2014年"阳光体育"福建省国家级青少年体育俱乐部趣味性竞赛;厦门市第二届"睿创杯"乒乓球邀请赛;"豪客来杯"厦门市总商会第十四届乒乓球赛;致公党思明区基层委2014年趣味游泳比赛;厦门联合国际船舶代理有限公司2014年羽毛球联谊赛;湖里区教育工会2014年教职工系列比赛;2014年湖里区中小学生篮球锦标赛;湖里商会"维觉杯"乒乓球邀请赛。

(2) 广泛服务社会。该俱乐部还积极协助湖里区教育局举办2014年湖里区中小学生乒乓球锦标赛、2014年湖里区中小学生羽毛球锦标赛;积极协助湖里区游泳协会举办2014年湖里区游泳锦标赛;积极协助厦门市乒乓球协会举办"乒协杯"乒乓球赛。值得一提的是,2014年7月至9月,该俱乐部积极配合湖里区政府办公室筹

---

[1] 柳鸣毅. 国外青少年体育组织培育政策监管研究[M]. 北京:科学出版社,2018.

备并承接第六届厦门市人民政府办公厅系统运动会的全部竞赛工作，为运动会的圆满成功作出了较大的贡献。

在开展校外体育兴趣培训的工作方面，该俱乐部为丰富广大青少年的课余生活，增强体质健康水平，2014年3月至6月，与火炬学校合作开展了青少年周末体育兴趣班的培训工作，获得了学员、家长以及老师和周边民众的大力赞扬；7月至8月，又组织教练精英面向全市青少年开展了假期的各项体育兴趣的培训工作，成功举办了2014年健雄青少年体育俱乐部篮球体验营活动，进一步扩大了该俱乐部的社会影响。

（3）培养后备人才。该俱乐部积极组队参加各级举办的俱乐部比赛，并取得了优异的成绩。在2014年"阳光体育"福建省国家级青少年体育俱乐部趣味性比赛中，该俱乐部取得了团体总分第一名的好成绩。其中射箭团体项目获第一名；健美操团体项目获第一名；游泳项目男子50米蛙泳比赛获第一名，女子50米蛙泳获第一名，男女4×50米蛙泳接力第一名。同时，该俱乐部在本次比赛中获大会颁发的体育道德风尚奖。在2014年福建省国家级青少年体育俱乐部竞技性比赛三人篮球赛中，该俱乐部获得一等奖。在2014年省青少年校外体育活动中心比赛中，该俱乐部获得团体二等奖，其中健美操项目获得一等奖，乒乓球项目获一等奖，足球组合接力项目三等奖。在2014年福建省青少年户外体育活动营地夏令营中，该俱乐部获得团体一等奖。

问题 基于以上案例学习，请思考如何壮大、规范我国青少年体育社会组织，进一步承接体育体制改革过程中政府转移出来的功能。

案例 9-2 读懂国家体育总局印发的《课外体育培训行为规范》关键词[1]

关键词12：符合条件

"符合条件"是指青少年体育俱乐部、体育培训机构等为学生提供课外体育培训服务要达到学校的要求，是有"门槛"的。例如，体育培训机构的资质（即营业执照）、执教人员的证书（六种）、以往的业绩、培训课程的大纲教材、安全措施和应急预案、是否上过政府的"失信名单"等。进校园的大门已经打开，要看体育培训机构是否做好了准备，能否抓住机遇。

《课外体育培训行为规范》（以下简称《规范》）对室内体育场地空气提出了要求，"使用室内场地的课外体育培训主体应定期对场地进行通风换气，保持室内空气清新、无异味。室内场地空气质量的好坏与人们的健康密切相关，环境卫生学研究表明，空气质量下降将迫使人体吸入较多的有害物质，诱发或加重呼吸及心血管系统疾病，从而直接威胁到人体的健康。因此，课外体育培训不仅是运动技能的培训，

---

[1] 中国体育报.读懂《课外体育培训行为规范》关键词（四）[EB/OL].（2022-01-20）[2022-03-01]. https://www.sport.gov.cn/n20001280/n20067626/n20067732/c23937929/content.html.

还包括增强青少年体质。锻炼时所处的外界条件是运动促进健康的基本保证,室内场地的空气质量好坏则对参加课外体育培训的青少年身体健康起着非常重要的作用,也间接影响到培训的效果。室内场地的空气卫生质量主要包括:温度、相对湿度、风速、甲醛、苯、一氧化碳浓度、二氧化碳浓度、空气细菌总数、可吸入颗粒物或飘尘。此外,一些室内场地有许多设施,如地板、塑胶道、海绵垫、橡胶地板等,大多是塑料制品。在生产、现场安装和后期维护过程中,大量使用胶粘剂、清洁煤油等污染性和挥发性物质,在室内形成有害气体和不同程度的空气污染,社会对这一问题重视不够,政府部门相关也没有将其列入重要工作的议事日程。《规范》将室内场地的空气质量列入要求,表明了政府对室内场地空气质量的重视,但在执行层面上还缺乏相关法律法规和其他具有约束力的政策。

问题 "双减"政策背景下,请思考如何通过政策环境的完善,加强组织内部治理水平的提升,进而提升青少年体育社会组织专业服务水平。

> **主要议题**
>
> 1. 美国、英国、加拿大、澳大利亚等西方国家以结社为源起,以蓬勃发展的社会组织为基础,以体育社会化管理为制度保障,将培育体育社会组织作为发展青少年体育的基础性载体,开展青少年体育培训、赛事、文化交流等不同形式的体育活动,并通过一系列政策导向获得政府支持,促使国家、政府和社会资源得以合理配置,使青少年体育组织起到普及体育运动和培养精英人才的作用。立足我国具体的国情,比较国内外青少年体育组织在功能、分类与属性方面的异同,探究我国青少年体育组织发展中面临的内、外部困境及产生原因,探讨我国不同青少年体育组织规范化的现实路径选择。
>
> 2. "双减"政策颁布后,教育部、国家体育总局及各省份相继颁布相关政策文件,主要对学科类及非学科类培训进行了规范和治理,将语文、数学、道德与法治、历史、地理、外语(英语、日语、俄语)、物理、化学、生物等培训归属为学科类课程,而体育(或健康)、艺术(或音乐、美术)及综合实践活动(含信息技术教育、劳动与技术教育)等归属为非学科类培训,以体育、艺术为代表的素质教育被划在了红线之外,体育类培训的开展和青少年体育组织都迎来了新的发展机遇,同时面临着挑战。挑战之一就是校外培训机构的自主性和选择性与校内管理体制不同,无法形成需求与供给的稳定平衡,请思考并提出青少年体育社会组织如何赋能"双减"政策背景下的体育课后延时服务?

延伸阅读

[1] 中华人民共和国教育部．关于进一步减轻义务教育阶段学生作业负担和校外培训负担的意见［EB/OL］．（2021-07-24）［2022-04-15］．http://www.moe.gov.cn/jyb_xxgk/moe_1777/moe_1778/202107/t20210724_546576.html?ivk_sa=1024320u.

[2] 柳鸣毅．国外青少年体育组织培育政策监管研究［M］．北京：科学出版社，2018.

[3] 肖林鹏．中国青少年体育俱乐部发展报告（2017）［M］．北京：北京体育大学出版社，2018.

[4] 王立伟，曹卫东．中国青少年体育发展报告（2018）［M］．北京：社会科学文献出版社，2020.

[5] 杨曼丽，张吾龙，胡德刚，等．"双减"政策下我国中小学课后延时体育服务的演进历程、机遇挑战及实现路径［J］．体育学研究，2022，36（2）：21-32.

[6] 张杰，唐钰传，夏正清．双减政策下社区青少年体育"三社联动"模式发展机遇与路径［J］．体育文化导刊，2022（3）：33-38.

[7] 杨国庆，刘红建，郇昌店．新时代我国青少年体育公共服务体系建设研究［J］．北京体育大学学报，2018，41（4）：9-15.

第十章
农村体育社会组织现实审思与发展路径

> ※ **内容摘要：** 农村体育社会组织是农村体育活动开展的重要载体，是弥补政府组织公共体育服务供给不足的关键补充。本章主要通过对农村体育社会组织历程回顾、现实审视及发展路径的阐述，展现农村体育社会组织发展的梗概。

第一节 农村体育社会组织历程回顾

按照职能和角色，现代社会组织通常可划分为政府组织、经济组织及社会组织[1]。上述分类标准同样适用于农村体育组织的划分，可分为农村体育行政组织、农村体育营利组织及农村体育社会组织，三者共同构成农村体育社会管理与服务的主体[2]。但目前我国农村地区体育健身服务市场缺失[3]，且农村体育行政组织又存在农村公共体育服务供给失灵[4]，培育和壮大体育社会组织参与乡村公共服务供给，成为完善我国农村公共体育服务治理体系和治理能力现代化的必由路径。基于此，加强对农村体育社会组织的研究，以便有的放矢地推动农村公共体育服务治理体系和治理能力现代化，更需要率先厘清农村体育社会组织的发展历程。

一、初生萌发期（1949—1965年）：单一行政化

1949年中华人民共和国的成立，标志着中国进入新民主主义社会，并且亟须进行战后的经济生产及社会秩序恢复。在体育领域，1949年9月29日中国人民政治协商会议第一届全体会议通过了《中国人民政治协商会议共同纲领》，第四十八条指出"提倡国民体育"。这时，农村体育组织开始逐渐通过国家体育行政机构的确立，实现了快速而有效地整合。1949年10月，在北京召开了中华全国体育总会第一届代表大会，会议决定将中华

---

[1] 于显洋. 组织社会学 [M]. 北京：中国人民大学出版社，2016：90.
[2] 徐家良，廖鸿. 中国社会组织评估发展报告（2013）[M]. 北京：社会科学文献出版社，2013：1.
[3] 余智，唐炎，郭修金，等. 县域群众性体育组织成长路径探析——永新县老年体育组织发展个案考察 [J]. 武汉体育学院学报，2014（12）：17-24.
[4] 周军. 多重失灵与优势整合：跨部门合作网络何以创造公共价值？[J]. 学海，2020（3）：66-73.

全国体育协进会改组为中华全国体育总会，邀请朱德副主席担任名誉主席。1952年6月毛泽东同志为中华全国体育总会题词"发展体育运动，增强人民体质"。同年6月22日，中华全国体育总会筹备委员会发布《关于一九五二年开展体育运动工作的计划大纲》指出"农民以区、村为单位参与经常性的比赛"。随后，中华全国体育总会各县级分会相继成立，新中国体育政策方针借助这一发展体系，在农村得到较好的贯彻执行[1]。

在中华人民共和国成立初期，我国农村体育事业由共青团中央军事体育部负责，直到1952年11月，中央人民政府成立中央人民政府体育运动委员会。至此，中央人民政府体育运动委员会开始逐渐领导全国体育事业发展，中华全国体育总会的工作也相应由8项任务缩减为3项[2]。1956年6月国家体委和共青团中央在北京联合召开全国第一届农村体育工作会议，要求成立农村县级体育运动委员会。据22个省、市、自治区不完全统计，当时已建立县级体委436个，配备专职体育干部554个；共青团也在261个县级团委中配备了268名专职体育干部，建立30505个体育协会，发展会员915150人[3]。到1957年，全国农村已建立3万多个基层体育协会。至此，我国农村体育事业呈现体育部门和共青团中央共同领导、各体育协会具体实施的农村体育行政管理体制逐步成形[4]。

二、畸形兴旺期（1966—1976年）：管理革命化

在十年的"文化大革命"浩劫中，虽然农村体育相比城市的冲击较轻，但农村体育却被更多地赋予了政治意义，如"用穷棒子精神办体育"，利用政治压力"为路线斗争服务"，严重偏离农民自愿原则，农村体育在很大程度上流于形式[5]。因此，农村体育组织不可避免地成为政治活动的附庸，组织管理形式呈现无序发展的状态。

1966年底"文化大革命"开始席卷整个农村地区，大量民间的传统体育项目被批判为"四旧"，且农村体育活动无人组织，导致农村体育组织处于停摆状态。1969年，由于农村体育组织相比城市的冲击较轻，部分农村地区基层领导机构开始恢复，农村地区开始自发地开展体育活动。同时，为了完成对"上山下乡"知识青年进行"再教育"的政治任务，农村地区开始为知青修建体育场地、开展体育竞赛活动等，促使广大知青成为农村体育活动的骨干。1973年后，"四人帮"将农村体育活动作为政治宣传的工具，并大搞形式主义，把组建文艺和体育表演队作为衡量全面"学习大寨"的硬指标[6]。由此，

---

[1] 韩慧，郑家鲲. 新中国成立70周年我国体育社会组织发展：历程回顾、现实审思与未来走向[J]. 体育科学，2019（5）：3-12.
[2] 卢元镇. 论中国体育社团[J]. 北京体育大学学报，1996（1）：1-7.
[3] 刘少英，张小林. 建国以来我国农村体育管理制度变迁与发展[C]//中国体育科学学会. 体育管理与科学发展·2012年体育管理年会论文集，2012：172-176.
[4] 苟仲文. 新中国体育70年[EB/OL].（2019-09-24）[2022-01-30]. http：//www.sport.gov.cn/n10503/c927997/content.html.
[5] 郭修金. 新中国农村体育的演进历程及阶段特征[J]. 上海体育学院学报，2013，37（5）：42-46.
[6] 孙葆丽，杨文学，潘建林，等. "文化大革命"时期的群众体育[J]. 武汉体育学院学报，1999（6）：6-8.

全国多数农村都设立了体育专门领导机构,并使农村体育组织畸形兴旺。

三、复苏崛起期（1977—1991 年）：建设分散化

1978 年 12 月,党的十一届三中全会拉开了以经济建设为中心的市场化改革开放的大幕。在我国农村地区,随着家庭联产承包责任制在全国全面推行、人民公社制度的终结及农产品统购统销政策退出历史舞台,农民的生产积极性得到极大增强,全国农村经济得到极大的发展。截至 1990 年,全国第一产业增加值达到 5017.2 亿元,是 1977 年的 5.32 倍。农村经济的快速发展及农村社会结构的稳定,给农村体育组织发展带来了历史良机,但由于农村体育社会组织管理还处于分散管理或游离型监管,导致此阶段农村体育组织呈现野性化发展状态。

1978 年 1 月 22 日至 30 日在北京召开了全国体育工作会议,会议对体育战线存在的重要问题进行了拨乱反正,要求农村群众体育工作应该生产和劳动相结合[1],标志着农村体育工作开始了全面恢复和振兴。1983 年 10 月 21 日《国家体委关于进一步开创体育新局面的请示》指出"农村体育要充分利用文化馆和青年之家开展活动"[2]。1985 年全国开展了"争创体育先进县"的评比工作,推动了农村体育组织的兴旺发展。1986 年中国农民体育协会成立,各省也相继成立农民体协[3]。此外,一大批自下而上的民间体育组织在社会经济改革浪潮中萌发,如气功协会、钓鱼协会、冬泳协会、大秧歌协会、棋院、武馆、体育活动站等体育社团深入乡村,且数量较大,带动了农村体育组织的发展[4]。截至 1989 年初,全国性社会团体由"文化大革命"前的近百个发展到 1600 多个,增长了 16 倍;地方性社会团体也由 6000 多个,发展到 20 多万个,增长了近 33 倍[5]。民间体育组织的井喷态势,改变了以往农村体育组织自上而下的单一形成逻辑,摆脱了农民体育组织仅依靠高度行政体制的一元管理类型,促成了农村体育组织自由化发展的态势。

农村体育组织经历了 1978—1988 年的野性生长后,国家开始对体育组织进行规范化管理的探索。1988 年民政部开始设立社会团体管理司,专门负责规范社会团体的登记管理工作。同年,《社会团体登记管理条例》实施颁布,确立了民间组织登记管理部门与业务主管单位双重管理体制的开启。到 1990 年,我国又开始了历时 1 年的整顿工作,在一定程度上抑制了农村体育社会组织的无序状况和自由化倾向[6]。

---

[1] 国家体委. 中国体育年鉴 1949—1991 精华本上册 [M]. 北京：人民体育出版社,1993：224.
[2] 国家体委. 中国体育年鉴 1949—1991 精华本上册 [M]. 北京：人民体育出版社,1993：239.
[3] 国家体育总局. 拼搏历程 辉煌成就——新中国体育 60 周年（综合卷）[M]. 北京：人民出版社,2009：8.
[4] 卢元镇. 论中国体育社团 [J]. 北京体育大学学报,1996（1）：1-7.
[5] 周永平. 现阶段我国民间组织发展的制度环境分析 [D]. 北京：中共中央党校,2007：8.
[6] 陈鹏. 中国社会治理 40 年：回顾与前瞻 [J]. 北京师范大学学报（社会科学版）,2018（6）：12-27.

四、规范管理期（1992—2001 年）：发展规范化

1992 年 10 月，党的十四大提出建立社会主义市场经济体制的发展目标，并要求围绕社会主义市场经济体制的建立，进行相应的体制改革和政策调整。按照这一发展思路，农村体育组织的管理逐渐开始了规范化的探索。至此，农村体育组织野性化发展的过热局面得到了有效控制，促使农村体育组织的管理步入了规范化发展的阶段。但此时，我国正处于"农业支持工业，农村支持城市"的经济发展格局，导致农村体育经费严重不足和农村大量体育人口流失，造成城乡之间体育组织发展活力呈现云泥之别，农村体育组织发展缓慢。

随着 1995 年《中华人民共和国体育法》的颁布实施，为企业事业组织、社会团体、公民兴办和支持体育事业提供法治保障。同年 6 月国务院发布《全民健身计划纲要》再次重申了各群众组织和社会团体在全民健身中的重要作用，促进全国体育社团的规范发展。1998 年 6 月，国务院成立了民政部民间组织管理局，从机构设置上加强了对社会组织的管理，同时修订并出台了《社会团体登记管理条例》要求各类社会组织实施"归口登记""双重负责"及"分级管理"的管理体制。2001 年 9 月国家体育总局颁布《全国性体育社团管理暂行办法》明确了登记管理机关和业务主管部门的双重管理责任。至此，我国体育组织管理步入了严格管控的双重管理体制发展阶段。

但此时农村体育组织发展与城市体育组织相比，显露出发展动力不足的问题。首先，农村体育经费严重不足，抑制了农村体育组织发展活力。1994 年我国开始实行分税制改革，地方政府财税的收入占比由 1993 年的 78% 降至 44.3%[1]。在财政经费有限的前提下，地方政府只好优先向城市公共体育服务倾斜。此外，农村公共体育服务经费大部分还需要依靠农民自己负担，而当时农民本身的经济负担已经很重，已无力额外承担农村公共体育服务的费用。其次，农村体育人口流失严重，支撑农村体育组织的基础坍塌。随着社会主义市场经济的发展和农业劳动力边际递减效应的加深，农民开始凭借城乡户籍管理制度的松动及票证制度退出的便利，急切地摆脱土地的束缚向工业及城市地区实现转移。此时，农村传统稳定的社会结构受到市场经济建设的严重冲击，农民已无暇关心农村体育活动，且农村体育人口流失严重，这些都是造成农村体育组织停滞的关键因素。其中 1980—1983 年全国从农村到城市的流动人口为 200 万~300 万，1990 年增长至 2135 万[2]，1992 年农民工数量达 9964 万，截至 2002 年已增加到 12090 万[3]。

---

[1] 张克俊，高杰，方茜，等. 健全城乡融合发展的要素平等交换体制机制研究 [M]. 北京：科学出版社，2020：85.

[2] 潘晓成. 论城乡关系：从分离到融合的历史与现实 [M]. 北京：人民日报出版社，2019：159.

[3] 张克俊，高杰，方茜，等. 健全城乡融合发展的要素平等交换体制机制研究 [M]. 北京：科学出版社，2020：82.

五、活力恢复期（2002—2012年）：运转稳定化

2002年11月，党的十六大报告提出统筹城乡经济发展。2003年1月，中央农村工作会议指出要坚持对农村采取"多予、少取、放活"的方针，发挥城市对农村的带动作用；同年10月，党的十六届三中全会提出"以人为本，树立全面、协调、可持续的发展观""统筹城乡发展、统筹区域发展、统筹经济社会发展、统筹人与自然和谐发展、统筹国内发展和对外开放的要求"，其中把统筹城乡发展放在"五个统筹"的首位。2004年9月，中共十六届四中全会明确了"建立以工促农、以城带乡"城乡统筹发展的长效机制。2007年10月，党的十七大报告强调"科学发展观，第一要义是发展，核心是以人为本，基本要求是全面协调可持续，根本方法是统筹兼顾"。可见，此阶段我国经济社会发展任务在于通过统筹城乡发展拉近城乡间的差距。在体育领域，农村体育组织在城市体育外部动力的带动下，逐渐实现了快速复原和稳定发展。

宏观政策助力农村体育发展地位提升，扭转农村体育组织偏见。2002年4月国家体育总局、农业部发布《农村体育工作暂行规定》明确提出"农村体育应当纳入当地国民经济和社会发展整体规划，纳入社会主义精神文明建设和小康建设内容"，提升了农村体育重要发展地位；2003年10月，十六届三中全会明确指出国家新增文化公共事业支出主要用于农村，奠定了农村体育优先发展位序；2003年12月，国家体育总局在全国群体工作会议上，正式宣布将2004年定为"农村体育年"，明确了农村体育关键发展作用。党和政府一系列宏观政策的颁布，旨在通过提升农村体育，缩小城乡体育差距，同时在潜移默化中有助于扭转社会各界对农村体育组织的偏见。

社会发展促进农村体育发展重心转移，促进农村体育组织下沉。从改革开放到20世纪末，我国农村体育一直是以县城为重点而且县级体育工作也都把发展农村体育放在重中之重的位置[1]。随着社会主义市场经济的下沉，农村逐渐形成了人口众多，经济、政治、社会等高度集中的小城镇。随着乡镇居民的体育休闲需求提升，且相较于县城乡镇体育对广大农村的辐射力增强，亟须呼唤我国农村体育的发展重心向乡镇为重点转移。2000年2月，国家体育总局印发《2001—2010年体育改革与发展纲要》指出农村体育以乡镇为重点；2002年7月，中共中央、国务院发布《关于进一步加强和改进新时期体育工作的意见》再次强调农村体育以乡镇为重点。农村体育发展重心向乡镇实现转移，有助于推动体育组织真正下沉到农村，避免了农村体育组织被束之于县城发展。

城市回哺，激活农村体育发展动力，增强农村体育组织活力。2004年全国"体育三下乡"仪式启动，在全国开展以体育场地设施、体育健身指导与体育科普知识为内容的"体育三下乡"活动；2006年3月29日国家体育总局颁布《关于实施农民体育健身工程

---

[1] 郭修金. 小康社会中的村落体育：山东三村的调查[J]. 体育科学，2009（2）：81-95.

的意见》指出"加大扶持力度,推动农村体育场地设施建设,强化政府对农村的体育公共服务,扩大公共财政覆盖农村的范围"。"体育三下乡"活动及农村体育健身工程的开展,是城市体育回哺农村体育的展现,为农村体育组织恢复发展活力提供了坚实的物质基础。

关注农民工体育权力,实现城乡体育组织统筹发展。在城乡统筹发展阶段,我国城乡人口呈现由乡到城的单向流动格局,导致城市地区的农村人口急剧集中。人在城市工作,但户籍在农村的农村人口,被人们习惯性称为"农民工"。截至2012年,全国农民工总量为26261万人,比上年增长3.9%。其中,外出农民工16336万人,增长3.0%;本地农民工9925万人,增长5.4%[1]。2004年中华全国总工会推出的《2004年中国工会维护职工合法权益蓝皮书》披露,有3500万进城务工人员加入了工会组织,农民工的社会权利得到了一定的保障[2]。但在社会福利制度和户籍制度高度挂钩的年代,农民工在城市的基本公共体育服务权利一直无法保障,直接影响到农民工群体与城市居民的社会融合,背离了社会公平正义的伦理价值观,不利于社会主义精神文明和物质文明建设。2006年国务院出台《国务院关于解决农民工问题的若干意见》提出把农民工纳入城市公共服务体系,为农民工体育组织的建设提供了政策保障,有助于实现城乡体育组织统筹发展。

六、多元发展期(2012年至今):推进多元化

2013年党的十八届三中全会提出,在国家治理体系和治理能力现代化目标的牵引下,通过"坚持系统治理,加强党委领导,发挥政府主导作用,鼓励和支持社会各方面参与,实现政府治理和社会自我调节、居民自治良性互动"的改进社会治理方式。同时鼓励"正确处理政府和社会关系,加快实施政社分开"等措施激发社会组织活力。党的十八届三中全会提出的从管理到治理的社会治理体制创新,既为农村体育组织实现多元主体协同治理提供了强力的政策支撑,又为农村体育社会组织及村民自治组织的发展注入一支强心剂。至此,农村体育组织开始了党委领导、政府主导、社会参与及村民自治的多元主体协同发展格局,农村体育组织的自组织活力得到极大的加强。

体育政务改革促进农村体育行政组织角色转型。单纯依靠体育行政部门全力向农村体育输血的社会体育管理模式,容易导致农村体育供给与需求的错位,造成农村体育设施浪费与不足现象并存。这种政府农村体育管理功能的失灵,致使"体育三下乡"活动和"农民体育健身工程"的推行,举步维艰。为此,在国家治理体系和治理能力现代化

---

[1] 中华人民共和国国家统计局. 中华人民共和国2012年国民经济和社会发展统计公报 [EB/OL]. (2013-10-30) [2021-10-09]. http://www.stats.gov.cn/xxgk/sjfb/tjgb2020/201310/t20131030_1768604.html.

[2] 国际在线. 2004年中国工会维护职工合法权益蓝皮书发布 [EB/OL]. (2005-09-13) [2022-07-08]. https://news.sina.com.cn/o/2005-09-13/13216934394s.shtml.

目标的指引下，体育行政部门亟须推进体育政务改革，推进体育让权与社会及农民，实现由全盘包办农村体育向体育治理的角色转型。2014年国家体育总局出台《关于推进体育赛事审批制度改革的若干意见》指出"除全国综合性运动会和少数特殊项目赛事外，包括商业性和群众性体育赛事在内的全国性体育赛事审批一律取消"，并要求"体育总局各部门、各运动项目管理中心、各全国性单项体育协会坚决贯彻国务院行政审批制度改革要求"。2018年中共中央印发《深化党和国家机构改革方案》指出在省市县对职能相近的党政机关探索合并设立或合署办公，市县要加大党政机关合并设立或合署办公力度。至此，县一级体育主管部门在全国范围内进行了结构合并与改革，体育行政管理部门放权的趋势越发明显，而其引导农村体育发展功能越发增强。

群众体育需求激发农村体育社会组织发展活力。在国民经济和社会发展统计公报中，体育被纳入文化类消费，通过人均教育文化娱乐消费支出可管窥人均体育消费支出。2017—2020年我国人均教育文化娱乐消费支出城乡差距之比分别为：2.43、2.28、2.24、1.98[1]。可见，自乡村振兴实施以来，我国城乡人均体育消费支出差距逐步缩小，城乡居民的体育需求旺盛。十九大报告中提出我国社会主要矛盾已经转化为人民日益增长的美好生活需要和不平衡不充分的发展之间的矛盾。故在农村地区存在着人民日益增长的体育文化需求与发展不平衡不充分的矛盾，亟须激发农村体育社会组织发展活力，弥补政府体育行政组织在体育公共产品供给的功能失灵的不足。

乡村振兴战略实施呼唤农民体育组织焕发活力。2017年十九大报告提出首次提出"产业兴旺、生态宜居、乡风文明、治理有效、生活富裕"的乡村振兴战略。其中"生活富裕"是乡村振兴战略实施的根本，应从建设健康乡村出发，提高农民获得感[2]。可见，乡村振兴战略是以人民为中心执政观的重要体现。因此，乡村振兴战略的建设主体和惠及人群应该为广大农民群众，以乡村体育振兴呼唤乡村农民体育组织迸发活力。2018年《乡村振兴战略规划（2018—2022年）》将乡村公共体育服务纳入发展规划，并提出深化村民自治实践，为乡村农村体育组织自治发展提供政策指引。2021年6月《中华人民共和国乡村振兴促进法》将健全乡村公共体育服务机制，坚持农民主体地位，促进农民组织自治体系建设纳入法治保障。同年10月《"十四五"体育发展规划》强调了体育助力乡村振兴的作用，提出专门为乡村培养一批基层社会体育指导员，加强乡村体育健身指导。

---

[1] 国家统计局. 2020年居民收入和消费支出情况[EB/OL]. (2021-01-18)[2021-06-01]. http://www.stats.gov.cn.
[2] 乡村振兴战略系列丛书编写组. 乡村振兴战略辅导读本[M]. 北京：中国农业出版社，2019：169.

案例 10-1 张家界市农民体育协会成立大会顺利召开[1]

8月18日,张家界市农民体育协会成立大会按程序顺利召开,会议通过了张家界市农民体育协会章程,选举产生了张家界市农民体育协会第一届理事会会长、副会长、秘书长及理事,宣读了民政部门关于同意成立张家界市体育协会的批复,这标志着张家界市农民体育协会正式成立。湖南省体育协会刘文俊常务副主席出席致辞,张家界市人民政府尚生龙副市长出席大会并作重要讲话。

张家界市农民体育协会是组织和指导张家界市农民体育运动的非经营性行业协会,是中国农民体育协会、湖南省农民体育协会和张家界市体育总会的团体会员。张家界市群众传统民族体育基础深厚,农民体育活动氛围浓厚,为更好地组织和引导广大农民群众开展群众性体育活动,满足人民群众对身体健康和美好生活的需求,促进农村社会主义物质文明和精神文明建设,助推脱贫攻坚、全面小康和乡村振兴,筹备成立张家界市农民体育协会,是中国农民体协和湖南省农民体协相关文件精神的具体要求,是实施乡村振兴战略,推动乡村文化体育振兴的内在要求,也是引导当前全市农村广泛开展农民体育健身的必然要求。

张家界市农民体育协会将在市委、市政府的领导下和中国农民体育协会、湖南省农民体育协会的指导下,借力体协平台,争取全国、全省性的重大赛事活动,发掘和推广农村传统特色民族健身项目,积极开展多种形式的群众喜闻乐见的农民体育活动,指导开展农民体育健身活动,宣传普及农民体育健身知识,推动农民体育健身工作交流合作等。坚持以体育搭台,让经济唱戏,促进"体旅""农旅"和"农体文旅与一、二、三产业"融合发展、高质量发展,宣传推介张家界和张家界旅游与特色产业;为全市现代农业发展和乡村振兴夯实基础,创造良好氛围。当前,将全力协办好2020年9月中旬在永定区天门山镇举办的"庆丰收、迎小康——张家界市首届农民运动会暨2020年农民丰收节"重大农庆活动。

问题 能否列举出其他农村体育社会组织?农村体育社会组织如何助力乡村振兴?

第二节 农村体育社会组织现实审思

自中华人民共和国成立以来,农村体育社会组织经历初期的单一行政管理——"他组织",到改革开放后的野性生长——"自组织",直至现如今的多元化发展——"自组

---

[1] 湖南省农业农村厅. 张家界市农民体育协会成立大会顺利召开[EB/OL]. (2020-08-21)[2021-07-18]. http://agri.hunan.gov.cn/agri/xxgk/gzdt/sxdt_1/202008/t20200821_13665788.html.

织与他组织混合发展",已经初步形成了"政府主导,社会广泛参与"[1]的发展格局。但目前我国社会治理恰处于"管理"到"治理"的转型期,亟须实现我国公共体育服务供给主体多元化。但目前面临政府提供公共体育服务的能力还不强,服务的公平性、均等化程度等有待提高[2],且农村地区体育健身服务市场缺失,迫使培育和壮大体育社会组织参与服务供给是完善农村地区公共服务体系建设的重要路径。但目前乡村地区体育社会组织依然存在政社组织角色失调、政社深度合作困难、乡村自治组织缺乏规范等一系列现实难题。

一、城乡融合初现,但内部融合动力不足

乡村兴则国家兴,乡村衰则国家衰。基于此,十九大报告提出了乡村振兴战略,路径在于坚持城乡融合发展,旨在重塑城乡关系,推动乡村实现全面振兴。乡村体育作为乡村振兴的重要组成,将跟随乡村振兴战略的发展步伐,走城乡体育融合发展之路。在推动乡村全面振兴的背景下,城乡体育融合发展已呈现互补互促之势,将促使城市体育组织资源回哺乡村,带动乡村体育组织振兴的发展。2021年,《浙江省体育局关于进一步加强社会体育指导员工作的实施意见》明确指出"各级体育主管部门或社会体育指导员协会应当定期组织社会体育指导员进机关、进企业、进学校、进社区、进农村开展志愿服务工作,组织开展乡镇(街道)、乡村(社区)体育赛事活动,丰富基层文化体育生活"。

当前体育社会组织人治痕迹明显,导致组织内部其他人员普遍缺乏参与管理的机会和动力,即过分倚重个人力量不利于体育组织的壮大及民主决策机制的形成[3]。进入现代社会,工业化、技术革命及精密的分工带来了社会结构的高度分化,直接导致了组织功能的日趋专业化[4],势必对体育社会组织下乡参与乡村社会治理提出更高要求。但在现实生活中,体育行政管理部门的介入使得体育社会组织自身难以实现创新式发展,偶有的下乡活动行为也难以形成可持续的制度性机制。毕竟,体育行政部门笼统的做事风格将体育社会组织的独特优势困住,造成功能定位宽泛,最终使其功能定位与职能表现产生不匹配的窘况,进一步抑制了体育社会组织参与乡村社会治理的内发性动力产生。

二、组织发展提速,但政社不清迹象显著

2013年3月《国务院机构改革和职能转变方案》规定行业协会商会类、科技类、公

---

[1] 郭修金,陈德旭. 治理视域下社会力量参与全民健身研究[J]. 南京体育学院学报,2016(4):11-16,67.
[2] 郭修金,戴健. 政府购买体育社会组织公共体育服务的实践、问题与措施——以上海市、广东省为例[J]. 上海体育学院学报,2014(3):7-12.
[3] 熊涛,陈德旭,单凤霞,等. 体育社会组织参与社会治理的现实困境及路径选择——以上海市为例[J]. 南京体育学院学报,2017(4):118-122.
[4] 张凡. 我国民间跑团的现状及规范化发展探究[J]. 安徽体育科技,2016(2):18-24.

益慈善类、城乡社区服务类社会组织，可以直接向民政部门依法申请登记，加速了体育组织去行政化的进程；同年11月十八届三中全会通过《全面深化改革若干重大问题的决定》，提出加速政社分离、管办分离，进一步加强和激发社会组织的内在活力，同时鼓励有条件的事业单位向企业或社会组织转化。为此，社会组织的数量得到了飞速增长[1]，特别是体育社会组织的增长速度尤其突出，其中在2013—2018年，我国法人登记体育社会组织规模从2.82万个增长至5.37万个，年均增幅超过10%，远高于同期全国社会组织约4%的增长点（图10-1）。

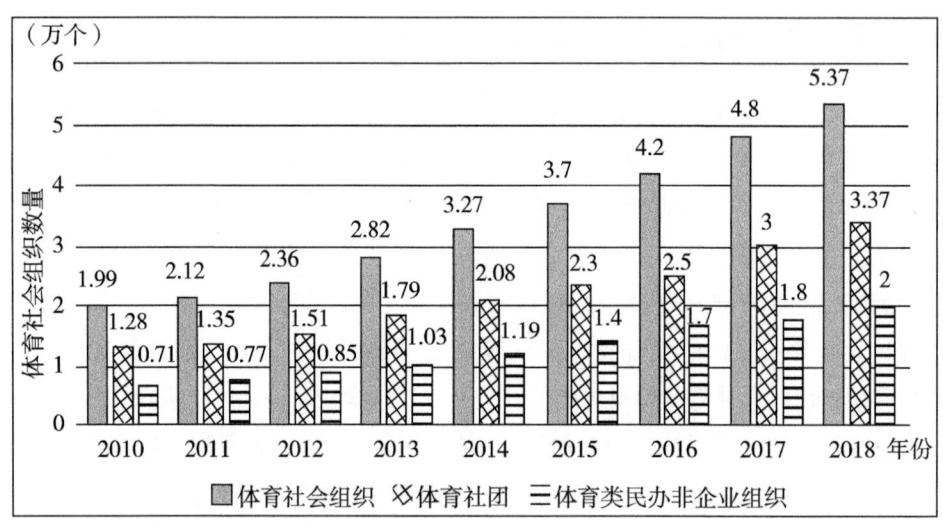

图10-1　2010—2018年体育社会组织、体育社团、体育类民办非企业组织数量一览[2]

社会治理的明确提出始于党的十八届三中全会，虽古已有之，但正式上升为国家层面的高度还属首次，在此之前多为社会管理的理念倡导，如若前推，国家统而治之的色彩更为鲜明。因此，管制模式的更变注定体育社会组织参与农村社会治理存在体制困境。其中突出表现在政府部门与社会组织长期存有难以理清的关系，即"政社不分"现象明显，这种国家层面的制度体系自然延伸至农村的体育治理。目前我国不少农村体育社会组织有的是由党政机构创办，有的是从党政机构或事业单位直接转型而来，在资源供给、职能配置、活动方式、管理体制等许多方面，都严重依赖政府，成了政府的附属机构，难以独立发挥公共服务和公共管理作用[3]，进一步加重了"政社不分"的程度。可以说，体育行政部门依然延续计划经济时期的思维习惯，形成制度的路径依赖，使农村体育社会组织参与社会治理的意愿发生扭曲，政府"划桨"并"掌舵"的惯习仍严重遏制

---

[1] 苏晓慧，杨艳花. 近十年来我国社会组织发展及演变趋势研究[J]. 新西部，2018（27）：22-23.
[2] 中华人民共和国民政部. 2010—2018年民政事业发展统计公报[EB/OL].（2019-08-15）[2021-09-08]. https://www.mca.gov.cn/wap/article/sj/tjgb/.
[3] 王建军. 当前我国社会组织培育和发展中的问题与对策[J]. 四川大学学报，2012（3）：5-11.

农村体育社会组织更多功能的发挥，实行"体内循环"的制度必将促使体育社会组织在参与社会治理过程中举步维艰。

三、政社协作初成，但政社力量严重失衡

首先，农村体育政策文件为政社合作指明方向。2017年农业部、国家体育总局联合印发《关于进一步加强农民体育工作的指导意见》指出"基本健全以农民体育协会为主要形式的农民体育社会组织，政府主导、部门协同、社会参与的农民体育事业发展格局更加明晰"，为政社合作指明了政策方向；2019年，国务院办公厅印发《体育强国建设纲要》提出"到2035年，形成政府主导有力、社会规范有序、市场充满活力、人民积极参与、社会组织健康发展、公共服务完善、与基本实现现代化相适应的体育发展新格局，体育治理体系和治理能力实现现代化"的战略目标。其次，政府机构改革主动促成政社协作实践发展。县级体育行政管理部门在经历了行政结构改革后，直接插手基层体育业务已是有心无力，而乡镇级文化站又承担了多项基层重任，也无暇分身顾及基层体育工作。于是，政府体育管理部门不得不寻求与各单项体育协会的合作，让其为政府分担乡村公共体育服务供给的压力，从而促成了政府体育管理部门和体育社会组织协作的初步成形。

然而，政府体育部门和社会组织力量严重不均衡，抑制了农村体育协同治理的实效，难以真正形成二者协同发力的格局。体育社会组织自身发展的能力，涉及人、财、物等诸多方面，而其不足则制约着参与社会治理的效果。体育社会组织的人才缺失较为普遍，没有专业人才，外行领导内行现象严重，阻碍体育社会组织良性发展。体育社会组织内部治理的结构主体为志愿团队，因其比例偏低，致使运作过程中遭遇困境。体育社会组织还面临资金缺乏的问题，没有足够的经费保障，其发展就会遇到困难。体育社会组织开展活动同样缺少固定的场地设施，硬件资源基本由政府掌握，体育社会组织很少有完全属于自己支配的场地设施，严重影响参与社会治理的积极性。体育社会组织的管理运行存有障碍，其自身快速发展的同时，内部体制却难以应对，单纯依靠志愿者较难完成日常管理问题，加之缺乏运转资金、专业人才不足，向社会化、实体化发展空间有限，更不可能顺利地参与到社会治理中。例如，中国农民体育协会作为农民体育培训的社会主体，2016年与中央农业广播电视学校合署办公，借助各级农业广播电视学校的培训系统精准开展农民体育培训。但中国农民体育协会在省、市、县的影响力逐级衰退，到县一级所拥有的人、财、场地等体育资源已变得微乎其微，造成基层农民体育协会已无力与同级体育管理部门协作开展农民体育培训工作，同时也往往会被基层体育管理部门所忽视。

> **案例 10-2** "民"不虚传！社会力量办体育的"温州样本"（节选）[1]

2017年9月5日，国家体育总局与浙江省人民政府签署协议，全国唯一的社会力量办体育试点正式落户温州。这赋予了温州为中国体育发展探索新路子的"探路者"使命。

回望3年时光，温州扎实推进试点工作落地见效，取得了一批可复制可推广的经验。温州人秉承敢为人先、大胆探索、善于创造的"温州精神"，为浙江也为全国社会力量办体育提供了宝贵的"温州样本"。

通过政社分离、公私互补，探索社会力量参办体育组织的新路子：温州全市体育社团发展到1995家，其中市级82家，县市区级314家，乡镇（街道）体育总会全覆盖，社区村居都有健身组织。

案例：羽毛球协会是温州最早成立的民间体育社团之一。2011年，协会迈出了"社会力量办体育"跨越式的一步——承办中国羽毛球俱乐部超级联赛。温州羽协运用市场化运作模式，通过积极开拓市场、借用媒体宣传和社会人脉寻求企业冠名赞助，从而成功举办了联赛。

点评：基层体育火不火，要看体育社团活不活。遍布城乡的体育社团已经成为当地体育事业发展的"毛细血管"。在温州，政府包办体育逐渐成为过去式，"活"起来的社团正成为满足当地居民日益多元化体育需求的"供给者"和"生力军"。

问题 为什么要建立以本土体育人才为主体的乡村体育社会组织？

四、自治组织活跃，但组织规范门槛过高

2017年党的十九大提出实施乡村振兴战略，指出"加强农村基层基础工作，健全自治、法治、德治相结合的乡村治理体系"；2019年6月，中办、国办印发《关于加强和改进乡村治理的指导意见》提出"到2035年，乡村公共服务、公共管理、公共安全保障水平显著提高，党组织领导的自治、法治、德治相结合的乡村治理体系更加完善，乡村社会治理有效、充满活力、和谐有序，乡村治理体系和治理能力基本实现现代化"，为新时代乡村治理指明了方向和目标；2021年《中华人民共和国乡村振兴促进法》又重申健全"自治、法治、德治相结合的乡村社会治理体系"。可见，从国家政策层面，鼓励社会力量参与乡村社会公共事务自治是国之所需，已经成为一种共识，自然会孕育出大批乡村自治组织，体育领域亦是如此。据不完全统计，党的十八大以来，活跃在城乡基层社区

---

[1] 光明网."民"不虚传！社会力量办体育的"温州样本"[EB/OL].（2020-09-30）[2021-11-19]. https://m.gmw.cn/baijia/2020-09-30/1301623595.html.

未登记的草根体育社会组织数量超过百万，网络体育组织超过 80 万，并且草根体育组织数量仍呈快速发展之势[1]。

体育社会组织的高门槛，造成绝大部分乡村体育自治游离于监管之外，自然无法享受应有的体育权益，也成为限制乡村体育自治组织发展的天花板。因为体育社会组织成立不仅事先需要主管机构批准，还要到管理机关做好登记。体育社会组织的双重管理模式，表面看仿佛强化了监管，看似要求更加严格，实则提高了体育社会组织的准入门槛，当然也就增加了体育社会组织发展负担。由于乡村体育自治组织达不到成为正式体育社会组织所规定的体育场地、办公场所、财务审计等条件，导致大量乡村草根体育社会组织不能转化为合法组织，最终造成乡村草根体育社会组织管理的不规范。这主要是因为政府对体育社会组织的管控较多，从而使其对政府过度依赖，行政干预及权利行使成为常规。再加之以往的惯性管理思维，自上而下高度集中的管理形式普遍存在，导致体育行政部门"既管又办"，"裁判员"兼具"运动员"身份，没能通过体育社会组织实现社会体育活动的自治管理和运营。

第三节 农村体育社会组织发展路径

根据国家提出的"党委领导、政府主导、社会协同、公众参与、法制保障的社会管理体制"要求，农村体育社会组织发展创新应充分发挥政府的主导作用，在体育政策制定、相关的制度安排，以及体育资源配置等方面有较多侧重。虽然我国在创新乡村社会治理中做了有效实践和积极探索，但深层的体制机制问题仍然阻碍完备治理体系的形成。此外，探究乡村体育自治组织的规范管理路径，进一步释放其参与乡村社会治理的活力，有助于推动乡村社会体育治理能力和治理体系现代化发展。

一、转变发展理念，提升内在融合动力

首先，转变注重硬件投入的发展理念。在乡村振兴战略的推动下，乡村体育的发展受到地方政府的重视，乡村体育的硬件设施得到了一定保障，《"十四五"体育发展规划》中提到"人均体育场地面积将达到 2.6 平方米"的主要目标。作为乡村体育的软件——乡村体育组织的培育，相对乡村体育场地及设施等硬件来说，由于需要投入的周期更长、人力成本更高、专业性更强，但短期产出成效不显著，造成乡村体育发展中位序排位边缘化。为此，乡村体育高质量发展应由单一抓硬件投入的行政固有思维转向软硬件兼顾发展的理念。其次，提升城乡组织融合的内在动力。目前我国社会主义市场化改革取得

---

[1] 王凯. 新时代体育治理体系与治理能力现代化建设的政府责任——基于元治理理论和体育改革实践的分析[J]. 体育科学，2019（1）：12-19, 34.

的巨大成就，离不开农村和农业对城市及工业的支持，但由于乡村社会人口流失所带来的空心村、老年村等导致许多地区将乡村体育视为边缘性工作，导致乡村体育发展遭受冷遇[1]，更何谈撬动乡村体育的内在发展动机。但在乡村振兴战略的推动下，城乡融合发展已成平等互促互补发展之势，促使乡村的历史文化、自然资源等乡土资源已经成为城市体育所不可及的优势资源，吸引大量城市体育组织下乡开展体育活动。为此，如何充分发挥乡村体育独特的文化和自然等资源优势，推动乡村体育与城市体育同处平等的发展地位，是推动城乡体育组织融合发展最关键的内在发展动力。

二、深化体制改革，健全法人治理结构

首先，纳入政府考评体系。提高体育行政部门对乡村体育社会组织之于乡村社会治理重要性的认识，将乡村体育社会组织管理工作纳入体育行政部门长期及年度重点发展规划，列入对体育行政部门社会综合治理考评体系的重要考核内容。其次，完善乡村体育社会组织的发展制度建设。广泛听取乡村基层单位关于乡村体育组织发展与改革的汇报情况，落实党建于组织内部建设的对接事项，推动党建工作实体化建设，加强组织的党风廉政建设及反腐工作，构建体育社会组织的惩治与预防体系。最后，健全体育社会组织法人治理结构。根据组织自身特点制定详细章程，借助制定的政策法规及规章制度以完善法人治理结构；关注将党委组织与乡村体育社会组织的结合方式，应时刻体现体育社会组织的独立性，又要关注党委组织的活动热情，更需落实组织内部的民主选举、决策及管理事项；明确活动安全风险责任意识，努力打造权责明确、制衡显著的法人主体，独自承担法律责任。

三、推进政社分离，完善社会参与模式

推进政社分离，但需明确体育社会组织的发展与培育离不开体育行政部门的投入。为此，亟须政府部门主动引导体育社会组织达到自我管理、自主发展的良好目标，完善社会参与模式的构建。首先，树立体育行政管理部门的放权意识。根据中办国办印发的《行业协会商会与行政机关脱钩总体方案》的相关文件精神，加快体育社会组织"去行政化"和"去垄断化"的改革步伐，减少政府官员在体育社会组织中的兼职现象；在乡村振兴战略实施的背景下，厘清政府与体育社会组织在乡村振兴中的具体职能，加快政府将部分乡村体育治理职能转移给体育社会组织的进程，积极赋予体育社会组织使用公共体育资源的权利，逐步实现将乡村体育微观层面的相关事项转移至体育社会组织内部，实现乡村社会治理空间的有效让渡。其次，明确体育社会组织的自治思维。体育社会组

---

[1] 中国新闻网. 专家：无体育无新农村政府部门要重视[EB/OL]. (2009-08-21) [2021-11-17]. https://www.chinanews.com.cn/gn/news/2009/08-21/1828061.shtml.

织是乡村民众展开体育活动、竞赛及社会交往的载体，是其体育诉求达成的汇聚之地，在其职能转变、权力下放的进程中，可以采用体育单项协会、行业协会自治自管的方式激发自身的发展活力，并且建立培育及吸收乡村本土体育人才为主体的乡村体育社会组织发展模式，以完善乡村体育社会组织参与乡村社会治理的模式。

四、增强组织力量，提升政社协作水平

政社力量不均衡，尤其是体育社会组织力量薄弱是当前政社难以开展深层次协作的重要原因。因此，体育社会组织亟须在人才队伍建设、专项经费、公共资源使用等方面得到切实保障，并结合自身的公益性推动乡村体育社会组织实体化及社会化的发展。首先，在人员构成上，要充分体现民间乡土性。积极吸收更多的乡村本土社会精英或其他领域业务熟练的人员加入，重点建起与职能相匹配的管理机构。同时，体育行政部门应加强对乡村体育社会组织骨干人员的培训，建立一支相对稳定的乡村专业管理队伍，积极参与乡村体育组织的内部管理，并能够借助乡村各分支召集更多乡村本土体育民间组织和力量，进行体制性改造和创新，参与乡村社会的治理与服务。其次，在经费来源上，要充分体现多元性。鼓励乡村体育组织参与市场的合理创收行为，增强乡村体育组织的自我造血能力；引导高素质农民群体、社会成功人士及相关企业积极捐助乡村体育社会组织，提升社会渠道对乡村体育社会组织的发展助力；适时展开与村委会、乡镇政府及县级政府等组织和政府部门的合作，以资助或者市场化购买服务的形式为乡村体育组织注入经费支持。最后，在公共资源使用上，要充分保障使用权。鼓励有条件的乡村体育组织自筹经费自建体育场地设施；乡镇文化站或村委会的体育场地设施应充分依法依规向乡村体育社会组织开放，尤其需要保障乡村体育社会组织对乡镇文化站或村委会室内体育设施场地的使用权。

五、加强分类指导，延续自治组织活力

首先，依据特点，分类指导。党的十八届三中全会通过的《中共中央关于全面深化改革若干重大问题的决定》注重社会组织发展的优先顺序，其中行业协会商会类、科技类、公益慈善类、城乡社区服务类最为重视，成为分类指导的重要依据。乡村体育社会组织要根据各组织的不同类型和特点，基于政策指导进行合理的分类，提出分门别类的指导意见。具体而言，对各级各类体育社团、民办非企业、基金会等实行分类指导、建设、扶持及管理，避免笼统发展。其次，降低门槛，规范运行。乡村体育组织中最具有活力且数量众多的是乡村自治组织，但由于目前自治组织还处于缺乏规范监管的状态，导致乡村体育自治组织需依规共享社会体育发展红利，且无法组织系统化的思想意识形态建设。为此，对乡村基层体育自治组织应鼓励通过常态化的在线直接登记注册，降低

乡村体育自治组织的准入门槛；将乡村体育自治组织的日常管理纳入体育协会行业内部管理，借助互联网开展灵活且系统的思想意识形态教育；根据项目特点，建设线上展示平台或线下竞赛活动交流，提高对外交流能力；加强对乡村体育自治组织的培训，提升乡村体育自治组织的专业化水平，更好地发挥体育自治组织便捷性、机动性、灵活性优势。

案例 10-3　石家庄市展开民间体育组织备案工作[1]

记者从石家庄市体育局获悉，为更好地进行公共体育服务，支持和帮助民间草根体育组织发展，将对我市各类民间草根体育组织进行在线登记备案工作。

据了解，此次民间体育组织备案工作，不设高门槛，不收取任何费用，让民间草根体育组织的服务更接地气。凡是在石家庄辖区内有相对固定的健身场地、项目、时间和人群的民间自发健身组织，均可关注石家庄市体育局官方微信公众平台"热练国际庄"，在公众号底部菜单进入智慧体育管理服务平台，在"组织备案"详情页填写上报材料，进行材料审核。

审核通过后的体育组织，会在市体育局智慧体育平台展示，并将根据备案情况提供技术培训、赛事服务、体质检测、科学健身指导方案等多方面支持。通过此次备案工作，将使民间体育组织注册成常态化，体育部门为这些组织搭建铺设平台、整合资源、提供支持，引导我市众多民间体育组织逐步走上专业化道路。

问题　如何规避农村体育自治组织规范化管理过程中出现"一管就死"的窘境？

主要议题

（1）城乡体育组织融合发展研究。系统回顾城乡体育组织的发展历程；厘清影响城乡体育组织自由流通的障碍因素；探索城乡体育组织融合发展的基本路径和保障机制。

（2）党建工作引领乡村体育自治组织发展研究。关于乡村体育自治组织的党建工作的研究成果较少，需要从乡村体育自治组织的规范发展着手，系统研究党建工作引领乡村体育自治组织的内在逻辑与发展困境，探究党建工作引领乡村体育自治组织发展的基本路径。

---

[1] 石家庄市体育局. 石家庄市展开民间体育组织备案工作 [EB/OL]. （2019-03-05）[2021-09-13]. http://tyj.sjz.gov.cn/col/1507788229169/2019/03/05/1551752147710.html.

延伸阅读

［1］郭修金．新中国农村体育的演进历程及阶段特征［J］．上海体育学院学报，2013，37（5）：42-46．

［2］郭修金，戴健．政府购买体育社会组织公共体育服务的实践、问题与措施——以上海市、广东省为例［J］．上海体育学院学报，2014，38（3）：7．

［3］熊涛，陈德旭，单凤霞，等．体育社会组织参与社会治理的现实困境及路径选择——以上海市为例［J］．南京体育学院学报（社会科学版），2017，31（4）：120．

［4］韩慧，郑家鲲．新中国成立70周年我国体育社会组织发展：历程回顾、现实审思与未来走向［J］．体育科学，2019，39（5）．

［5］国家体委．中国体育年鉴1949—1991精华本上下册［M］．北京：人民体育出版社，1993．

［6］国家体育总局．拼搏历程 辉煌成就——新中国体育60周年（综合卷）［M］．北京：人民出版社，2009．

［7］潘晓成．论城乡关系：从分离到融合的历史与现实［M］．北京：人民日报出版社，2019．

［8］乡村振兴战略系列丛书编写组．乡村振兴战略辅导读本［M］．北京：中国农业出版社，2019．

［9］周永平．现阶段我国民间组织发展的制度环境分析［D］．北京：中共中央党校，2007．

第十一章 网络体育组织的勃兴与思考

> ❖ **内容摘要**：网络体育组织是时代发展的必然产物，是群众体育组织的一种新形式，属于非营利性体育组织。本章主要从网络体育组织的兴起、特点、管理中存在的问题，以及管理策略这四方面着手，介绍网络体育组织产生的时代背景；阐释网络体育组织的概念；明确网络体育组织的特点；梳理网络体育组织管理中面临的问题；针对性提出网络体育组织管理对策。

第一节 网络体育组织的出现

在党和政府的全力推动下，民众体育健康意识不断增强，群众体育开展越来越好，各种体育组织也越来越多。随着我国社会经济水平的提高及移动互联网的普及，依托网络媒体组织体育活动在我国逐渐兴起，网络体育组织已成为人们开展健身活动的一种新的组织形式。

一、网络体育组织兴起的时代背景

（一）国家群众体育发展的必然性

党的十八大以来，我国的政治、经济、社会发生了巨大的变化，社会环境日益良好，体育需求日益增长。2014年，国务院颁布的《关于加快发展体育产业 促进体育消费的若干意见》中提出：2025年体育产业总规模超过5万亿元，经常参加体育锻炼的人数达到5亿人，公共体育服务基本覆盖全民的目标，这给新时代网络体育组织带来了新的发展动力和发展机遇。2017年10月，党的十九大报告将社会组织视为新时代治理体系重要主体和各项建设事业的重要力量，被纳入"五位一体"总体布局，成为党和国家机构改革统筹谋划的一部分。在党和政府的全力推动下，在人民群众健康意识日益提升的现实背景下，群众体育开展得越来越好，各种体育组织也逐渐增多。

（二）社会进步发展的时代产物

我国社会进入发展新时代，体育主要矛盾已经转化为人民日益增长的体育需求与体育服务意识和体育设施与体育资源不平衡不充分的供给之间的矛盾，现有的公共体育服务供给远落后于人们对体育的多元需求，激发社会组织的力量，提高公共体育服务的质量和效率成为必然途径。互联网的发展及互联网技术在各个领域的应用，推动社会不断涌现新兴产业和新兴业态，强势地改变着社会经济发展方式，形成了一种"互联网+"的新趋势浪潮。而基于互联网的发展，人们的体育活动不再局限于现实和周边，互联网加速了体育信息的传播，给予了公民更多平等参与体育的机会，也一定程度上改变了体育组织的社会发展方式和生存方式，由此激发了网络体育组织的诞生。网络体育组织的风潮和繁荣是我国互联网发展与社会经济增长的时代产物，是我国社会结构变迁、经济多元化发展、体育需求多样化的结果，反映了我国公民参与体育的意识逐步增强。

（三）新时代个体全面发展的需要

互联网技术日新月异，为人们的生活带来极大便利，在人们的工作、学习及生活中扮演越来越重要的角色。人们使用互联网的频率不断提升，网络已经深入我们生活的方方面面，通过网络参加各种形式的俱乐部已成为常态。随着互联网技术的快速发展和普及，网络体育组织也不断增长，成为人们参与体育运动的一种重要组织形式。目前，依托网络媒体组织体育活动在我国已悄然兴起。网络已经成为人们开展健身活动的一种新的组织方式。人们根据共同的体育兴趣爱好建立微信群、QQ 群等交流场所，并通过这些平台发布信息和组织体育活动。可以肯定的是，网络时代的到来为大众体育的发展提供了一种新的组织形式——网络体育组织。

二、网络体育组织概念

王歆在其硕士论文中将网络体育组织定义为基于互联网平台自发组织起来的，具有共同体育爱好和兴趣的群体，通过线上交流，线下开展体育活动的非营利性、非正式体育组织[1]。学者黄亚玲认为网络体育组织是指人们通过互联网突破地域和现实人际关系等因素的限制，基于共同的体育兴趣与爱好，建立组织成员共同认可的组织目标和行为规范，进行"线上"交流、"线下"体育活动的非营利性群众体育组织[2]。沈可指出，网络体育组织是指人民群众通过互联网进行沟通交流，在网络中寻找具有共同体育爱好的人群，并在线下开展体育活动，网络体育组织是自主组建的，因此，网络体育组织不

---

[1] 王歆. 网络体育组织发展困境与路径选择研究 [D]. 株洲：湖南工业大学，2021.
[2] 黄亚玲，邵焱颉. 网络体育组织发展：虚拟与现实的挑战 [J]. 北京体育大学学报，2015（11）：1-6.

具备营利性特征[1]。陈红星等人则认为网络体育组织是社会群体自愿组建的，在互联网平台中开展体育活动，但体育活动形态并非正式的，网络体育组织的参与途径为网络终端[2]。尽管对这一概念有多种提法，但上述定义中具有诸多共同特征，例如，网络体育组织中群体具有共同的体育爱好和兴趣，网络体育传播的途径以社交软件为主，网络体育组织的性质具有自发性与非营利性。基于专家学者的观点，本书认为网络体育组织是指基于人们的共同体育兴趣与爱好，通过网络媒介自发形成，组织成员进行"线上"交流与"线下"体育活动相结合的非营利性群众体育组织。

第二节 网络体育组织的特点

网络体育组织是互联网信息技术和群众体育活动发展共同作用的时代产物，有着区别于传统体育社会组织的特性。它具有虚实性、流动性、自发性、非正式性、非营利性等特点，满足了新时代人们通过体育活动进行社交、健身、娱乐等多元需求。

一、虚实性

网络时代的到来，为大众提供了一个完全不同于现实场景的虚拟网络空间。网络体育组织的一个突出特点就是"虚实结合"，这是由其"线上"与"线下"相结合的形式所决定的。所谓"虚"是虚拟性，即"线上"，指组织成员非面对面交流、传递信息的行为，成员主要通过互联网平台将自己的需求、兴趣、爱好等转换成文字、影音、图片及其他符号形式在网络空间中进行表达，进而得到精神上的满足；所谓"实"是现实性，即"线下"，指组织成员之间进行的现实性的体育活动，组织成员主要通过现实场景进行身体活动实践，进而得到身体上的满足。网络体育组织虚实相兼的特点完全突破了现实体育组织的固有模式，吸引着越来越多的参与者。

二、流动性

流动性是网络体育组织区别于其他正式体育组织的重要特征之一。网络体育组织的流动性主要体现在三个方面：一是组织内部成员的流动性。由于网络体育组织是基于成员之间共同的兴趣爱好组建起来的，其中参与者的基础信息差异较大，如年龄、职业、学历、地区等，必然会导致成员在组织中的稳定性差，因此与其他现实正式体育组织相比较流动性更大。二是组织活动地点的流动性。由于网络体育组织无固定场所，考虑到体育场馆、设备及器材等租赁问题，还有交通、天气及周围环境等因素，网络体育组织

---

[1] 沈可. 我国网络体育社团发展思考 [J]. 体育文化导刊，2015（1）：5-8.
[2] 陈红星，李海燕，陈艳. 网络体育自组织兴起的社会学意义 [J]. 体育科学研究，2011（3）：18-22.

的活动地点具有较大流动性。三是组织活动方式的流动性。由于网络体育组织活动资源投入不固定,但组织成本低、组织方式便捷、活动经费自理,组织成员随时都可以利用自身资源发起组织活动成为召集人、领队等,所以自由、流动及随意的活动方式是网络体育组织的又一特征。

三、自发性

网络体育组织不是自上而下的行政机关,没有明确的等级制度,不是以利益为驱动力,都是成员的自发性行为,活动的发起与管理及资金的募集都是非强制性的。网络体育组织内的成员基于相同的兴趣、爱好聚集在一起,组织内部进行自我管理,自发组织体育活动。如近年来爆火的"驴友",他们不同于正式体育组织,其特点主要以互联网为媒介,大众通过网络社交平台发布消息自发组织体育活动,突出自愿性,不强制,所以自发性是近年来迅速发展的非正式体育组织的典型特征。

四、非正式性

互联网技术的特性,使得网络体育组织具有虚实性,完全介于现实正式体育组织与完全虚拟体育组织之间,兼具两者某些特性,但又有其特殊性。网络体育组织的非正式性体现在与正式体育组织相比缺少正规性、稳定性、合法性,如组织中缺少明确的统一目标、活动规划方案不具体、职责分工不明确、组织结构松散,以及没有约束彼此关系的制度。然而,正是由于网络体育组织的非正式性恰恰为群众体育的发展提供了更大的空间。

五、非营利性

随着经济的飞速发展,非营利性体育组织越来越多,非营利性也是社会组织的一个重要属性。非营利性可以理解为不以营利为目的,以服务大众为宗旨。网络体育组织的非营利性可以体现在以下两个方面:一是非牟利,即网络体育组织是一种无偿的自愿性的非正式营销模式,不以营利为目的,可以获得赞助,但必须用于组织经营和发展,不能变为个人私有财产。二是利润共享,网络体育组织的收入与分配无强制性,它强调的是基于组织成员之间的信任而进行的利润共享、资源共享。网络体育组织的非营利性完全区别于传统体育组织的营销模式,因此非营利性是网络体育组织的基本属性。

第三节 网络体育组织管理中面临的问题

社会组织的有序发展和规范运行必须有完善的法律制度作为基础保障,虽然国家层面已经出台了一系列体育相关的法律法规，也有针对互联网管理的相关政策法规，但对新兴的网络体育组织，目前政府尚未出台具体的、可操作的、保障性法规制度。此外，网络体育组织本身存在的一些特性，导致在其管理中面临诸多现实问题。

一、组织身份缺失合法性

合法性是组织规范性和良性发展的基本保障。社会组织要想稳定有序地运行和发展，就必须有完备的法律制度作为支撑，而目前制约网络体育组织发展的关键因素就是缺少相关的法律法规，导致组织本身身份合法性的缺失。现今我国对网络组织的立法制度及监管体系的相关研究相对较少，网络组织管理在一定程度上有待完善，需要明确法律依据，建立切实可行的网络组织管理机制。虽然从国家层面已经颁布了一系列关于体育、互联网的法律法规，但是对于新兴网络体育组织至今仍未出台可操作的、具体的、合法性的制度保障。当前我国虽然已经形成以国务院颁布的《社会团体登记管理条例》《基金会管理条例》等行政法规为主，由行政法规、部门规章和地方性法规构成的法规体系[1]，但从实际运用中来看，可操作性不强，约束性不够。现有的政策法规更多的是关于社团登记注册的程序性，对组织成员行为缺少约束和规范，以及对社团组织民事责任缺乏问责机制。而相对于社团登记管理，网络体育组织的法律制度更不系统化，组织立法更不成熟，这给网络体育组织的发展和管理都带来极大的挑战。网络体育组织是一种新兴的线上线下相结合的混合式组织模式，但大多数组织根本找不到具体登记部门，很难证实其组织的合法性。网络体育组织身份合法性的缺失很大程度上制约了组织的发展空间。

二、组织结构缺乏稳定性

正式体育组织都有清晰具体的组织结构，如"金字塔"形的组织结构，等级明了，分工明确，但网络体育组织在我国尚处于初始发展阶段还不成熟，组织结构稳定性较差，具体表现在以下几方面：一是边界模糊。凡是正式组织都有与其他组织不同的比较清晰的组织边界，而网络体育组织由于没有明确的纳入排除标准，组织成员流动性较大，一个成员同时可以加入多个网络体育组织，组织彼此之间产生交叉，使得组织边界更加模糊不固定。二是缺少凝聚力。组织凝聚力是组织长期稳定发展的必备前提条件，而网络体育组织成员除了组织体育活动之外接触少、沟通少、缺乏社会交集，凝聚力不足，导致组织松散，意味着网络体育组织的稳定性差。若组织成员之间长期处于彼此不了解的状态，就难以形成共同体，情感难以维系，甚至彼此之间容易产生矛盾，更有甚者可能

---

[1] 方晓彤."社会组织"发展：现实困境、环境制约与基本路向 [J]. 南华大学学报（社会科学版），2016（6）：64-68.

导致解体。三是环境复杂。网络环境的开放性、多元性、隐蔽性等特点，使得网络体育组织生存环境较为复杂多变。组织中每位成员都是相对独立的个体，职业、身份、地位没有等级，这就使得组织内部关系较为复杂、不可预测。伴随网络技术的飞速发展，时间、空间、地域限制进一步被消除，网络体育组织的稳定性也面临着更大的挑战。

三、组织资源相对匮乏

资源是组织发展的不竭动力，网络体育组织作为自发性的非营利性公益组织，没有固定的资金来源，没有政府及市场投资，更多情况下都是组织成员自筹资金，无形中也加重了成员的经济负担，资源的相对匮乏严重影响了网络体育组织的发展。一是社会资源不足。网络体育组织获得的社会资源更多地依赖于政府部门，一方面与政府部门合作，另一方面借助于政府部门寻求社会资源。二是体育硬件资源不足。基础性的体育场馆数量是衡量一个国家体育发展水平的重要指标，但是由于网络体育组织流动性的特征，线下无固定的体育场所，尤其是当下群众健身需求大幅度增长的情况下，对体育场馆建设需求更高，这就进一步导致了网络体育组织体育场馆硬件资源相对不足。三是专业人力资源不足。网络体育组织要想长期稳定发展必然离不开专业技术人员的大力支持，大多数网络体育组织都是基于共同的兴趣爱好组建而成，加入组织的门槛较低，很多组织成员的技术水平参差不齐，因此需要专业人员提供相关的技术培训，使得组织长期稳定发展、强化组织专业化管理。相对于正式体育组织，网络体育组织暴露出了专业化运作不足、发展时间较短、缺乏专业人才、运营经验不足等问题。因此，资源的相对匮乏俨然已经成为制约网络体育组织发展的重要因素。

四、组织安全保障薄弱

安全是组织可持续发展的前提，网络体育组织在呈现快速发展态势的同时也存在着一系列安全问题，主要体现在以下几个方面：一是缺乏正规制度的约束。早期在体育领域国家制定了《中华人民共和国体育法》，还出台了《全民健身计划纲要》等一系列的体育法律法规，但目前还未出台关于网络体育组织有针对性的、具体的、可操作的相关法规文件，并且也没有明确的管理机构和管理方法可以依靠，这不仅不利于组织发展还容易被不法分子利用，在没有制度可依，没有政府监管部门和法律法规约束下，网络体育体育组织的安全性将缺乏保障。二是自我管理不完善。随着网络体育组织逐渐兴起，目前数量巨大、分属不明、规模不一，在自我管理方面具有随意性和盲目性，一般都是由个体或基于共同兴趣爱好的团体组建，加入组织的门槛较低，成员流动性大，通常是由微信、QQ、微博、贴吧、论坛等平台建立沟通，鱼龙混杂。三是真实性有待验证。网络体育组织本身的虚拟性，组织内部成员身份的真实性缺乏核验，基本靠组织者设置群规则进行约束，政府和体育行政部门也无法对其进行规范指导，造成组织安全保障薄弱。以上几个方面表明，管理制度规范化及较强的自我管理意识和责任意识是网络体育组织安全保障的前提。

五、组织文化建设缺失

组织文化是一个组织由其价值观、信念、仪式、符号、处事方式等组成的特有文化形象[1]。组织文化对外是组织的一面旗帜，对内是组织的向心力，一个组织没有文化性就没有其灵魂。组织文化是组织在长期的经营实践中形成的并被组织成员普遍认同和遵守的思想观、价值观，其中就包括了物质文化、制度文化和精神文化。然而，目前就网络体育组织而言普遍存在组织文化建设缺失问题，主要表现在以下几方面：一是对组织文化建设的认识不足。不少组织者认为组织文化建设就是搞搞活动，做做宣传，甚至等同于娱乐文化，浮于表面，注重形式主义。二是对组织文化定位模糊。一些组织成员对组织文化内涵理解不到位，就难以形成组织内共同的价值观，导致成员认同感不强，缺乏凝聚力，长此以往，成员就可能选择退出。三是组织文化建设不长久。组织往往在刚成立时文化建设做得轰轰烈烈，但缺乏一种长效机制，时间一长，动力不足，成员参与度不高。任何组织都会面临组织成员流失问题，尤其是网络体育组织具有流动性特征。而减少人员流动最有效的方法是增强其文化建设，让组织成员具有归属感，对组织有认同感，文化认同在网络体育组织中的作用是极其重要的。因此，组织文化建设将是网络体育组织发展的必备环节。

第四节 网络体育组织管理的对策

随着网络体育组织的日益增多，组织的健康、安全、有序发展将成为一个更加突出的问题，这将不仅是组织内部的事情，更是关乎社会稳定与健康发展的问题。所以应正视网络体育组织的现存困境，进一步优化治理结构和机制，提出网络体育组织的管理对策，提高组织自身发展的自主性和创造性。

一、完善法律法规，发挥政府监管作用

有法可依是依法治国的法律前提，也是依法治国的首要环节。任何社会问题的有效解决，都离不开完善的法律法规。现行的《社会团体登记管理条例》对社会团体及组织法律约束力不强，其内容空泛，不具备可操作性，更多的只是针对社团登记注册程序方面的法律规定，而对于社团管理本身法律制度较为缺乏。目前全民健身已上升为国家战

---

[1] 陈华. 吸纳与合作：社会组织与中国社会管理[M]. 北京：社会科学文献出版社，2011：186-187.

略，虽然政府及体育相关部门也颁布了一系列政策文件，但在实际运行中，仍然存在重视竞技体育忽视群众体育的现象，尤其是针对新兴的网络体育组织，现行法律制度还远不系统、全面。因此，为了保证网络体育组织的稳健发展，国家相关部门需要健全法律法规，颁布相关文件，明确网络体育组织的法律地位。

政府职能部门如何通过政策引导，建立网络体育组织的培育和监管体系，赋予网络体育组织的政治合法性，使网络体育组织在活动中，有规律地进入网络体育组织有序管理的发展轨道并顺利进行，合理的组织活动是迫切需要解决的现实问题。网络体育组织作为现实与虚拟相结合的体育组织，在建立组织体系时可以借鉴这两个特点，构建适合健康发展的网络体育组织特色。为了建立完善的网络体育组织体系，保持网络体育组织的良好运行，政府和体育行政部门可以从以下几个方面入手：一是支持，给予资源与制度支持。针对网络体育组织场地有限、经费不足、专业人员欠缺等问题，政府与相关职能部门应给予大力支持，并适当进行国家政策的引导，同时各类组织本身也要主动创造条件，自觉主动接受体育局、民政局、信息部等相关部门的备案和注册登记，促使网络体育组织充满活力、健康有序发展。二是培育，建立网络体育组织的孵化基地。为已建立的网络体育组织培养孵化五种能力，即增强物质动员能力、提高成员素质和组织管理能力、共享信息和智力资源能力、建立联盟相互学习能力和拓宽渠道沟通协作能力[1]。三是监督，完善监督体系。严于监督，监督组织获取资源和平等竞争的行为，监督网络体育组织在日常管理中的理念和价值取向，监督网络体育组织的法律合规性和社会责任意识。

二、净化网络环境，提高组织运行质量

随着社会的快速发展，人类已经进入信息化时代，网络越来越深入地融入人们的生活，在开阔视野、汲取知识、促进交流的同时也带来了一系列问题，如网络诈骗、网络谣言、网络暴力、黑客、病毒、网络赌博等，在建设文明和谐社会的过程中出现的这些"不和谐声音"严重阻碍了网络体育组织的发展步伐。因此，净化网络环境，提升网络体育组织的运行质量迫在眉睫。

针对网络不断出现的问题，建议从以下几个方面进一步加强和采取有效措施，进一步净化网络环境，一是严把依法治网。公安部第33号令《计算机信息网络国际互联网安全保护管理办法》第五条明确规定，"捏造或者歪曲事实，散布谣言，扰乱社会秩序的""公然侮辱他人或者捏造事实诽谤他人的"，应受到相应的法律惩罚或处分。网络体育组织成员应当遵纪守法，坚持公平、诚信的基本原则，自觉遵守国家有关互联网的法律、

---

[1] Brown D, Archana Kalegaonka. Support Organizations and the Evolution of the NGO Sector [J]. Nonprofit Voluntary Sector Quarterly, 2002 (31): 240.

法规和政策，坚决抵制各种蛊惑人心的谣言和各种不文明的网络行为，自觉屏蔽不良信息，营造健康文明的网络文化环境。

二是坚守网络道德。作为一个合格的公民，无论是在现实生活中还是在虚拟网络中，都应该做到知荣明耻，慎守善德，树立高尚人格。在网络上注意一言一行，同时强化网络道德意识，做到网络内外言行一致，形成良好的网络道德行为规范。三是强化网络自律。在法律法规的监督下，不断加强网络行业自律。一些发展良好的网络体育组织要发挥示范和引领作用，自我净化、自我规范，树立行业典范。互联网应该成为宣传科学理论、传播先进文化、塑造美好心灵、弘扬社会风尚的阵地。因此，要积极净化网络环境，给网络体育组织发展提供一个健康明朗的网络空间。

三、夯实组织实力，打造组织特色品牌

网络体育组织只有不断提高自我发展能力和服务水平，才能从政府、社会和民众等方面得到更多的支持和信任，归根结底是夯实组织自身实力，努力打造组织品牌，使组织在社会中具有一定号召力与引领力。网络体育组织可以从以下几个方面提高组织能力。

一是发挥发起人的核心作用。从成立到形成一个相对稳定的网络体育组织，发起人的作用至关重要，是整个组织的发动机。研究发现，组织发起人一般具有卡理斯玛特质，在组织的发展过程中，如果发起者具有突出的领导能力，或具有一定的知名度和影响力，就能够起到团结组织成员，凝聚价值认同的作用。如果组织发起人不具备这些能力，组织可能难以开展活动，甚至难以维持生存[1]。所以说，一个组织要想发展得好至关重要的一点就是要发挥发起人领导力作用。

二是满足组织成员基本心理需求。组织成员是组织真正的参与主体，是组织发展的基本动力。从管理实践的角度出发，组织成员只有情感凝聚与目标一致，才能实现利益共享。组织要了解成员的心理需求，促进成员之间的情感交流，将成员的个人目标与组织目标联系起来，在目标上保持一致。通过情感凝聚和目标一致，促进团队成员的有效合作。另外，组织也要考察成员加入组织的动机，如果动机不纯将直接影响组织凝聚力，不利于组织持续发展。

三是引进专业人才。专业人才传授专业知识，进行专业指导，在一定程度上提高活动的安全性和有效性。同时，提高组织知名度的最佳方式是培养和引进人才，并打造组织特殊品牌，塑造典型案例。

四是加大监管力度。设置组织章程，明确组织成员的权利与义务，制定奖惩制度，责任到人，对制度执行情况进行监督，针对组织运行中存在的问题和不足立整立改，落

---

[1] 崔月琴，袁泉，王嘉渊. 社会组织治理结构的转型——基于草根组织卡理斯玛现象的反思 [J]. 学习与探索，2014（7）：24-31.

实制度条例。因此，网络体育组织要不断夯实实力，树立组织典型示范，增强网络体育组织活力。

四、规范组织运行，建立安全保障体系

随着网络体育组织的逐渐增多，组织如何健康、稳定、有序发展将成为突出问题，这不仅关乎组织本身内部的事情，更是直接影响社会的稳固发展。作为新兴体育组织，网络体育组织发展尚不成熟，其组建本身就存在安全隐患，再加上其虚实性、流动性、非正式性等特点，就难以保证组织活动的安全性。因此，非常有必要针对网络体育组织建立安全保障体系，对组织成员的言行举止进行规范和约束，提高组织运行质量。

一是建立安全管理体系。组织安全保障应该是自上而下的任务，应建立完善的网络体育组织安全管理组织体系，即首先，要明确第一责任人，分工明了，明确组织体系中各部门甚至各岗位人员的职责区域范围，各司其职，真正发挥组织体系的作用，不虚设、不搞形式主义。其次，结合组织实际情况，研究制定网络体育组织活动安全预案、网络体育组织安全制度，以及解决网络体育组织安全管理和改革中的重大问题等，同时也要对网络体育组织安全进行积极监督并做出科学合理的评价。

二是完善制度保障体系。国家虽然已经颁布了《全国人民代表大会常务委员会关于维护互联网安全的决定》《经营高危险性体育项目许可管理办法》等法规政策，但是还未出台针对网络体育组织特性的法律法规。健全的组织安全制度是规范网络体育组织举办活动的制度保障，是保障网络体育组织健康发展的坚实后盾。根据网络体育组织虚实性、流动性、自发性、非正式性等特点，网络体育组织安全制度应包括组织日常规章制度、体育安全保险制度、活动安全应急预案、体育安全事故处理办法等一系列的规章制度。明确组织成员在参与体育活动中各自应注意的事项，避免疏忽大意导致的伤害；通过购买人身保险保护组织成员在发生体育安全事故后的合法权益；制定针对性的体育活动安全应急预案，保证第一时间处理危机事件；针对已经发生安全事故的，明确主体应承担的责任，做到有法可依，避免不必要的纠纷。

三是加强安全宣传教育，营造良好的体育安全预防氛围。针对新加入组织的成员，可以开展线上线下关于安全教育的健康讲座，及时进行运动健康知识的宣传与运动损失的预防。在日常生活中也可以通过微信群、微博、QQ群等发送关于安全教育的相关资料，做到"无孔不入"式的感官教育。也可以拍摄一些预防运动损伤的生活小技巧进行线上传播，当组织成员在无指导教练在场的情况下，可通过线上视频指导完成动作。只有平时进行思想渗透式的组织安全教育，才能够营造良好的体育安全预防氛围。

四是建立组织成员健康预警台账，重点关注特殊人群。可以通过发放调查问卷了解组织成员身体状况，尤其是具有家族遗传病史、心血管系统疾病及心理健康疾病等特殊成员，并为他们建立健康预警台账。在后期组织活动时，应当重点关注此类人群，指导

他们掌握好自己的运动负荷，以及第一时间进行自我保护，尽可能将体育安全事故发生率降到最低。总之，在我国体育事业发展黄金时期，规范网络体育组织，建立安全保障体系迫在眉睫。

五、建设组织文化，培育组织认同感

任何组织都会面临人员更换和流失的问题。尤其是当一个网络体育组织迅速发展时，成员之间的交流和相互影响越来越多。此时，人员易于流动。而减少人员流动最直接有效的方法就是让成员对组织有归属感和认同感，这就需要他们对组织文化的认可。组织文化就是组织在长期的实践活动中形成的、组织成员普遍认可和遵循的、具有组织特征的价值观和行为准则的总和，包含了物质文化和精神文化两方面[1]。组织文化可以引导组织成员的价值观和行为取向。通过对组织文化的建设，网络体育组织可以形成组织文化认同，培养组织认同和忠诚度。网络体育组织可以从以下几个方面建立组织文化。

一是加大对网络体育组织精神文化的宣传力度。精神文化作为组织文化的核心和灵魂，不仅展现了组织的历史文化，还凸显了组织特色，表现出极大的号召力和凝聚力。加强对组织精神文化的有效宣传，有利于切实提高组织成员对组织精神文化的认同感。例如，可以通过组织团建、专题研讨会、文化讲座、文体活动等形式，借助微信公众号、微博、贴吧等媒介，从视听层面加强对组织精神文化理念及价值追求的有效宣传，从理论层面推进对组织成员思想观念的有效武装，以此不断提高组织成员对组织精神文化的认知水平，并使组织精神文化入脑入心，逐步转变成全体组织成员共同的精神追求。此外，为了有效实现组织精神文化的内在追求，还应发挥榜样的典型示范作用。一方面不仅要发挥组织发起者的榜样模范作用，另一方面还要注重培养典型模范，促进组织精神文化价值观的具体化、形象化发展，帮助成员树立明确的学习目标，进一步增强组织精神文化价值观的感染力和凝聚力。

二是加强网络体育组织形象塑造。通常而言，组织形象是组织文化的外在表现，其不仅是外界了解组织的首要途径，也是社会对组织所形成的总体评价。组织形象也是全体组织成员在参与组织活动中所形成的，具有鲜明的组织文化特色。基于此，在组织文化建设中，应重视调动组织成员的主观能动性，对其开展有针对性的教育培训、技术培训等，实现对组织成员智力资源的有效开发和整合，进一步促进组织主体作用的发挥，提高组织文化建设的驱动力。

三是营造网络体育组织文化氛围。组织文化对于组织内部成员的发展来说极其重要，具有思想引领、情操陶冶等重要作用。因此，要强化网络体育组织文化建设，应注重营造和谐的组织文化氛围。首先，随着时代多元化发展，组织成员的自主化意识逐步加强。

---

[1] 王越，王瑛洁. 高校组织文化建设实践研究[J]. 文化产业，2022（3）：10-12.

因此，在营造和谐组织文化氛围过程中，应摆脱传统固有思维模式，加强开展有助于激发组织成员兴趣的，且积极向上的一系列体育活动。其次，还应注重发挥组织核心成员的作用，如对组织建设核心成员的选拔、培育，使核心队员的引导作用得到有效发挥。

四是加强网络体育组织自身学习能力。随着全球经济一体化的不断发展，社会组织结构呈现扁平化趋势，学习能力不断发展成为维持核心竞争力的重要因素。首先，良好的学习氛围对于调动组织成员的积极性和创造性非常重要。自身学习能力的提高可以极大地增强组织成员对组织的认同感和归属感，从而保障组织文化建设的有序开展。其次，由于网络体育组织文化具有一定的独特性，不同于规章制度等外部化成果，所以组织本身应当加强学习与创新，使组织文化不易被复制和模仿，组织文化的独特性将进一步被凸显。因此，网络体育组织要想保持自身的核心竞争力，必须要加强对自身学习能力的培养。

因此，组织文化通过培养组织成员的认同感和归属感，并在成员和组织之间建立起相互信任和依赖的关系，将个人的思想和行为与整个组织有机地结合起来，增强组织凝聚力，为组织的共同目标而努力。因此，建设组织文化对于网络体育组织发展而言意义重大。

案例 11-1　开封市骑行天下组织

开封市骑行天下组织是开封市区人数最多、组织规模最大的网络自发性户外骑行组织，该组织在 2012 年建立了骑行天下QQ群，发展至今，群内已有884名成员，核心成员中除群主外还有 13 名群管理员[1]。骑行天下的活动分为两种，一种是短线活动，基本是在开封市周围，另一种是长线活动，在开封市外开展。群管理员会提前在群里通知参加活动的骑友做好准备，戴好头盔及必需的骑行装备，并提前购买人身意外保险。同时，说明本次活动为非营利性的户外活动，执行户外免责协议。虽然组织成员购买了人身意外险，但没有法律明确可以保障"骑行人"安全。因此，建议相关政府部门给网络体育组织成员提供安全保障的教育培训和安全讲座，这也直接关系着该组织的可持续健康发展。

问题　"开封市骑行天下组织"在活动中提醒成员购买人身意外险，并执行户外免责协议，是否意味着组织成员假如出现意外事故，该组织就可以免责？请说明理由。

---

[1] 段博文. 网络自发性群众体育组织——基于开封市骑行天下的个案研究 [D]. 郑州：河南大学，2018.

案例 11-2 环湘自行车运动俱乐部[1]

环湘自行车运动俱乐部成立于 2007 年 1 月，原名"百公里运动部落"，2010 年 12 月更名为环湘自行车运动俱乐部，创建人为环湘赛创始人陈剑岷。2015 年，首家环湘赛 VIP 俱乐部在长沙市成立。俱乐部主要是通过 QQ 群交流，线上交流骑行的相关知识，规划骑行路线等，线下实行训练积分制，参加每周骑行锻炼的会员都可以积分，俱乐部将根据训练情况进行模拟赛事，迅速提高车友参与骑行的积极性及骑行技能水平，年底参与活动较多的会员和成绩相对优秀的会员都能得到相应奖励及排名证书。环湘自行车运动俱乐部计划在湖南境内 122 个县打造接近两百条骑游线路，每个市州至少会有 15 条周末骑游线路和两条长假骑游线路，并在手机 App 平台发布，为参与骑游的所有车友提供在线服务。

问题 归属感对于网络体育组织来说很重要，在一个好的组织中，一般组织成员具有较强的归属感，以环湘自行车俱乐部为例，他们的 QQ 群就让众多成员获得了归属感。那么请思考如何提高网络体育组织的归属感？请举例说明。

主要议题

1. 以往学者在研究内容上更多的关注于网络体育组织兴起的原因、概念界定、特征分析、困境及发展路径等方面，尝试探讨网络体育组织运行机制及组织内外部互动的系统性研究。

2. 由于网络体育组织属于新兴体育组织，学者以宏观研究居多，多是整体性的分析，虽也有个案分析，但大多侧重于网络体育组织的某一方面，如凝聚力、归属感、认同感等，尝试进行关联性分析。

3. 虽然针对网络体育组织既有理论的研究，也有实证的分析，但理论研究居多，且分析不够深入，多为现象描述，而实证研究较少，且研究方法单一。今后针对网络体育组织研究，尝试在研究方法上进行创新与拓宽。

延伸阅读

[1] 黄亚玲，邵燚颉. 网络体育组织发展：虚拟与现实的挑战 [J]. 北京体育大学学报，2015，38（11）：1-6.

[2] 王歆. 网络体育组织发展困境与路径选择研究 [D]. 株洲：湖南工业大学，2021.

[3] 张胡丽，董芹芹，沈克印. 新时代我国网络体育组织发展的机遇、挑战与对策 [J]. 湖北体育科技，2019，38（12）：1039-1042.

---

[1] 王歆. 网络体育组织发展困境与路径选择研究 [D]. 株洲：湖南工业大学，2021.

[4] 吉玉良,黄亚玲.追溯、扩展与融合:我国草根体育组织发展的"缘"文化审视[J].山东体育学院学报,2019,35(4):47-53.

[5] 段博文.网络自发性群众体育组织——基于开封市骑行天下的个案研究[D].开封:河南大学,2018.

[6] 董进.体育组织文化传播网络建设的动因与路径[J].南京工程学院学报(社会科学版),2016,16(3):93-97.

[7] 邵焱颉.网络体育组织的互动与认同[D].北京:北京体育大学,2016.

[8] 李超.互联网时代我国网络体育草根组织成长的研究[D].北京:北京体育大学,2015.

[9] 周启迪.网络时代我国体育虚拟组织成长研究[D].北京:北京体育大学,2012.

[10] 陈红星,李海燕,陈艳.网络体育自组织兴起的社会学意义[J].体育科学研究,2011,15(3):18-22.

[11] 王越,王瑛洁.高校组织文化建设实践研究[J].文化产业,2022(3):10-12.

[12] 田质全.基于网络自发组织的体育活动的法律责任归属研究[J].未来与发展,2017,41(1):57-60.

第十二章
国外体育组织建设历程、现状与启示

> ❖ **内容摘要**：他山之石可以攻玉，欧美体育发达国家在体育组织建设方面引领世界体育发展的潮流，取得了引人注目的成就；韩国则在体育组织建设方面走在亚洲国家的前列。本章分别对美国、英国和韩国体育组织建设的历程、发展现状进行研究，同时总结了对中国体育组织建设方面的启示。研究将为中国各类体育组织的发展提供借鉴。

第一节 美国体育组织建设历程、现状与启示

美国是各类现代体育组织起步较早的国家，无论是政府建立的各项制度，还是体育非营利组织的自我成长和发展，以及职业体育组织的不断发展与成熟，都为世界各国体育组织的成长和进步提供了较好的范例。

一、美国体育组织建设的历程

美国体育组织最早出现在学校体育和竞技体育领域。随着社会的发展，特别是体育产业发展的需要和国民对健康的追求，美国社会的各个领域出现了各式各样的体育组织，这些组织在美国体育发展中发挥着中流砥柱的作用。

（一）学校体育

19世纪末，以体操为主要内容和形式的体育运动在各级学校中被广泛采纳，并逐渐成为学校教育中的一部分。这一重大变革除了学者们的创新性思想和实践，更离不开各类体育组织与机构的推动。美国体操总联盟和遍布美国各地的德式体操联盟是"体育进校园"的首要推动者。1880年，德式体操联盟在全国代表大会上通过决议，全力督促各地公立学校中实施体育必修课。1887年，美国体育促进会在德式体操家拉什曼（C. G. Rathman）的倡议下，也通过了类似的决议。该行为极大地推动了学校体系的形成。

美国学校体育得以实施的重要保障是体育立法，而早期各州体育立法的实现，主要

归功于德式体操联盟和基督教妇女戒酒联合会（Women's Christian Temperance Union）。美国第一个通过体育立法的是俄亥俄州，而该州体育立法的议案则是由雷波尔德（Anton Leibold）和莫尔特（J. Molter）在州议会上提出的，两人均为体操联盟成员。1890年，基督教妇女戒酒联合会专门设立了体育部，该部门的第一项工作就是要求各州立法规定所有各级各类学校要开设体育必修课。尽管该提议最终没有完全得以实施，但至少促使了达科他州、宾夕法尼亚州体育立法的通过。

除了学校体育体系的形成，美国体育体系形成的另一个标志是专业体育组织和机构的建立。1885年在纽约的布鲁克林，60名体育教育从业者聚在一起讨论了教学方法、测量措施和器械制造，并成立了体育促进协会（Association for the Advancement of Physical Education）[1]。其主要作用是促进全国范围内的体质测量，以及协调瑞典和德国体操支持者之间的"派系之争"[2]。后来随着影响力的不断扩大，服务领域也不断扩展，休闲、健康、舞蹈等领域陆续加入。1974年，协会更名为美国健康、体育、休闲与舞蹈协会（American Association for Health, Physical Education, Recreation and Dance, AAHPERD），协会为超过20000名健康、体育、休闲和舞蹈从业者提供支持和帮助。该协会由5个全国性组织联合成立，拥有6个分会和1个研究联盟。现在该组织更名为美国健康与体育教育者协会（Society of Health and Physical Educators, SHAPE），继续为健康、体育、休闲和舞蹈从业者提供支持。

（二）校际体育竞赛组织

除了建立为相关管理者和从业者服务的体育组织之外，还成立了为学生服务的全国性体育组织，其中最具影响力和代表性的就是美国大学生体育联合会（National Collegiate Athletic Association, NCAA）[3]。NCAA是非营利组织，它的前身是成立于1906年的美国大学生竞技体育联合会（Intercollegiate Athletic Association of the United States, IAAUS）。美国大学生竞技体育联合会成立的目的是规范和监督大学体育竞赛，使大学之间的体育竞赛能够维持在一定的道德底线之上，以保持其尊严和品德塑造。1910年，IAAUS为了反映其在美国的影响力，正式更名为NCAA。从此，大学竞技体育组织就从一个管理松散的会员集合形成了一个复杂的、拥有一千多所大学、每年几十万大学生参与的体育组织。

现在美国大学体育协会开展田径、篮球、足球、橄榄球、自行车、游泳、体操、冰球等22个体育运动项目，社会关注度最高的是篮球联赛。NCAA尽管是大学体育联盟，但是有严格的法律和法规。如《美国大学生体育联合会章程》构建起了管理美国高校竞

---

[1] American Physical Education Association [EB/OL]. (2020-09-11) [2021-09-10]. https://en.wikipedia.org/wiki/American_Physical_Education_Association.
[2] 边宇. 美国体育思想演变与启示 [M]. 广州：华南理工大学出版社，2018：56.
[3] History [EB/OL]. (2021-05-04) [2021-09-09]. https://www.ncaa.org/sports/2021/5/4/history.aspx.

技体育的主要制度，对竞技体育本身的经费来源和使用，对运动员、教练员及会员的资格、权利、义务都有详细而严格的规定；另外，对于相关的新闻采访、转播、版权、保险等也做了明确的规定，而且在对学生的管理包括招生、学习、商业活动、参赛资格上实行非常严格的全国统一制度，杜绝了学生"混学位"的可能性。在降低了各大学的自主权后，反而能保证各学校在学生资源竞争上的平等性，让各学校具有均等抗衡的能力，让大学联赛更精彩、更好看。如今的 NCAA 已经发展成为对大学生运动员的招收、管理、教育、对校外资助、奖学金、电视转播、学术资格等一系列涉及大学生运动员事务进行全面管理的非营利性的实体。NCAA 作为美国大学生体育联合会组织，其将体育与教育有机地融合在一起，使大学生在接受专业教育的同时，还能很好地接受体育专长的训练，并使这种训练达到很好的效果，使他们之中的大多数人在大学学习期间就成为美国竞技体育金字塔尖的运动员，夺得全美单项冠军、世界冠军或奥运冠军。实践证明，NCAA 不仅使一些具有特殊体育天赋的大学生在学业上取得了成功，而且在体育竞技运动生涯中创造了人生新的辉煌。

除了成立针对大学生的体育组织，美国还成立了针对中小学生的体育组织和机构。1888 年 1 月詹姆斯·爱德华·沙利文（James E. Sullivan）和威廉·库蒂斯（William B. Curtis）共同创立了美国业余体育联合会（Amateur Athletic Union，AAU），其宗旨是在业余体育运动中创建统一的标准。在成立之初，AAU 作为国家田径管理机构，代表美国参加国际体育联合会，负责协调美国参加奥林匹克事务和国际体育赛事，并协调运动员为参加奥运会做准备工作[1]。但是，1978 年美国颁布的《业余体育法》彻底改变了美国业余体育联合会工作的重心，该法案为每一项奥林匹克运动项目设立了管理的组织机构，并免除了 AAU 的主要责任。业余体育联合会将其组织的重心从培养国家优秀竞技运动员转移到青少年业余体育运动的培养，为全民提供业余体育项目，促进业余运动员的身心和道德发展，弘扬良好的体育精神和公民精神。现在 AAU 管理着 41 个不同的体育项目，参与目标群体是 6~19 岁的青少年，每年预算将近 800 万美元，每年注册的会员数量将近 15 万，会员男女比例相对较均衡。

（三）职业体育组织

上述的 SHAPE、NCAA、AAU 等组织，包括美国奥委会等都属于非营利组织的范畴，在美国影响最大、受众最广的属于职业体育组织，如足球、篮球、棒球、冰球等单项体育协会。

18 世纪和 19 世纪，依赖于赛事公平、观众忠诚支持和志愿者管理体系的俱乐部体制，已经成为欧洲体育运动一种成功的组织管理方式。这个管理方式在 18 世纪，随着英

---

[1] 林晨. 美国业余体育联合会（AAU）篮球项目发展 [D]. 福州：福建师范大学，2019：21.

帝国的扩张，也传到了美国。在1800年初，美国上流社会体育爱好者就尝试把英国的俱乐部制度引入美国的体育运动发展中，但结果收效甚微。俱乐部制度在美国最大的障碍在于缺乏拥有支持俱乐部制度的贵族传统，以及对体育运动的支持和合法化。这种在欧洲大陆盛行的俱乐部体制，在美国的发展不尽如人意。美国在其基础上开拓了具有自身特色的职业联盟体制，有趣的是，今天的欧洲反过来开始借鉴美国的职业体育联盟制度，而且职业球队利润最大化的目的也在欧洲的职业体育中得以盛行[1]。

在美国内战以后，棒球超过板球成为最受美国大众欢迎的体育运动项目。开始时，棒球按照欧洲体育俱乐部制度构建，由俱乐部组织比赛、租用场地、邀请其他俱乐部参加比赛。赛事主要依赖于赞助，但因为赞助的不稳定经常导致联赛不连贯，甚至俱乐部经营者也频繁更迭。1876年，芝加哥怀特长袜棒球队所有者赫尔伯特（William Hulbert）接管了棒球协会的管理。他将追求利润最大化作为职业棒球发展的定位，得到了所有球队所有者的认同，基于共同的财政风险，制定相应的规章制度并严格执行，不仅确立了公平竞争的联盟环境和稳定的联盟制度结构，而且培养了球迷与球队之间的忠诚和信任。赫尔伯特联合了另外7名志趣相投的棒球俱乐部所有者成立北美第一个职业体育联盟——国家棒球联盟（National League）。1902年底，与美国联盟（American League）召开辛辛那提会议，统一赛制、规则和管理机制。1903年，两个联盟达成协议，正式承认彼此在美国职业棒球的对等地位并共同成立大联盟（Major League Baseball，MLB）[2]。

国家棒球联盟成立于1876年，是美国最早建立的体育组织。此后，陆续成立了各种单项体育运动协会组织，包括1901年建立的职业棒球联盟、1917年建立的国家曲棍球联盟、1922年建立的国家橄榄球联盟和1946年建立的国家篮球协会。这些体育组织的成立极大地推动了美国竞技体育水平的提升，发展了体育产业，也使得美国逐步成为世界头号体育强国。

从美国体育组织的发展历程可以看出，美国独特的社会、历史、政治、经济和文化为美国体育包括体育组织的发展提供了丰厚的土壤。根深蒂固的结社精神与丰富的结社生态，普遍的志愿服务与广泛的公众参与，深厚的慈善传统与巨大的捐赠资源[3]，使得美国构建了世界上独一无二的影响力出众的体育组织体系，也成就了美国世界第一体育强国的地位。

二、美国体育组织建设的现状

从是否营利来看，美国体育组织主要由职业体育组织（营利性组织）和业余体育组

---

[1] 郑芳. 美国职业体育制度的起源、演化和创新——对中国职业体育制度创新的启示［J］. 体育科学，2007（2）：79-85
[2] Major League Baseball［EB/OL］.（2021-03-20）［2021-10-02］. https://en.wikipedia.org/wiki/Major_League_Baseball.
[3] 王名，等. 美国非营利组织［M］. 北京：社会科学文献出版社，2012：8.

织（非营利性组织）两大部分组成，政府没有监督和管理体育的专门机构。美国国内的营利性体育组织社会影响力比较大，在媒体中的曝光度也比较高，所取得的经济效益也异常惊人，如全美职业橄榄球联盟、国家职业篮球联盟等；美国的非营利体育组织很多，社会影响广泛，如美国奥委会、全国体育总会、全美大学联盟等。同时，其他行业性非营利体育组织也很多，如美国运动医学协会、北美基督教青年体育协会等，这些组织相互独立，各自发展，互不干预。

美国政府很少直接介入或干预体育事务，即使在介入和干预时，也常是采用立法或经济补贴等方式间接地进行。美国体育基本上都是由各类社会组织来推动和管理的（图12-1）。

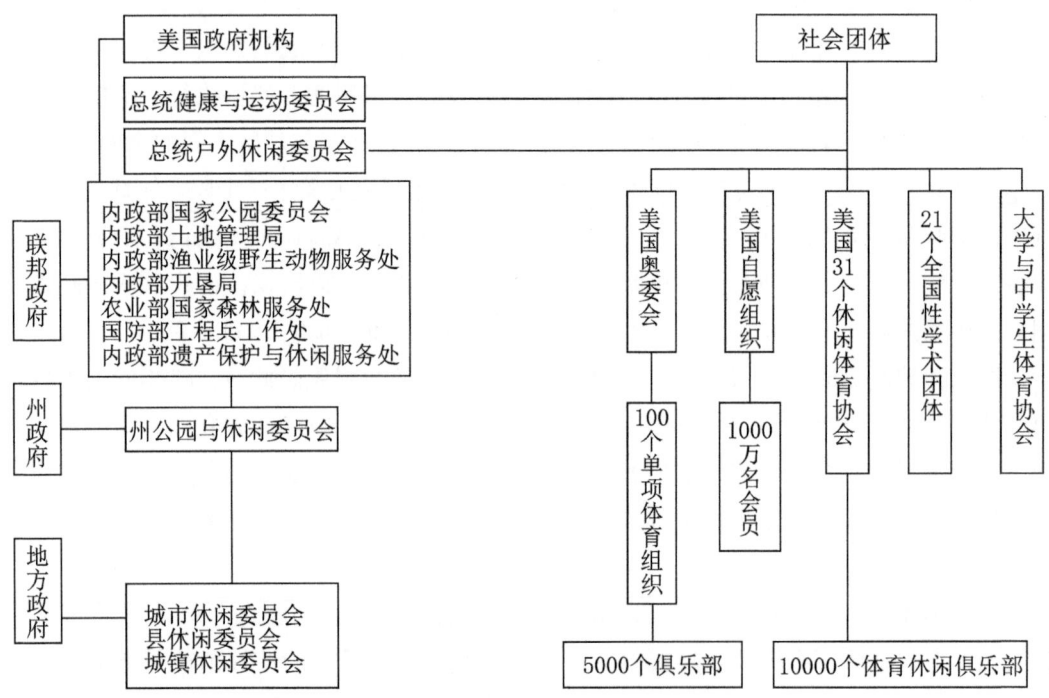

图 12-1　美国体育管理组织系统[1]

在美国联邦政府中，不设专门的体育管理部门，政府不制定体育政策，而且极少直接资助体育。美国总统体育、健身和营养委员会（The President's Council on Sports, Fitness & Nutrition）是一个促进大众体育的咨询机构，旨在促进所有美国人的健康饮食和体育活动，在群众体育的组织和筹资上不起实质性作用[2]。但是，在美国联邦政府中还有70多个机构或多或少地管理着与大众体育相关的体育资源。其中最主要的是内政部国家公园委员

---

[1] 中国群众体育现状调查课题组. 中国群众体育现状调查研究 [M]. 北京：北京体育大学出版社，1998：29.
[2] Health gov. The President's Council on Sports, Fitness & Nutrition [EB/OL]. (2021-08-24) [2022-10-29]. https://health.gov/our-work/nutrition-physical-activity/presidents-council.

会与农业部国家森林服务处。内政部国家公园服务处主要通过美国国家公园向人们提供野营、徒步旅行、划船、游泳、旅游与观光、滑翔、自行车等活动的服务。农业部国家森林服务处主要提供野餐与野营、划船、航行、冲浪、游泳、钓鱼、打猎、滑雪与雪橇、驾车游玩、自行车、徒步旅行等体育活动的条件。

事实上，真正资助和推动美国大众体育发展的是名目繁多的体育社会组织，这些组织在机构上是多样化的。其中，美国奥委会被指定为美国业余体育的协调机构，但是除了选拔组织奥运会代表团外，对其他组织不具有支配控制的权力[1]。各单项运动协会负责各自的运动项目，与国家奥委会只有名义上的统属关系。此外，美国有许多志愿组织（Voluntary Organization）在组织青少年体育活动方面做出了贡献。他们雇用许多休闲专业人员开展青少年体育活动。同时他们也对地方的体育指导员进行培训。美国的宗教组织，如基督教青年会（Young Men's Christian Association）、基督教女青年会（Young Women's Christian Association）等，针对青少年组织野营活动和其他体育活动，在组织大众体育尤其是青少年课外体育活动方面起到了突出的作用。

美国业余体育联合会是美国管理和促进业余运动开展最早及影响力最大的单一组织，目标是在业余运动中建立共同标准，其在美国青少年体育中扮演着重要角色。AAU 是一个多元体育组织，专门致力于促进和发展业余体育和体育健身计划。现在 AAU 在美国拥有 70 多万成员，其中包括 10 万多名志愿者。现在 AAU 提供的项目包括：AAU 业余体育项目（含 41 项）；AAU 青少年奥运会，全国最大的多元运动赛事；组织各项目国家和地区冠军赛。2014 年 AAU 青年体育项目如地区、跨地区、区域及全国的比赛、联赛、邀请赛、体育节日和展示赛等安排各有不同，各项目的资格赛由美国 57 个 AAU 地区承办，冠军赛大部分安排 ESPN 综合体育中心举办，共有超过 644859 名业余运动员参加了 AAU 赛事，其中大约 6 万名青少年参加了 4000 多场各项目的全国冠军赛，参加人数还在稳步逐年上升[2]。近 20 年，参加人数翻了 3 倍。为了对青少年体育进行科学管理，AAU 建立了组织结构完善、权利分配均衡、权责清晰、分工明确，部门间相互协助、同时又相互制衡的管理架构（图 12-2）。科学的管理架构、规范的管理制度、明确的组织目标、合理的奖惩机制等保证了美国青少年体育的可持续、高水平发展。AAU 是美国最大的非营利性体育组织之一。AAU 目前在全国范围大约有会员 70 万人。

---

[1] 中国群众体育现状调查课题组. 中国群众体育现状调查研究［M.］北京：北京体育大学出版社，1998：30.
[2] 杨小帆，吴相雷，李卫东，等. 美国城市社区体育的发展模式、组织型态与经验［J］. 成都体育学院学报，2021（1）：79-86.

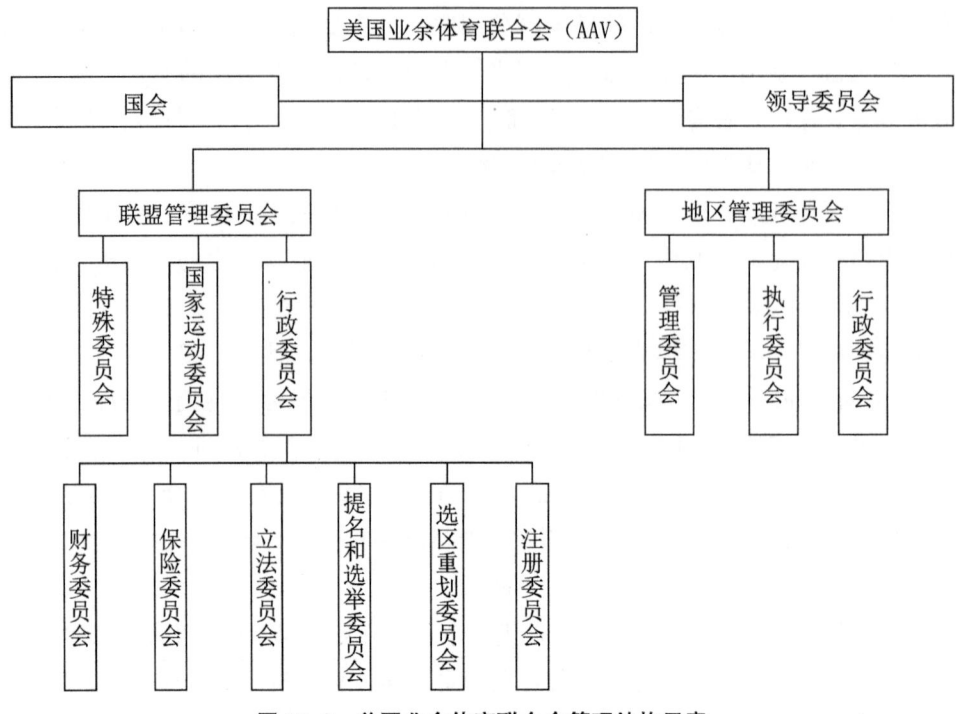

图 12-2　美国业余体育联合会管理结构示意

由于美国政府中没有负责管理体育的职能部门，NCAA 也就成了美国全国规模最大、职能最全、会员最多的体育管理机构，在美国具有广泛的影响力[1]。NCAA 在 22 个项目中设冠军 87 个，每年大约有 48 万名男女运动员参加各个项目的比赛[2]。NCAA 已经成为招收、管理大学生运动员，对校外资助、奖学金、电视转播、学术资格等一系列涉及大学生运动的事务进行管理的非营利性实体。2014 年，NCAA 创造了 10 亿美元的收入。这些收入的 80%来自 NCAA 第一级别的男子篮球锦标赛。为了实现各项目、各院校等的相对均衡发展，NCAA 将收入在协会内的各个院校或联盟进行重新分配。

为了避免不同规模和档次学校的同场竞技，从 1973 年开始，NCAA 把各院校划分为三个级别：Ⅰ级学校、Ⅱ级学校和Ⅲ级学校。Ⅰ级院校还根据其学校橄榄球运动的水平划分为Ⅰ-A、Ⅰ-AA、Ⅰ-AAA 三个级别。目前 NCAA 有 1281 所大学、联盟和单项协会加入。从图 12-3 可以看出，NCAA 下设的执行委员会在 NCAA 内部具有至高无上的权力，负责联合会的具体工作。执行委员下设Ⅰ级领导委员会、Ⅱ级主席联盟、Ⅲ级主席联盟，分别管理各级别的具体工作。NCAA 的执行委员会成员则由联合会的主席、各层次协会的主席和代表共 20 人组成。其中执委会成员中执委会主任和Ⅰ级、Ⅱ级和Ⅲ级管理委员会的主席共 4 人为执委会的常委，负责日常事务，属当然成员。另外 16 位成员则通过投票产生，

---

[1] 池建. 美国大学竞技体育管理 [M]. 北京：人民体育出版社，2005：14.
[2] NCAA 官网 [EB/OL]. (2021-02-16) [2021-11-12]. https://www.ncaa.org/sports/2021/2/16/overview.aspx.

具体分配名额为 8 名 I-A 级领导委员会的成员；2 名 I-AA 级领导委员会的成员；2 名 I-AAA 级领导委员会的成员；2 名 Ⅱ 级主席联盟的成员；2 名 Ⅲ 级主席联盟的成员[1]。

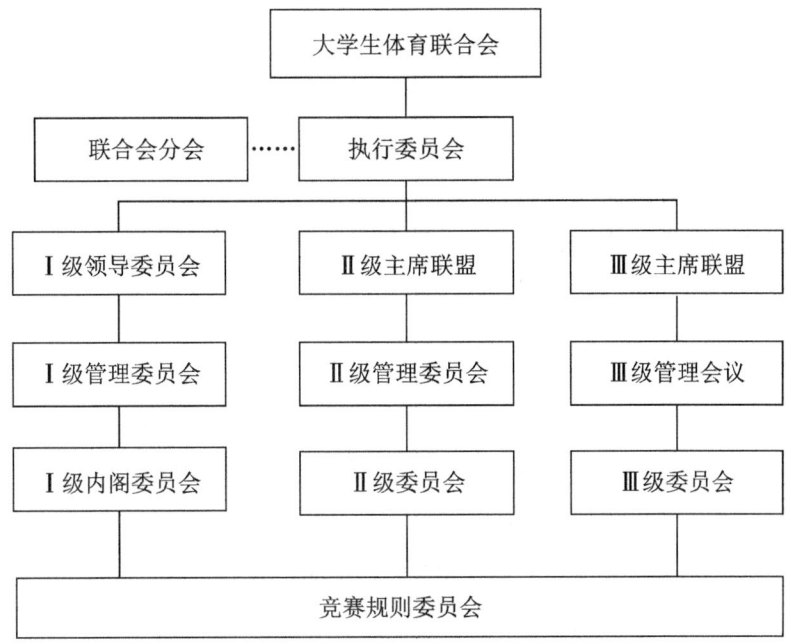

图 12-3　美国大学生体育联合会组织机构框架

NCAA 通过每年的会员代表大会来选举和通过有关法规文件及人事任免，每个正式会员和团体会员都有一票的表决权。1995 年，NCAA 发现在现行的 Ⅰ 级、Ⅱ 级和 Ⅲ 级三个层次的运动竞赛中仍然存在大量的问题急待解决，这使得 NCAA 在 1996 年的年会上通过了改革现行组织机构体制的方案。新的组织机构于 1997 年 8 月开始正式运转，新的组织管理体制仍然包括以前的每个正式会员和团体会员的一票表决权制，但年会的作用取代了各层次的小型会议，并且在每一个层次中都增设了一个监督机构，这些监督机构的成员一般由该等级层次中的大学校长、竞技部主任、联合会官员及各联合会的主席担任[2]。作为美国业余竞技体育组织中最大的，也是运转最为成功的组织，NCAA 在机构设置方面的科学和完善也是其成功的重要原因之一。

以上只是简单介绍了几个有代表性的体育组织，在美国社会的各个领域都存在大量的体育组织，为社会的各阶层、各职业的人群提供服务和支持。

---

[1]池建. 美国大学竞技体育管理［M］. 北京：人民体育出版社，2005：19.
[2]凌平. 中美高校体育管理比较研究［M］. 杭州：浙江大学出版社，2003：78.

三、美国体育组织建设对我国的启示

(一) 构建政府社会结合型的体育组织体系

我国体育组织的发展应当实现权力的分化和重组，体育行政部门要把微观管理权力和职能下放并转移出去，强化其宏观管理职能，把工作重点放在体育事业发展方向和相关政策的制定方面。各类体育组织之间要资源共享、协同合作，构建切实可行的协同机制和方法，形成体育人才培养、青少年人格教育、居民休闲体育参与，以及体育产业可持续发展的多边协同机制。

(二) 完善政策保障，形成有效监督

政府机构要扮演好监督者、政策制定者的角色，对社会机构可以参与的体育事务进行充分放权，对相关社会机构、企业等进行培育和引导，发展市场机制的功能，调动各方积极性和主动性。继续做好相关立法建设，管理宜"未雨绸缪"，杜绝"亡羊补牢"式对策的频频出现，实现依法治体。做好体育工作的监督和检查，要拟定好管理节点，抓住关键环节，对体育组织进行高效管理和监督。

(三) 重视青少年体育组织

我国应加强青少年体育组织的巩固和建设，增加青少年体育的组织类型和数量，努力形成多元化的青少年体育组织发展格局。要加强各青少年体育组织间的相互联系，充分利用周边资源，可形成全国青少年体育俱乐部联合会。实现青少年体育组织的多元主体协同发展，形成学校、社区、家庭、体育俱乐部、体育局、教育局等利益相关者的协同组织和实施，并最终实现青少年体育参与的全时空（课内课外）、全地域（校内校外）的充分参与。

> **案例 12-1** 美国体育组织的治理

美国国家体育组织的发展与其他西方发达国家十分相似。在19世纪末和20世纪初，商业体育和业余体育的区分引起了社会的高度重视，如违法支付业余运动员薪水的社会行为。男女运动员就像商品一样自由交易，剥削和抛弃运动员的现象比较常见，在这样的历史背景下，美国政府开始关注国家体育组织的治理与运行方面，这不同于大部分其他西方国家。在美国国家体育组织的治理过程中，三种不同形式的治理模式发挥了重要的作用，即国家奥委会、全美大学生体育协会和职业体育联盟的体育共治结构。

美国国家体育协会组织授权给全美大学生体育协会,并拥有奥林匹克运动单项体育管理资质,包括田径、游泳和体操等运动项目。美国国家体育组织普遍实行新自由主义治理模式,也就是减弱政府的行政干预,充分利用社会资源和学校体育资源,以国家体育协会组织为推动力量,实现经济效益和社会效益的有机结合。在历届夏季奥运会和冬季奥运会比赛中,以高校体育为依托载体的美国奥运体育代表团,形成了以田径和游泳等优势体育项目的格局。

问题 查找资料,了解美国奥委会、全美大学生体育协会和职业体育联盟在美国体育发展中扮演的角色,并指出这种体育共治结构的优势和弊端。

第二节 英国体育组织建设历程、现状与启示

英国作为现代体育运动发源地之一,其体育组织的建设和发展为世界体育的发展贡献了智慧,也为世界体育组织的建设和治理提供了依据和参照。规范而科学的体育组织建设为英国体育的健康可持续发展保驾护航。

一、英国体育组织建设历程

英国全称为大不列颠及北爱尔兰联合王国,由四部分组成,包括英格兰、威尔士、苏格兰及北爱尔兰,同时英国在海外还拥有14个领地。英格兰人占国民的84%左右。英国是一个单一制、君主立宪的民主国家,也是一个权力下放的单一制国家。因为除了位于伦敦的英国上议院外,苏格兰、威尔士和北爱尔兰都拥有自己的议会,这些议会中的部分议院是按照比例代表制选举产生的。虽然这些二级政府拥有部分立法等方面的权限,他们的权力还是无法足够大到能与英国议会抗衡。因为英国这种特殊的政体,使得英国体育的官方管理机构权力较为分散。

在英国政府内部,管理英国体育的部级机构为英国数字、文化、媒体与体育部(The Department for Digital, Culture, Media & Sport, DCMS),由46个机构和公共机构提供支持,其中与体育有关的公共机构包括国家彩票社区基金(The National Lottery Community Fund)、赛马博彩征费委员会(Horserace Betting Levy Board)、英格兰体育局(Sport England)、英国反兴奋剂中心(UK Anti-Doping)、英国体育局(UK Sport)、运动场安全管理局(Sports Grounds Safety Authority)、博彩委员会(Gambling Commission),以及2022年英联邦运动会伯明翰组委会有限公司(Birmingham Organising Committee for the 2022 Commonwealth Games Limited)。除了这些机构之外,威尔士、苏格兰和北爱尔兰分别拥有管理各自体育发展的机构威尔士体育局(Sport Wales)、苏格兰体育局(Sport Scotland)、北爱尔兰体育局(Sport North Ireland)。

本文将英国体育组织分为国家管理组织（National Governing Bodies，NGBs）、营利性组织和非营利性组织（志愿性组织）。从组织负责的体育领域来划分，英国的体育组织又分为竞技体育领域的组织、学校体育领域的组织、大众体育领域的组织。具体如表 12-1 所示。

表 12-1　英国体育组织分类与举例

体育领域	政府机构/公共组织	国家管理组织（NGBs）	营利性组织	非营利性组织/志愿性组织
竞技体育	UK SPORT	• The Football Association • Rugby Football Union • England Athletics • Badminton England	Premier League 等	• The British Olympic Association • British Gymnastics，British Cycling 等
大众体育	• Department of Education • Sport England • Sport Wales • Sport Scotland Sport North Ireland	• Lawn Tennis Association • Table Tennis England • Athletics • EMD UK • The Football Association	• Leisure centers • sport clubs	• The British Sports Association for the Disabled（BSAD） • The Women's Sports Foundation（WSF） • The National Playing Fields Association（NPFA）等
学校体育		• England Handball • Rugby – Premier Rugby and RFL • England Boxing • The Golf Foundation • England Netball • Rounders England	—	• Association for Physical Education（afPE） • Office for Standards in Education, Children's Services and Skills（Ofsted） • Youth Sport Trust（YST）等

英格兰体育局最初是由 1972 年皇家宪章成立的体育委员会。1996 年修订的皇家宪章成立了英国体育委员会，该组织于 1999 年更名为 Sport England。它是英国五个体育委员会之一，其余几个委员会分别为苏格兰体育局、威尔士体育局、北爱尔兰体育局和英国体育局。英格兰体育局负责发展基层体育，并让更多人在英格兰活跃起来。作为政府体育未来战略的一部分，它被赋予了促进娱乐和体育运动的责任。英国体育局负责投资奥运会和残奥会体育项目，是英国重大体育赛事的牵头机构。DCMS 在英格兰的体育政策方面处于领先地位，但它并不是唯一管理体育活动的部门。教育部（DfE）负责学校的运动和体育活动，卫生和社会关怀部（DHSC）负责与健康相关的体育活动，交通部（DfT）负责积极的旅行，包括步行和骑行路线。其他部门也有影响身体活动的职权范围。例如，环境、食品和农村事务部（Defra）在管理农村地区、新鲜空气和清洁水源方面发挥着关键作用，而财政部则控制着钱包。文化、媒体和体育部与其他部长召开会议，讨论存在交叉但

没有协调跨部门工作的总体结构的体育和娱乐政策。地方政府是体育和娱乐的最大投资者,提供场地、设施和休闲中心。他们负责所有游泳池的三分之一、草地球场的31%、体育馆的13%和近五分之一的健康健身设施。他们直接将钱花在体育和娱乐上(如休闲设施和公园的开发和维护),或间接通过如健康和福祉及青年服务相关的预算来花钱。

体育运动主要通过基层俱乐部进行。俱乐部可以是附属于相关国家管理组织的本地业余体育俱乐部或由慈善机构、志愿机构和社会企业运营的其他社区俱乐部,这些俱乐部可能与国家管理组织有关系,也可能没有关系。俱乐部对于组织基层体育和体育活动至关重要,无论是管理地方或区域竞技联盟还是非正式的活动团体。业余体育俱乐部和其他社区团体通常通过会员费、筹款活动或申请赞助和赠款来获得自己的收入。拥有财产的俱乐部可能有其他赚钱方式,包括将他们的设施出租给其他团体或通过俱乐部会所酒吧获取经营利润。当地草根俱乐部的一个显著特征是他们依靠志愿者来管理和运营。

另外,在英国体育的语境中,国家体育管理组织是体育运动发展的基本组成要素,在全国范围内管理着不同的体育项目,除了监督规则、俱乐部、教练和比赛之外,每项运动的国家体育管理组织还决定如何使用由会员费、电视转播权、彩票赠款,以及政府和四个英国体育委员会的投资产生的收入。传统上,国家体育管理组织被视为运动的守护者,它们是重要的社会机构,影响着谁可以参加运动及以何种条件参加运动。国家体育管理组织包括足球协会(The Football Associaation)、橄榄球联盟(Rugby Football Union)和英格兰田径协会(England Athletics)等组织。

除此之外,还有体育产业公司(Sport Industry Group)等致力于发展英国体育产业的传媒组织,每年举行体育产业奖(Sport Industry Awards)颁奖晚会,该奖项是目前欧洲最负盛名的商业体育奖项。

二、英国体育组织的现状

(一)政府组织/公共机构

以英国体育局为例,其成立于1996年,是国家的高水平(high-performance)体育机构,由政府和国家彩票资助。英国体育局的使命是携手合作,带领英国在奥运会和残奥会取得世界级的成功。英国体育的投资和战略方向帮助英国体育和运动员在2012年伦敦奥运会取得65枚奥运会奖牌和120枚残奥会奖牌,在2014年索契冬奥会上获得4枚冬奥会奖牌和6枚残奥会奖牌。英国体育局的其他职责包括竞标和举办大型体育赛事,提高体育在国际上的影响力,以及促进最高标准的治理、体育行为、道德和社会多样性。为达到该目标,英国体育局采取了以下措施,包括:①对奥运会和残奥会进行战略投资;②通过英国体育学院等组织进行体育科学研究、利用医学和技术发展支持英国在教练、治理、培养优秀运动员实施计划;③竞标和举办大型体育赛事,目的在于促进英国经济发展，带来社会效益，并通过在本土举办重要的资格赛来支持英国运动员备战奥运会；④与国际各单项体育联合会和运动机构建立积极的工作关系。为此，英国体育局发布了《英国体育战略计划2021—2031年》和《英国体育公平、多样性及融合战略》。《英国体育战略计划2021—2031年》的目标是引领高水平运动（high-performance sport），创造丰富生活的非凡时刻；任务是创造非凡体育时刻的最伟大十年，并影响、鼓舞和团结全国。为此，该计划中提出通过以下三个方面的目标来实现其目的和任务，如表12-2所示。

表12-2 《英国体育战略计划2021—2031年》的意愿

意愿	主要内容
继续赢，并赢好	我们将为比以往更广泛的冠军和奖牌获得者提供支持；以诚信取胜，并确保国家的杰出人才有机会成为最好的
蓬勃发展体育系统	我们将支持我们在英国的体育界更加协作；为明天制定多元化、合乎道德和可持续的议程
激发积极的改变	我们将利用体育的力量和平台来激发积极的变化，为更幸福、更自豪和更互联的社会做出贡献

从1997年5月开始，英国体育局投入大量资金支持英国运动员参加夏季和冬季奥运会和残奥会。以北京冬奥会为例，其为冬季两项（6000英镑）、雪车（120000英镑）、冰壶（5257900英镑）、花样滑冰（40000英镑）、雪橇（6000英镑）、短道速滑（其中来自运动员支持计划700271英镑，北京支持计划20000英镑，共计720271英镑）、钢架雪车（6425000英镑）、单板双板滑雪（9530628英镑）和速度滑冰（20000英镑）等冬奥会项目，以及残疾人单板双板滑雪（4539964英镑）、轮椅冰壶（735606英镑）两个残奥会项目提供了资金支持[1]。

（二）国家管理机构

英国的体育组织出现在19世纪下半叶，在此期间，英国编纂了超过25%的现代体育运动竞赛规则，并在19世纪80年代到20世纪30年代正式成立了67个国家管理组织，负责制定规则、精神和纪律，监督比赛。20世纪60年代国家管理组织得到快速发展，不仅人数增长到超过470人，其范围也扩大到包括训练国家队和处理赞助和媒体关系[2]。总体而言，国家管理组织在体育运动中的作用是管理、改进和发展体育产业。他们为行业内的变革提供了框架，为所有人提供了体育参与的可能性。以英格兰羽毛球协会（Badminton England）为例，该组织不仅负责本国内竞技体育领域的羽毛球发展，还鼓励

---

[1] UK SPORT. Current Funding Figures [EB/OL]. (2021-11-22) [2022-04-14]. https://www.uksport.gov.uk/our-work/investing-in-sport/current-funding-figures.

[2] Collins, M. Public Policies on Sports Development: Can Mass and Elite Sport Hold Together? [J]. Management of sports development, 2008: 59-87.

并支持所有羽毛球项目爱好者积极参与到该体育项目中。他们与合作伙伴和利益相关者一起为所有人提供参与羽毛球运动的机会，从小学的羽毛球活动到成人参与的羽毛球，从基层的羽毛球俱乐部到郡县的羽毛球组织，从世界一流的训练技术发展到重大赛事的举办，都在协会的工作范围内。[1]

（三）营利性组织

以英格兰足球超级联赛（Premier League，以下简称英超联赛）为例，英超联赛属于一家私人公司，由组成联赛的20个会员俱乐部全资拥有。每个俱乐部都是独立的，按照英超联赛、英足总、欧足联和国际足联的规定，并遵守英国和欧洲法律，在规则范围内工作。英超联赛的核心是通过协商解决问题，股东会议是英超联赛政策的最终决策途径，并在赛季期间定期举行。英超年度股东大会在每个赛季结束时举行，届时降级俱乐部将其股份转让给从足球联赛冠军晋升为英超联赛的俱乐部。俱乐部有机会在股东大会上提出新规则或修正案。每个会员俱乐部都有权拥有一票，所有规则变更和重大商业合同都需要至少三分之二或14个俱乐部的支持才能达成一致。英超联赛规则手册是联赛、会员俱乐部和彼此之间的合同，定义了比赛的结构和运行。任何严重违反英超联赛规则手册的行为都会导致一个独立的三人法庭开庭审理案件，确定有罪并设定惩罚，从罚款到扣分，在极端情况下，会被开除出比赛，但至今还未发生过[2]。

（四）非营利性组织/志愿性组织

以体育教育协会（Association for Physical Education，简称afPE）为例，它是英国最具代表性的体育学科协会。其致力于成为在教育环境和更广泛的社区中提供或支持体育教育、学校体育和体育活动的个人和组织的首选代表机构。其工作包括制定体育相关政策和相关声明、回应咨询、提供资源、跨部门的优秀专业学习、与合作组织和政治组织的代表会面，以及在各种场合上推广该主题。目的是在体育教育、学校体育和体育活动的各个方面和各个层面促进和保持高标准和安全实践，影响国家和地方层面的发展，从而影响学生的身体健康和情绪健康。体育教育协会为会员和体育、学校体育和体育活动部门提供有质量保证的服务和资源及宝贵的专业支持，主要包括：广泛的优质会员服务；认可的专业学习机会和职业资格；期刊服务（体育事务与体育和体育教育学）；建议、支持和就业机会；每月电子通讯；电子邮件/视频/网络研讨会更新；在重要会议或者国家工作组中代表主要利益相关者；提供保险范围和专门的帮助热线，包括对健康和安全的

---

[1] Badminton England. About us [EB/OL]. (2021-12-30) [2022-03-23]. https://www.badmintonengland.co.uk./about-us/.
[2] Premier League. About [EB/OL]. (2021-12-30) [2022-03-23]. https://www.premierleague.com/about.

支持以及法律建议。[1]

三、英国体育组织治理的启示

(一) 英国体育治理相关政策

《体育治理准则》(*The Code for Sports Governance*) 于 2016 年 10 月发布并于 2021 年发布修订版本。在咨询了 200 多个体育和非体育组织,并对全球体育和非体育治理框架进行了广泛审查之后,《体育治理准则》为受英国体育局和英格兰体育局资助的组织引入了一套包含 58 项强制性要求的治理文件,其中规定了那些寻求并正在接受来自上述两局的英国政府和国家彩票资助的组织所要求的透明度、多样性和包容性、问责制和诚信水平。具体来讲体现在以下三方面：使董事会成为最终决策者；提高决策技能和多样性,目标是董事会的性别多样性至少达到 30%,并承诺更广泛地实现更大的多样性；更大的透明度。到目前为止,该治理准则已应用于三个资助级别的 4000 多个组织,并为提供体育和体育活动的广泛多样的国家、地区和地方机构、社区团体和慈善机构提供了一个标准的治理框架机会。准则中规定的许多原则被广泛认为是公司治理中良好实践的要素,并且可以在体育部门内外的大多数治理模式中找到,如英国公司治理准则 (UK Corporate Governance Code)、所有五个国内体育委员会的治理框架 (the governance frameworks of all five domestic Sports Councils),以及体育和娱乐联盟的自愿良治或善治准则 (the Sport and Recreation Alliance's Voluntary Code of Good Governance.)。

(二) 英国体育组织治理的启示

1. 治理标准明确

《体育治理准则》对如何使用、使用原则,以及不同层级组织的要求都做了详细的说明。该准则提出,准则执行的基本原则分为五个方面,分别是结构、人、交流、标准和执行、政策和过程。这五个方面构成了准则的核心。除此之外,该准则罗列了一系列不同层级组织满足治理标准需要的基本要求。如第 3 级 (Tier 3) 代表该准则中最高级别的强制性治理要求。由于正在进行大量公共投资,Tier 3 要求旨在确保高治理标准。英国体育局和英格兰体育局将寻求组织的正式承诺,以在设定的时间内满足要求。第 1 级 (Tier 1) 代表准则中强制性治理要求的最低水平。该层级的要求旨在通过良好的治理流程确保保护公共资金,而不会造成不合理的压力。如果组织收到符合以下标准的投资,英国体育局和英格兰体育局通常会要求组织满足该准则 Tier 1 的标准：投资是一次性授予的 (例

---

[1] Association for Physical Education. Who we are and what we do [EB/OL]. (2021-12-30) [2022-04-12]. https://www.afpe.org.uk/physical-education/who-we-are-and-what-we-do/.

如，对于具有固定结束日期的特定项目）；资金总额通常在 100001 英镑到 250000 英镑之间。准则 Tier 1 也适用于可能成为长期合作伙伴关系的组织。如果随后进行进一步投资并且资金水平增加到更高的门槛或组织与英国体育局和英格兰体育局建立的关系类型变得更长期，则最初被要求遵守第 1 级的组织可能需要进一步成为符合规范的第 2 层或第 3 层[1]。

2. 及时审查并修改准则内容

2020 年 7 月，英国《体育治理准则》推出 3 年后，英国体育局和英格兰体育局对该准则进行了及时的审查，以发现准则中需要进一步改进的地方。本次审查审视了准则的各个方面，包括每个单独的原则、要求、相关评论，还包括准则的呈现、使用和应用方式。审查以证据为基础，为此，英国体育局和英格兰体育局组织了对 130 多个受资助合作伙伴董事会的外部审计，并通过在线调查和焦点小组进行了咨询来获取人们对治理准则的看法。因此，治理过程中不同类型利益相关者的看法得到了及时关照和审视。

3. 强调治理的基本条件

治理是指组织运行和决策的方式，包括：组织拥有的系统、流程、政策、控制和权力，以及领导组织的人如何对他们设定的方向和决定负责。组织的类型多种多样，但是体育组织治理的共同之处体现在组织结构、组织人员、交流、标准和行为、政策和过程这五个要素，它们共同构成了英国体育组织治理的基本条件或概念基础。英国体育组织的治理强调组织的结构，尤其是组织是不是独立的法律实体、组织是否有资格获得慈善身份（charitable status）或社区业余俱乐部身份（Community Amateur Sports Club status）。不同组织类型享有不同的政策优惠但是也受到相应的要求审查。例如，如果是慈善组织，则在税费减免和在得到允许后开展筹款活动方面有优势，一旦成立慈善组织则无法变更组织类型且需要接受慈善委员会（Charity Commission）的额外行政负担。再如，俱乐部既可以是非法人组织（unincorporated organisation），也可以是法人组织（incorporated organisation）。许多体育俱乐部已为非法人组织运作，受共同规则约束。但是，一旦注册成立使俱乐部成为一个独立的法人实体，这意味着俱乐部成员对其债务不承担个人责任。然而，英国体育治理也存在不足。例如，《体育治理准则》的出台、执行、审查、修改适用于英国的实际情况。出台三年后，受到英国乃至风靡欧美的"黑命贵运动"（Black Lives Matter）的影响，在内容和审查要求等方面都受到性别、种族等问题的影响。表 12-3 是举例说明审查过程公开，体现英国体育治理的结果。

---

[1] UK Sport. A Code for Governance, Tier 1 [EB/OL]. (2021-12-31) [2022-05-15]. https://www.uksport.gov.uk/resources/a-code-for-sports-governance/tier-1.

表 12-3　UK SPORT 2022 年 2 月财务数据公开

Department family 管理部门	Entity 实体组织	Date 日期	Expense type 开支类型	Expense area 开支领域	Supplier 供应商	Transaction number 银行交易号	Amount 金额（英镑）
DCMS	UK Sport	2021/11/1	法律（Legal）	Governance Programme	QEB Hollis Whiteman Chambers	32614	£32,515.77
DCMS	UK Sport	2022/1/11	软件许可（Software Licence）	ICT Managed Services	Softcat Ltd	32896	£200,479.71
DCMS	UK Sport	2022/1/11	网站托管（Website Hosting）	ICT Managed Services	Softcat Ltd	32896	£293,081.67
DCMS	UK Sport	2022/1/11	法律（Legal）	Governance Programme	Field Fisher Waterhouse	32910	£35,812.72
DCMS	UK Sport	2022/1/11	拨款（Grant）	World Class Operations	Sport Resolutions UK	22504486	£71,500.00
DCMS	UK Sport	2022/1/11	拨款（Grant）	Performance additions to WCPP	English Institute of Sport Company	22504488	£60,978.00
DCMS	UK Sport	2022/1/11	拨款（Grant）	EIS－Investment	English Institute of Sport Company	22504489	£1,142,667.00
DCMS	UK Sport	2022/1/11	拨款（Grant）	Summer－Paralympic	British Swimming	22504491	£121,491.00
DCMS	UK Sport	2022/1/11	拨款（Grant）	Summer－Paralympic	British Cycling Federation	22504492	£126,490.00
DCMS	UK Sport	2022/1/11	拨款（Grant）	Summer－Paralympic	Grand National Archery Society	22504493	£39,186.00

注：因版面有限此处仅展示部分数据，全部数据请参考 Transparency and open data Transparency and Open Data｜UK Sport。

案例 12-2 卡瓦尼涉嫌"种族歧视"事件

2020年11月29日，英超曼联队前锋埃丁森·卡瓦尼（Edinson Cavani）在社交媒体上使用了"negrito"一词，被英足总裁定为涉嫌种族歧视，卡瓦尼也因此受到了3场停赛外加罚款的处罚。这一事件在英国乃至世界足坛引起轩然大波。曼联俱乐部发表声明表示，"曼联和我们所有的球员都完全致力于打击种族主义，我们将继续与英足总、其他管理机构和组织合作，并通过我们自己的活动来打击种族主义"。2021年1月3日，乌拉圭球员协会也用英语和西班牙语发布了一封公开信，对同胞卡瓦尼进行了声援，同时他们也强烈批评了英足总的处理方式，并表示英足总的行为才是真正的歧视。随后，包括马德里竞技足球俱乐部后卫何塞·希门尼斯，卡利亚里足球俱乐部球员戈丁和南德斯在内的众多乌拉圭国脚也纷纷在社交媒体上转发了这封双语公开信，表达了对卡瓦尼的支持。此次事件在经历了多次反转之后，仍以英足总维持原判而告终。

问题 请查阅相关资料了解本事件发生的前因后果，并尝试思考英足总的做法是否符合治理的原则。

案例 12-3 量化体育的贡献

这一战略中最重要的变化之一是重新关注体育可以带来的更广泛的成果。体育对身心健康、社会资本建设、教育程度和就业能力，以及经济增长的影响的证据已经确立。许多咨询回复都提到了体育对社会的贡献，正是这种社会影响将成为衡量未来体育影响的核心。从所有可用的证据来看，体育可以在五个方面做出最大贡献——身体健康、心理健康、个人发展、社会和社区发展，以及经济发展。我们在每个领域都定义了一个在国家层面衡量的高水平成果，为这些成果做出积极贡献是组织未来将获得资金的原因。然而，体育并不是在国家层面影响这些结果的唯一因素，将影响归因于这一战略取决于证明体育和体育活动在每个领域所做的贡献。目前，支持这种影响评估的理解对于身体健康和经济发展最为强烈。身体健康和参与体育运动的数据已经通过积极的生命（Active Lives）获取，体育对英国经济的贡献通过体育卫星账户（Sport Satellite Account）获取。对于心理健康、个人发展及社会和社区发展，未来几年将需要做更多的工作来了解和证明运动和体育活动对整体结果的确切影响。英格兰体育局（Sport England）将探索主观幸福感、感知自我效能和社会信任水平纳入积极生活调查的最佳方式，以便将这些结果与体育行为数据直接进行比较。这将建立在英国文化、教育媒体和体育部（DCMS）参与的关于主观幸福感的现有方法的调查基础上。我们还将支持该部门更一致地使用相关测量工具，以建立在项目层面有效的证据,并在国家层面评估影响。这方面的进展将反映在提交给议会的每份年度报告中。

(摘自 Sporting Future)

问题 请查阅该文件全文[1],并尝试思考对政策执行效果进行评估的意义。

案例 12-4 英格兰体育计划

英格兰体育于 2016 年发布了《活跃国家中的教练:英格兰 2017—2021 年教练计划》[2]。它提供了更广泛的教练定义:"通过提供符合个人需求的专业支持和指导来改善一个人的运动和体育活动体验和抱负。"它为实施教练计划设定了五种战略方法:让开始教练工作变得更容易;培养进步文化(improvement culture);将学习转化为实践;衡量变化并传达影响;加强基础设施。

2016 年发布的另一项英格兰运动计划"活跃国家的志愿服务"[3] 提出了以下承诺:2017—2021 年间投资 2600 万英镑用于志愿服务,并设立两个基金来解决志愿者缺乏多样性的问题;建立机会基金:高达 300 万英镑,为来自经济弱势社区的人们创造志愿服务机会;建立潜力基金:高达 300 万英镑,用于让 10 至 20 岁的青少年通过体育运动参与社会活动。

问题 请查阅以上两个文件的全文[4],并尝试思考政策对体育运动发展的作用是什么,以及有量化数据的政策的优点有哪些。

第三节 韩国体育组织建设历程、现状与启示

近年来,经济的发展造就了韩国体育的日益强盛,尤其在竞技体育方面的发展突飞猛进,成为亚洲体育强国之一,在许多项目上对中、日两国选手构成了极大的威胁。韩国竞技体育的飞跃发展,与其政府所采取的措施、国家体育组织制度的改革密切相关。

---

[1] Sporting Future [EB/OL]. (2021-12-12) [2022-06-12]. https://www.gov.uk/government/publications/sporting-future-a-new-strategy-for-an-active-nation.

[2] Roberto Pratt. Coaching in an Active Nation – The Coaching Plan for England – Sport England [EB/OL]. (2021-12-25) [2022-06-12]. https://www.readkong.com/page/coaching-in-an-active-nation-the-coaching-plan-for-7790490.

[3] London Sport. Volunteering in an Active Nation 2017-2021 [EB/OL]. (2021-12-25) [2022-06-12]. https://data.londonsport.org/dataset/2gm5r/volunteering-in-an-active-nation-2017-2021.

[4] Roberto Pratt. Coaching in an Active Nation – The Coaching Plan for England – Sport England [EB/OL]. (2021-12-25) [2022-06-12]. https://www.readkong.com/page/coaching-in-an-active-nation-the-coaching-plan-for-7790490.

一、韩国体育组织建设的历程

(一) 体育会的建立与中止

朝鲜体育会的创立是 1919 年 3 月 1 日处于日本殖民统治的朝鲜半岛爆发的三一运动的成果之一。第一次世界大战结束后,美国总统伍德罗·威尔逊提倡的民族自决思想给在殖民统治中被压迫的民族带来了希望和勇气,也使在日本帝国主义的压迫下饱受折磨的韩国民族受到了很大的鼓舞。

作为韩国第一个体育组织,1920 年 7 月 13 日创立的韩国民族体育综合团体——朝鲜体育会以韩国的东京留学生和韩国国内体育界人士为中心,并得到金成洙、张德洙、崔斗善、白乐俊等韩国民族领导人的大力支持。韩国民族领导人认为,朝鲜体育会不是单纯的竞技团体,而是通过体育巩固韩国同胞的身体和心灵,以找回国家的原动力为深意的民族机关。在没有基金,也没有自己的专用办公室和专用体育设施的恶劣条件下,朝鲜体育会与拥有会议室和体育馆的首尔基督教青年会(Young Men's Christian Association,YMCA)携手展开了"民族体育运动传播"。朝鲜体育会与朝鲜教育会、朝鲜语学会、物产奖励会等组织成为韩国民族行使主权的民族机关。朝鲜体育会创始发起人之一的白乐俊后来表示:"朝鲜体育会可以说是超越了纯粹的体育运动的范畴,进行了社会运动,甚至是政治运动。我们通过体育进行了抗日斗争,这一点值得后辈体育人士引以为豪。"[1]

朝鲜体育会举办了包括全朝鲜棒球大赛在内的足球、网球、田径等多个项目的单项比赛,并于 1934 年正式举办了全朝鲜综合运动会,该大会就是现在的韩国全国体育运动会前身,全朝鲜综合运动会的成功举办也证实了朝鲜体育会创立 15 年后具备了运营综合体育大会的能力。在艰苦的条件下,由于有人民大众和体育指导者的密切配合,韩国体育运动有了长足的进步,1932 年,韩国选手首次参加了奥林匹克运动会,特别是在第 11 届柏林奥运会上,韩国的孙基祯和南升龙分别获得了男子马拉松金牌和铜牌,这一壮举给全国上下带来了希望和勇气。

到了 1938 年 7 月,为战争而奔波的日本帝国主义制定了将韩国的民间团体全部吸收到日本机关的方针。因此,朝鲜体育会被日本体育机构朝鲜体育协会强制吸收。在此之前,朝鲜体育会于 1938 年 5 月 7 日召开了第 19 届定期总会,并制定了今后 1 年的事业计划,但随后国民精神力量联盟朝鲜支部的职员和朝鲜总督府的官员们单独会见了朝鲜体育会的干部,并强行要求解散朝鲜体育会。

(二) 体育会的重建

1945 年 8 月 15 日,日本被迫宣布无条件投降,韩国迎来了光复。日本帝国主义的退

---

[1] 韩国体育会. 大韩体育 90 年史 [M]. 首尔:大韩体育会, 2011.

出使韩国的政治、经济、文化等各领域的机关都停止了运转。在这种政治、社会混乱的背景下，韩国体育界人士于1945年11月26日重建了体育会，选举吕运亨为第11任会长，并召开了评议会，制定了体育宪章，选出了体育会会员。从此，社团法人大韩体育会成了韩国业余体育运动的核心组织。

体育会的重建使韩国的体育事业逐步进入正轨[1]。1948年韩国建国后，首次以独立国家的身份参加了在英国伦敦举行的夏季奥运会。举重选手金晟集和拳击选手韩水安分别获得铜牌，向全世界展示了新生韩国的存在。1951年在新德里举行的第1届亚运会韩国因战争未能参加，但随后在1954年马尼拉举行上第2届亚运会的韩国代表团综合排名第三，为成长为亚洲体育强国奠定了基础。

1960年的四一九革命掀起了韩国新的军事政府时代，大韩体育会长李起鹏的悲剧结局也使韩国体育界暂时陷入了混乱之中。似乎是在反映这一点，1960年罗马奥运会上韩国代表团因"无奖牌"而萎靡不振，依赖重量级政治家的时代也就此落下了帷幕。此后，随着1961年五一六军事革命朴正熙政权上台，为培养体育事业，政府正式开始对体育预算提供国库补贴。在这个时期，发掘优秀新人的工作和提高比赛指导者素质的工作正式开始，韩国国家选手们的摇篮——泰陵选手村也正式开张。

20世纪70年代是韩国体育走出亚洲舞台、走向世界的时期。大韩体育会继1960年实施的"六年长期训练计划"后，从1972年到1976年成功实施了"第2次提高竞技能力五年计划"，并从1977年开始按年度实施了强化训练。韩国代表团在1974年德黑兰亚运会上同首次露面的朝鲜代表团的竞争中取得了好成绩，并在1976年蒙特利尔奥运会上获得了金牌。

（三）体育政府机构——体育部的成立

在1981年德国巴登举行的国际奥委会会议上，韩国首都汉城几经努力，终于获得1988年奥运会主办权，同年11月召开的亚奥理事会全会上，汉城又一次获得了1986年亚运会主办权。基于这种情况，韩国政府认为这正是向世界宣传韩国的传统文化、传统工艺的绝好机会，也是世界各国认识韩国的一扇窗户。为了成功举办1986年亚运会和1988年奥运会，韩国政府认为只有一个民间的体育会是不够的，必须有一个强有力的政府机构统一管理和协调各项工作，故于次年的1982年成立了体育部，并下设奥运会组委会，从人力、物力、财力和统一规划等方面做了大量的工作。

在这个时期，大韩体育会为了成功举办这两大重要的赛事，在积极开展此前实施的优秀选手强化训练和聘请外国教练工作的同时，还积极开展了海外异地训练和青少年代表选手的强化训练，韩国体育科学领域也在两大赛事期间重新焕发了活力。

---

[1]文化体育观光部.2021年国民生活体育调查［M］.首尔：文化体育观光部，2022.

20世纪80年代初期,韩国的体育水平还很落后,但通过成功地举办1986年亚运会和1988年奥运会,韩国不仅提高了竞技体育水平(1986年亚运会仅以1枚之差的93枚金牌居中国之后,获第2名,1988年奥运会以12枚金牌的成绩跃居世界第4名),同时也极大地提高了民族的自信心和凝聚力。在竞技体育的带动下,群众体育也开展得更加广泛,按照每周运动2次以上、每次30分钟以上的标准,韩国体育人口的比例从1985年的21%迅速升至现在的49.8%[1]。

体育外交方面也有重大突破。1988年奥运会的成功举办,提高了韩国在国际上的声望,扩大了国际交往,促进了与世界各国的体育交流和双边交流。

(四)政府体育机构的改组

在韩国体育部成立9年后的1991年,韩国政府决定把为举办1988年汉城奥运会而成立的"韩国体育部"改名为"体育青少年部",并且把自1964年以来一直没有固定管理部门的青少年体育工作接管过来,制定了《青少年基本法》和《韩国青少年基本计划(1992—2001)》,使青少年课外体育活动初步迈入正常的轨道。

1993年2月12日,由于新上任的金泳三总统推举"小政府"体制,韩国民自党开始实行行政组织改编,决定解散体育青少年部,由文化部接管体育部的所有工作,但考虑到原体育部的人员对此意见很大,故又把文化部改名为文化体育部。之后文化体育部又经历了文化观光部、文化体育观光部等多次改名。[2]

从韩国的政府体育机构的改革可以看出,大众体育的政府管理职能是逐渐弱化的一个过程。目前,韩国大众体育工作的具体管理者和实施者是韩国大众体育协会,可以说,韩国大众体育的运行管理正在向民间社团法人化方向过渡。作为法人组织,韩国大众体育协会在宏观上要受大韩体育会(也是社团组织、工作侧重于竞技体育)的领导,大韩体育会则要在政策上服从于文化体育观光部下属的体育局的管理。

二、韩国体育组织建设的现状

韩国的体育行政组织由中央政府(文化体育观光部)、地方行政组织(17个市、道的体育局)及体育主管部门组成。另外,"体育团体"是指根据《国民体育振兴法》第2条第9项的"体育团体"定义,以体育相关活动或事业为目的而成立的法人或团体。其中包括大韩体育会及大韩残疾人体育会(支部及分会)、韩国反兴奋剂委员会、纪念汉城奥运会国民体育振兴公团等根据相关法律成立的团体[3]。

---

[1]文化体育观光部.2021年国民生活体育调查[M].首尔:文化体育观光部,2022.
[2]陈琳.韩国体育改革及大众体育动态研究[M].北京:社会科学文献出版社,2014.
[3]蒋铮璐.韩国大众体育现状研究[J].体育文化导刊,2015(4):71-74.

（一）中央政府的体育组织

韩国中央政府的体育行政组织是文化体育观光部。文化体育观光部的体育组织由下属的体育局内的6科（体育政策科、体育振兴科、体育产业科、国际体育科、残疾人体育科、体育遗产科）组成。其中，国际体育科、残疾人体育科、体育遗产科单独设立于"体育协力馆"下（图12-4）[1]。

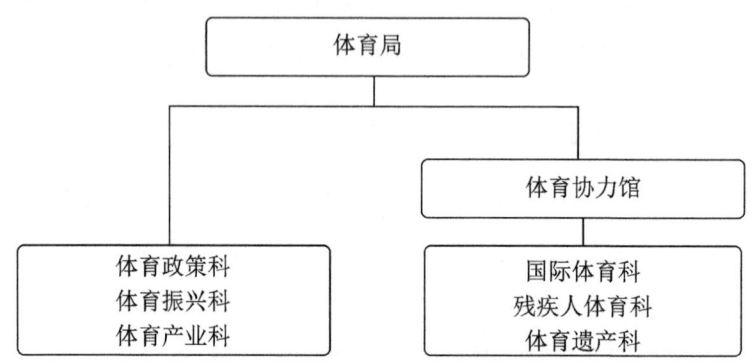

图12-4　文化体育观光部体育局组织组成

1. 体育政策科

体育政策科主要负责开展促进国内体育环境先进化的相关业务。其核心业务包括关于体育振兴政策的中长期综合计划制订、体育综合计划推进状况分析及评价、体育相关统计资料收集、分析及体育指标开发、国民体育振兴基金筹集及运用等业务。另外，大韩体育会及会员项目团体的一般管理事项、培养和支援体育科学研究机构、提高体育公正性等事项也是体育政策科的代表性业务。

2. 体育振兴科

体育振兴科主要负责生活体育振兴的规划和实施。其核心业务包括制订和实施振兴生活体育的计划及相关团体培养和支援，全国体育大会及各项目国内比赛支持，培养和支援生活体育项目，培养和部署生活体育指导者，制订和推进公共体育设施扩充计划，支援青少年体育代金券，营造公共体育设施内残疾人可利用环境等。

3. 体育产业科

体育产业科主要负责执行体育产业的相关业务。其核心业务包括振兴体育产业政策的开发，培养和支援体育产业相关企业和团体及机构，体育产业振兴基金的筹集及运用，体育产业技术开发、技术转移及促进商业化支援等。另外，民间体育设施的设置和利用，

---

[1] 文化体育观光部．体育白皮书[M]．首尔：文化体育观光部，2022．

体育相关用品、用具、器材生产支援和奖励，体育产业相关的国际交流与合作，职业运动比赛振兴及相关团体的培养和支援，体育设施安全相关业务也由体育产业科负责。

4. 国际体育科

国际体育科主要负责国际体育交流的相关业务。其核心业务包括制订和实施相关计划，申办、举办国际比赛，国家间体育组织的交流、合作及国际体育会议的承办，南北体育交流及合作，国际体育相关信息及资料的收集和推广，防止运动员服用违禁药物（兴奋剂）等。

5. 残疾人体育科

残疾人体育科主要负责残疾人体育的相关业务。其核心业务包括制订残疾人体育振兴的长、短期发展计划，营造残疾人体育环境并改善支援体系、开发体育活动相关项目，为残疾人提供生活体育服务等。另外，残疾人体育科负责全国残疾人体育大会支援，残疾人体育指导者等专门人才培养，培养国家代表残疾人选手等残疾人专业体育业务，残疾人体育国际交流等国际体育业务，大韩残疾人奥委会及大韩残疾人体育会相关业务等。

6. 体育遗产科

体育遗产科主要负责跆拳道振兴政策的制定和相关业务。其核心业务包括跆拳道全球化及教育研究，跆拳道产业化及文化内容的培养，跆拳道公园的建立及运营，跆拳道振兴财团和国技院相关业务，国际比赛设施事后利用等体育遗产政策的制定及支援，平昌冬奥会特区相关事项，传统武术振兴计划的确立、实施及相关团体的培养支援等。

（二）地方自治团体的体育组织

韩国的地方自治团体分为广域自治团体和基础自治团体。广域自治团体共有17个（首尔、釜山、大邱、仁川、光州、大田、蔚山、世宗、京畿、江原、忠北、忠南、全北、全南、庆北、庆南、济州），分别包括228个市、郡、区基础自治团体。

广域自治团体以文化体育观光局、文化观光体育局等"局"为单位，运营体育振兴科、体育政策科、体育支援科、体育科、体育产业科等"科"，下级单位设有专门负责体育政策、体育振兴、生活体育、体育设施、体育营销、体育产业等的"小组"。基础自治团体市、郡、区也运营多种形态的体育组织。其名称由文化体育系、文化观光系、文化体育观光系、生活体育系、体育振兴系、体育系、终身教育系、教育体育系、体育青少年系、健康体育系等组成[1]。

---

[1] 孙传宁.韩国体育管理分析[J].体育文化导刊，2014（12）：23-26.

(三) 体育团体

1. 大韩残疾人体育会

大韩残疾人体育会作为非营利法人于 2005 年 11 月 25 日成立。在国内，大韩残疾人体育会主要负责增进残疾人的健康，促进残疾人健康的业余生活，并支援、培养各项目的竞技团体及各残疾类型体育团体和市、道支部，培养优秀残疾人运动员。在国际上，大韩残疾人体育会作为韩国唯一拥有与国际残疾人奥委会交涉权的团体，具有传播残疾人奥林匹克运动精神和价值的团体的存在目的及性质。

2. 国民体育振兴公团

纪念汉城奥运会国民体育振兴公团（以下简称国民体育振兴公团）是为了振兴韩国大众体育、提高体育比赛水平、培养青少年及相关事业、支援汉城奥运会纪念事业而设立并运营的组织。国民体育振兴公团成立的动因就在于 1988 年举行的第 24 届汉城夏季奥运会，该大会的成功举办不仅增强了韩国国民的自豪感，而且为韩国体育多个领域进一步发展提供了契机。1989 年 4 月 20 日，根据《国民体育振兴法》第 36 条的规定，国民体育振兴公团成立。

3. 跆拳道振兴财团

韩国政府认为跆拳道振兴是社会团结和确立民族认同感等国家发展的主要动力，于 2005 年 7 月 1 日成立跆拳道振兴财团。跆拳道振兴财团主要负责管理和运营跆拳道院，以及跆拳道振兴事业的推进，包括跆拳道主题的体育产业和观光产业振兴在内的跆拳道在全世界持续传播的事业，促进跆拳道发展及国际地位的提高。

4. 韩国反兴奋剂委员会

韩国反兴奋剂委员会成立于 2006 年 11 月 13 日，在全球反兴奋剂运动的潮流中，韩国也建立了自己专门的反兴奋剂机构。该组织主要负责进行反兴奋剂教育、宣传、信息收集及研究、制订和执行兴奋剂检查计划，对兴奋剂检查结果进行管理和对其结果进行制裁，以及反兴奋剂的国内外交流等工作。此外，韩国反兴奋剂委员会在 2007 年 2 月 5 日批准并接受了联合国教科文组织反兴奋剂国际条约，制定并实行了用于治疗目的的药物的例外使用许可标准。

5. 体育安全财团

体育安全财团是为了营造安全的体育环境，落实"体育安全文化"而成立的组织。随着韩国体育活动参与率的不断提高，体育活动中的事故率也提高，国民对安全的体育环境期待和要求也提高。因此，体育安全财团于 2010 年作为非营利财团法人成立，主要负责预防包括生活体育在内的韩国所有体育活动中的事故，并推进对这些事故的安慰、救助事业的组织业务等。

6. 韩国大学体育协会

韩国大学体育协会是以美国的 NCAA（National Collegiate Athletic Association）为原型成立的总管及全权负责韩国大学体育相关政策和事业的组织。该组织主要负责审议、决定、执行和监督大学体育方针，研究、协商、调整大学体育制度，为增进大学体育权益、保障大学生选手的学习权、提高竞技能力的研究及支援进行各种事业及教育。

7. 体育伦理中心

体育伦理中心以 2019 年 1 月韩国体育界性暴力事件为契机，以从根本上改善人权侵害和不正之风为宗旨，以确保体育界的公正性，保护体育界人士的人权为目的，于 2020 年 8 月 5 日成立财团法人。体育伦理中心作为强化调查权限和调查功能的咨询和举报中心，将对体育界的不正之风及人权侵害情况进行调查，并将处罚加害者，为帮助受害者恢复提供心理、情绪、法律等综合支援。另外，为了构建公正健康的体育环境，通过对非伦理性、非人格行为的预防教育和国内外信息共享，努力铲除体育界的恶习，从而保护体育人的人权。

三、韩国体育组织建设对我国的启示

（一）健全残疾人体育组织

我国应增加残疾人体育组织的种类和数量，改变残疾人体育组织现有结构，不断加入新的残疾人体育发展项目，紧跟世界残疾人体育发展的大形势。加强残疾人体育组织与健全人体育之间的交流，增强残疾人群体的社会认同感。残疾人体育组织应当加强残疾人体育健身指导员的培训，开设相应的培训班，在培养出更多残疾人体育健身指导员的同时，也能提高组织内成员对于残疾人体育知识与技能的掌握，使中国残疾人体育组织变得更加专业。

（二）完善体育组织的审查监督机制

我国应加强对体育组织的业务审查与监督管理，建立和完善组织的准入与退出机制，明确监督对象范围，完善体育组织监督方式，建立健全财务使用制度、信息公开制度、业务审查与考核制度等，使得行政执法部门在监管过程中有法可依、有理可循，可以在监管的同时又能保障体育组织合法正当权益的获得。

（三）加大对大学生体育组织扶植力度

我国政府部门的职能应从对大学体育竞赛直接管理和具体指挥转变为通过制定政策

法规对其进行间接管理和宏观调控，健全和完善大学生体育组织机构和职能，促使中国大学生体育协会成为大学生校际体育竞赛的管理主体，鼓励和支持其独立自主地从事大学生体育竞赛管理，并对其行业行为给予指导、规范和监督。

> **案例 12-5** 韩国体育组织的职能
>
> 韩国体育组织体系分为政府体育组织体系和体育社会组织体系，属于结合型体育管理体制。政府体育组织通过规划和实施各种政策从宏观上直接或间接地管理国家体育事务，而体育社会组织则是负责管理各级体育行政组织委托的具体体育事务，以及其他专门的体育事务。
>
> 文化体育观光部以体育局为中心设置了"一局六科（体育政策科、体育振兴科、体育产业科、国际体育科、残疾人体育科、体育遗产科）"，其职责是体育振兴政策的中长期综合计划的研发和实施；生活体育振兴的规划和实施；体育产业振兴基金的筹集及运用；促进国际体育交流；制订残疾人体育振兴的长、短期发展计划等。韩国体育会、大韩残疾人体育会、纪念汉城奥运会国民体育振兴公团、跆拳道振兴财团、韩国反兴奋剂委员会、体育安全财团、韩国大学体育协会和体育伦理中心等体育社会组织是负责执行体育局制定的各项体育政策，以及履行本组织应有的其他职责。
>
> **问题** 查找资料，了解韩国政府体育组织和体育社会组织的变革和职能发展变化，并指出这种结合型体育管理体制的优势和弊端。

> **主要议题**
>
> 1. 美国、英国和韩国体育政策研究。包括各国体育政策文本内容分析研究、各国体育政策决策过程研究、不同利益相关主体对各国体育政策的观点看法、不同利益主体对各国体育政策的执行效果观点。
>
> 2. 美国、英国和韩国体育组织治理研究。包括体育组织治理的伦理问题、组织变化与体育政策问题、体育组织领导力问题等的研究。
>
> 3. 体育参与中的性别研究和社会融合研究。包括体育治理中的平等问题和多样性问题、体育治理与社会变化的研究、体育中的暴力问题和社会包容等。

延伸阅读

[1] Neil King. Sport Governance: An Introduction [M]. London: Routledge, 2017.

[2] David Shilbury, Lesley Ferkins. Routledge Handbook of Sport Governance [M]. London: Routledge, 2019.

［3］杰拉尔德·杰纳斯，琳达·波里什，格特鲁．美国体育史［M］．北京：人民体育出版社，2019.

［4］池建．竞技体育发展之路：走进美国［M］．北京：人民体育出版社，2009.

［5］张新，凡红．郭红卫．英国体育史［M］．北京：人民体育出版社，2019.

［6］边宇．美国体育思想演变与启示［M］．广州：华南理工大学出版社，2018.

［7］彭国强，舒盛芳．美国体育制度治理研究热点与展望［J］．成都体育学院学报，2018（1）：78-84.

［8］荣霁．美国体育组织［J］．体育文化导刊，2014（12）：20-22，82.

［9］陈洪，梁斌，孙荣会，等．英国青少年体育俱乐部治理经验及启示［J］．西安体育学院学报，2021（3）：257-262.

［10］董红刚，易剑东．体育治理评价：英美比较与中国关注［J］．武汉体育学院学报，2016（2）：25-31.

［11］马德浩，曹丹丹．英国青少年体育整体性治理的实践探索及经验启示［J］．天津体育学院学报，2022（2）：138-144.

［12］蒋铮璐．韩国大众体育现状研究［J］．体育文化导刊，2015（4）：71-74.

参考文献

[1] 马克斯·韦伯. 经济与社会（第一卷）[M]. 阎克文,译. 上海：上海人民出版社,2015.

[2] 亨利·法约尔. 工业管理与一般管理[M]. 王莲乔,吕衍,胡苏云,译. 成都：四川人民出版社,2020.

[3] 埃德加·沙因,彼得·沙因. 组织文化与领导力[M]. 陈劲,贾莜,译. 北京：中国人民大学出版社,2020.

[4] 爱德华·泰勒. 原始文化：神话、哲学、宗教、语言、艺术和习俗发展之研究[M]. 连树声,译. 桂林：广西师范大学出版社,2005.

[5] 彼得·德鲁克. 不连续的时代[M]. 吴家喜,译. 北京：机械工业出版社,2020.

[6] 戴维·奥斯本,特德·盖布勒. 改革政府：企业家精神如何改革着公共部门[M]. 周敦仁,等,译. 上海：上海译文出版社,2021.

[7] 弗莱蒙特·E. 卡斯特,詹姆斯·E. 罗森茨韦克. 组织与管理：系统方法与权变方法[M]. 北京：中国社会科学出版社,2000.

[8] 弗朗西斯·J. 布里奇斯,李比·L. 洛克摩. 体育管理学理论与实践[M]. 蔡楚元,马岩,译. 北京：中国地质大学出版社,2012.

[9] 海因茨·韦尔克,马克·V. 坎尼斯,哈罗德·孔茨. 管理学——全球化、创新与创业视角[M]. 马春光,译. 北京：经济科学出版社,2015.

[10] 吉尔特·霍夫斯泰德,格特·扬·霍夫斯泰德,迈克尔·明科夫. 文化与组织：心理软件的力量[M]. 张炜,王烁,译. 北京：北京电子工业出版社,2019.

[11] 加里·哈默,米凯尔·贾尼尼. 组织的未来[M]. 陈劲,姜智勇,译. 北京：中信出版社,2021.

[12] 理查德·L. 达夫特. 组织理论与设计[M]. 王凤彬,石云鸣,张秀萍,等,译. 北京：清华大学出版社,2017.

[13] 罗伯特·B. 登哈特,珍妮·V. 登哈特. 新公共服务理论：服务,而不是掌舵（第三版）[M]. 丁煌,译. 北京：中国人民大学出版社,2016.

[14] 伯尼·帕克豪斯. 体育管理学——基础与应用[M]. 秦椿林,李伟,高春燕,等,译. 北京：清华大学出版社,2003.

[15] 乔安妮·马丁. 组织文化[M]. 沈国华,译. 上海：上海财经大学出版社,2005.

[16] 切斯特·巴纳德. 组织与管理 [M]. 詹正茂,译. 北京:机械工业出版社,2016.

[17] 斯蒂芬·罗宾斯,玛丽·库尔特. 管理学 [M]. 刘刚,程熙镕,梁晗,等,译. 北京:中国人民大学出版社,2017.

[18] 斯蒂格利茨. 政府为什么干预经济:政府在经济中国的角色 [M]. 郑秉文,译. 北京:中国物资出版社,1998.

[19] 斯特芬·罗宾斯,蒂莫西·贾奇. 组织行为学 [M]. 孙健敏,王霞,李原,译. 北京:中国人民大学出版社,2016.

[20] 沃尔特·戈德史密斯,戴维·克拉特巴克. 致胜之道 [M]. 曹景行,潘慕平,连辉,等,译. 上海:上海翻译出版公司,1987.

[21] 莱恩. 新公共管理 [M]. 赵成根,等,译. 北京:中国青年出版社,2004.

[22] 林德尔·厄威克. 管理备要 [M]. 孙耀君,等,译. 北京:中国社会科学出版社,1994.

[23] Donahue John. On Collaborative Governance [M]. Cambridge, MA:Harvard University, 2004.

[24] Mary A. Hums, Joanne C. Maclean. Governance and Policy in Sport Organizations (Fourth Edition) [M]. New York:Routledge Press, 2018.

[25] Pfeffer J, Salancik G. The External Control of Organizations:A Resource Dependence Perspective [M]. New York:Harperand Row, 1978.

[26] Trevor Slack, Milena Parent. Understanding Sport Organization:the Application of Organization Theory [M]. London:Human Kinetics, 1997.

[27] 鲍明晓. 中国职业体育评述 [M]. 北京:人民体育出版社,2010.

[28] 鲍明晓. 财富体育论 [M]. 北京:人民体育出版社,2012.

[29] 边宇. 美国体育思想演变与启示 [M]. 广州:华南理工大学出版社,2018.

[30] 《管理学》编写组. 管理学 [M]. 北京:高等教育出版社,2018.

[31] 陈安槐,陈荫生. 体育大辞典 [M]. 上海:上海辞书出版社,2000.

[32] 陈华. 吸纳与合作:社会组织与中国社会管理 [M]. 北京:社会科学文献出版社,2011.

[33] 陈琳. 韩国体育改革及大众体育动态研究 [M]. 北京:社会科学文献出版社,2014.

[34] 池建. 美国大学竞技体育管理 [M]. 北京:人民体育出版社,2005.

[35] 冯晓丽. 民间体育组织:中国经验与本土治理 [M]. 北京:社会科学文献出版社,2019.

[36] 国家体委. 中国体育年鉴1949—1991精华本上册 [M]. 北京:人民体育出版社,1993.

[37] 国家体委政策法规司. 国外体育体制概览 [M]. 北京:北京体育大学出版社,1993.

[38] 国家体育总局. 改革开放30年的中国体育 [M]. 北京:人民体育出版社,2008.

[39] 国家体育总局. 拼搏历程 辉煌成就——新中国体育60周年(综合卷)[M]. 北京:人民出版社,2009.

[40] 黄海天. 管理学及案例 [M]. 上海:上海大学出版社,2014.

[41] 黄晓勇. 中国民间组织报告(2014)[M]. 北京:社会科学文献出版社,2014.

[42] 黄亚玲. 论中国体育社团:国家与社会关系转变下的体育社团改革 [M]. 北京:北京体育大学出版社,2004.

[43] 郎维,戴健. 中国群众体育发展报告(2019)[M]. 北京:社会科学文献出版社,2019.

[44] 李建设．现代组织学［M］．杭州：浙江教育出版社，1998.

[45] 梁晓勇．论组织与管理［M］．北京：中国劳动社会保障出版社，2013.

[46] 凌平．中美高校体育管理比较研究［M］．杭州：浙江大学出版社，2003.

[47] 刘国永，杨桦．中国群众体育发展报告（2014）［M］．北京：社会科学文献出版社，2014.

[48] 刘延平．组织理论代表人物评析［M］．北京：经济科学出版社，2010.

[49] 潘晓成．论城乡关系：从分离到融合的历史与现实［M］．北京：人民日报出版社，2019.

[50] 秦椿林．体育管理学高级教程［M］．北京：高等教育出版社，2009.

[51] 石伟．组织文化［M］．上海：复旦大学出版社，2010.

[52] 司马云杰．文化社会学［M］．北京：中国社会科学出版社，2007.

[53] 孙彤，李悦．现代组织学［M］．北京：中国物资出版社，1989.

[54] 谭昆智．组织文化管理［M］．北京：北京大学出版社，2008.

[55] 王德炜．体育管理学：理论与方法［M］．北京：人民体育出版社，2018.

[56] 王金舜．组织文化［M］．长沙：湖南师范大学出版社，2007.

[57] 王凯珍，汪流，戴俭慧．体育社会组织建设与管理［M］．北京：高等教育出版社，2016.

[58] 王名，等．美国非营利组织［M］．北京：社会科学文献出版社，2012.

[59] 王立伟，曹卫东．中国青少年体育发展报告［M］．北京：社会科学文献出版社，2020.

[60] 王旭光．我国体育社团的现状与发展对策研究［M］．北京：北京体育大学出版社，2008.

[61] 王玉珠．体育组织文化研究［M］．北京：中国社会科学出版社，2005.

[62] 伍绍祖．中华人民共和国体育史［M］．北京：中国书籍出版社，1999.

[63] 肖林鹏．体育管理学［M］．北京：北京师范大学出版社，2011.

[64] 肖林鹏．中国青少年体育俱乐部发展报告［M］．北京：北京体育大学出版社，2018.

[65] 徐家良，廖鸿．中国社会组织评估发展报告［M］．北京：社会科学文献出版社，2013.

[66] 张建东，陆江兵．公共组织学［M］．北京：高等教育出版社，2003.

[67] 张克俊，高杰，方茜，等．健全城乡融合发展的要素平等交换体制机制研究［M］．北京：科学出版社，2020.

[68] 张瑞林．体育管理学（第三版）［M］．北京：高等教育出版社，2015.

[69] 张文健．职业体育组织的演进与创新［M］．北京：北京体育大学出版社，2006.

[70] 周三多．管理学（第五版）［M］．北京：高等教育出版社，2018.

[71] 朱国云．组织理论历史与流派［M］．南京：南京大学出版社，2014.

[72] 陈华荣．实施全民健身国家战略的政策法规体系研究［J］．体育科学，2017（4）：74-86.

[73] 陈鹏．中国社会治理40年：回顾与前瞻［J］．北京师范大学学报（社会科学版），2018（6）：12-27.

[74] 崔乐泉．中国共产党体育实践的百年历程与经验启示［J］．首都体育学院学报，2021（2）：117-126.

[75] 崔月琴，袁泉，王嘉渊．社会组织治理结构的转型——基于草根组织卡理斯玛现象的反思［J］．学习与探索，2014（7）：24-31.

[76] 方晓彤．"社会组织"发展：现实困境、环境制约与基本路向［J］．南华大学学报（社会科学版），2016（6）：64-68.

[77] 傅振磊．我国体育社会组织发展改革的问题与对策［J］．体育成人教育学刊，2020（1）：18-22.

［78］郭修金，戴健．政府购买体育社会组织公共体育服务的实践、问题与措施——以上海市、广东省为例［J］．上海体育学院学报，2014（3）：7-13.

［79］郭修金．新中国农村体育的演进历程及阶段特征［J］．上海体育学院学报，2013（5）：44-49.

［80］韩丹．概述我国体育运行机制和管理体制的演化［J］．哈尔滨体育学院学报，1999（1）：5-8.

［81］韩慧，郑家鲲．新中国成立70周年我国体育社会组织发展：历程回顾、现实审思与未来走向［J］．体育科学，2019（5）：4-12.

［82］黄海燕．推动体育产业成为国民经济支柱性产业的战略思考［J］．体育科学，2020（12）：3-16.

［83］黄亚玲，邵焱颉．网络体育组织发展：虚拟与现实的挑战［J］．北京体育大学学报，2015（11）：1-6.

［84］吉玉良，黄亚玲．追溯、扩展与融合：我国草根体育组织发展的"缘"文化审视［J］．山东体育学院学报，2019（4）：47-53.

［85］蒋铮璐．韩国大众体育现状研究［J］．体育文化导刊，2015（4）：71-74.

［86］金涛，王永顺，高升．美国《业余体育法》解读与启示［J］．体育学刊，2014（2）：56-60.

［87］李安娜．我国体育非营利组织的理论问题与发展路径［J］．体育文化导刊，2013（8）：9-12.

［88］刘波．德国体育体制研究对进一步完善我国体育体制的启示［J］．北京体育大学学报，2011（11）：5-9，14.

［89］刘武军，颜海波，杨红丹．组织变革理论视角下中国篮球协会实体化发展研究［J］．南京体育学院学报，2020（7）：55-64.

［90］柳鸣毅，丁煌，张毅恒．体育组织：一个新时代中国体育管理理论与实践的核心命题［J］．成都体育学院学报，2021（5）：72-79.

［91］柳鸣毅，王梅，徐杰，等．"健康中国2030"背景下中国青少年体育公共政策研究［J］．体育科学，2018（2）：91-97.

［92］卢元镇．论中国体育社团［J］．北京体育大学学报，1996（1）：1-7.

［93］鲁毅．德国体育管理体制及其对我国体育发展的启示［J］．广州体育学院学报，2016（4）：1-4.

［94］吕树庭，商执娜．北京奥运会后中国体育管理体制改革的思考［J］．武汉体育学院学报，2010（7）：9-15.

［95］马德浩．从管理到治理：新时代体育治理体系与治理能力现代化建设的四个主要转变［J］．武汉体育学院学报，2018（7）：5-11，55.

［96］彭国强，杨国庆．世界竞技体育强国备战奥运政策及对我国备战东京奥运会的启示［J］．体育科学，2018（10）：19-28.

［97］任波，黄海燕．中国体育产业结构的现实审视、内在诉求与供给侧优化［J］．成都体育学院学报，2021（2）：109-145.

［98］沈可．我国网络体育社团发展思考［J］．体育文化导刊，2015（1）：5-8.

［99］孙葆丽，杨文学，潘建林，等．"文化大革命"时期的群众体育［J］．武汉体育学院学报，1999（6）：8-12.

［100］孙传宁．韩国体育管理分析［J］．体育文化导刊，2014（12）：23-26.

［101］王家宏，赵毅．改革开放40年我国体育法治的进展、难点与前瞻［J］．上海体育学院学报，2018（5）：1-8，14.

[102] 王凯. 新时代体育治理体系与治理能力现代化建设的政府责任——基于元治理理论和体育改革实践的分析 [J]. 体育科学, 2019 (1): 14-19.

[103] 王凯珍, 汪流, 黄亚玲, 等. 全国性体育社团改革与发展研究——基于学理层面的思考 [J]. 天津体育学院学报, 2010 (1): 6-9.

[104] 王学彬, 郑家鲲. 新中国成立 70 周年我国群众体育发展: 成就、经验、问题与展望 [J]. 体育科学, 2019 (9): 31-40, 88.

[105] 王铮. 我国农民工体育的窘境与出路 [J]. 沈阳体育学院学报, 2011 (6): 73-75.

[106] 魏来, 石春健. 体育非营利组织的界定 [J]. 体育学刊, 2005 (3): 129-131.

[107] 吴照云. 曾国藩家书中的组织管理思想探究 [J]. 江西社会科学, 2021 (3): 202-209.

[108] 谢英. 21 世纪初我国竞技体育管理体制与运行机制研究 [J]. 西安体育学院学报, 2002 (4): 11-14.

[109] 杨芳, 张军献. 体育组织文化管理研究 [J]. 体育文化导刊, 2005 (11): 64-66.

[110] 杨国庆, 刘红建, 郇昌店. 新时代我国青少年体育公共服务体系建设研究 [J]. 北京体育大学学报, 2018 (4): 9-15.

[111] 杨桦. 体育改革: 成就、问题与突破 [J]. 体育科学, 2019 (1): 5-11.

[112] 杨小帆, 吴相雷, 李卫东, 等. 美国城市社区体育的发展模式、组织型态与经验 [J]. 成都体育学院学报, 2021 (1): 79-86.

[113] 叶林, 陈昀轩, 樊玉瑶. 中国体育管理体制改革的困境与出路——基于足球改革的调查 [J]. 中国行政管理, 2019 (9): 50-55.

[114] 易剑东. 中国体育体制改革的逻辑基点与价值取向 [J]. 体育学刊, 2011 (1): 14-25.

[115] 易剑东. 中国运动队管理模式亟待改变 [J]. 新体育, 2006 (11): 18-19.

[116] 于善旭. 新中国 60 年: 体育法治在探索中加快前行 [J]. 天津体育学院学报, 2009 (5): 369-374.

[117] 余荣芳, 吴贻刚, 王爱文. 挪威冰雪项目发展经验及对我国备战 2022 年北京冬奥会的启示 [J]. 体育科学, 2020 (12): 17-25.

[118] 余智, 唐炎, 郭修金, 等. 县域群众性体育组织成长路径探析——永新县老年体育组织发展个案考察 [J]. 武汉体育学院学报, 2014 (12): 17.

[119] 站炟磊. 体育组织文化创新的模式选择与推进策略 [J]. 江西社会科学, 2012 (12): 201-204.

[120] 张东军, 等. 体育组织文化探析 [J]. 沈阳体育学院学报, 2006 (1): 15-16, 19.

[121] 张建旭, 孙庆祝. 学习型组织: 优秀运动队管理改革的新走向 [J]. 体育学刊, 2008 (4): 33-36.

[122] 张林, 戴健, 陈融. 我国职业体育俱乐部的形成与发展 [J]. 成都体育学院学报, 2001 (1): 1-4.

[123] 张诗雨, 赵子建, 张汪洋. 黄河流域体育文化旅游带建设的时代价值及实现路径 [J]. 体育文化导刊, 2021 (10): 84-89, 109.

[124] 郑芳. 美国职业体育制度的起源、演化和创新——对中国职业体育制度创新的启示 [J]. 体育科学, 2007 (2): 79-85.

[125] 郑汉山. 中国体育管理体制改革研究综述 [J]. 武汉体育学院学报, 2012 (11): 12-16.